PT1421 MIN

… WESTFIELD COLLEGE L…
…don E1 4NS

*Über dieses Buch* Im Unterschied zu anderen Sammlungen, die sich entweder nur auf die Periode von »Minnesangs Frühling« beziehen oder eine zu kleine Auswahl aus der Fülle des Materials bieten, wird hier eine wirklich repräsentative Dokumentation der gesamten frühen deutschen Minnelyrik von ihren Anfängen in volkstümlichen Liedern bis hin zu den Vertretern des Minnesangs im 14. und 15. Jahrhundert vorgelegt. Die mittelhochdeutschen Texte werden in verständlicher Form präsentiert, so daß sie nicht nur dem Fachmann zugänglich sind, sondern vor allem auch dem Anfänger und dem Laien. Die Übersetzungen übertragen die fremden Dichtungen so genau wie möglich in die neuhochdeutsche Sprachform, um zum Grundtext hinzuführen. Ergänzt wird der Band durch ein instruktives Nachwort, das in den gegenwärtigen Stand der Minnesang-Forschung auf verständliche Weise einführt, sowie Kurzkommentare zu den abgedruckten Werken und deren Autoren, in denen sowohl die Sprachform als auch schwierige Stellen erklärt werden.

*Der Herausgeber* Helmut Brackert ist Professor für deutsche Philologie an der Universität Frankfurt am Main. Im Fischer Taschenbuch Verlag gab er bisher folgende Bände heraus: Das Nibelungenlied 1 und 2. Mittelhochdeutscher Text und Übertragung (Bd. 6038, 6039), Wernher der Gartenaere: Helmbrecht. Mittelhochdeutscher Text und Übertragung. (Bd. 6024, gemeinsam mit W. Frey und D. Seitz), Funk-Kolleg Literatur (Bde. 6324, 6325, 6326).

*Deutsche Literatur des Mittelalters im Fischer Taschenbuch Verlag:* Althochdeutsche Literatur. Ausgewählte Texte und Übertragungen (Bd. 6455), Hartmann von Aue: Erec. Mittelhochdeutscher Text und Übertragung (Bd. 6017), Hartmann von Aue: Der arme Heinrich. Mittelhochdeutscher Text und Übertragung (Bd. 6488), Minnesang. Mittelhochdeutsche Texte und Übertragungen (Bd. 6485), Walther von der Vogelweide: Gedichte. Mittelhochdeutsche Texte und Übertragungen (Bd. 6052), Wernher der Gartenaere: Helmbrecht. Mittelhochdeutscher Text und Übertragung (Bd. 6024), Deutsche Schwankliteratur. Vom frühen Mittelalter bis ins 16. Jahrhundert. Herausgegeben von Werner Wunderlich. (Bd. 9546).

# MINNESANG

Mittelhochdeutsche Texte
mit Übertragungen und Anmerkungen

Herausgegeben, übersetzt
und mit einem Anhang versehen
von Helmut Brackert

Fischer Taschenbuch Verlag

»Seht jene Kraniche...«

16.–17. Tausend: November 1993

Originalausgabe
Veröffentlicht im Fischer Taschenbuch Verlag GmbH,
Frankfurt am Main, April 1983

© 1983 Fischer Taschenbuch Verlag GmbH, Frankfurt am Main
Umschlaggestaltung: Jan Buchholz / Reni Hinsch
unter Verwendung einer Abbildung aus Codex Manesse
Gesamtherstellung: Clausen & Bosse, Leck
Printed in Germany
ISBN 3-596-26485-5

# Inhalt

*Mittelhochdeutsche Texte und Übertragungen*

# Namenlose Lieder

## I

Dû bist mîn, ich bin dîn. 3,1
des solt dû gewis sîn. T bl. 114$^{v}$
dû bist beslozzen
in mînem herzen;
verlorn ist daz sluzzelîn:
dû muost ouch immer darinne sîn.

## II

,Diu linde ist an dem ende nu jârlanc líeht únde blôz. 4,1 – Walter
mich vêhet mîn geselle. nu engílte ich, des ich nie genôz. von Mezze 13 A
sô vil ist unstaeter wîbe, die benement ime den sin.
got wizze wol die wârheit, daz ime diu hóldèste bin.
si enkunnen niwan triegen vil manegen kíndèschen man.
owê mir sîner jugende! diu muoz mir al ze sórgèn ergân.'

# Namenlose Lieder

## I

Du bist mein, ich bin dein.
Dessen kannst du gewiß sein.
Du bist verschlossen
in meinem Herzen;
verloren ist das Schlüsselchen:
du mußt auf immer drinnen bleiben.

## II

»Die Linde ist in dieser Jahreszeit an ihren Zweigen licht und kahl.
Mein Freund ist mir feind. Nun büße ich für etwas, was mir nie zuteil wurde.
Es gibt so viele leichtsinnige Frauen, die rauben ihm die Sinne.
Gott möge die Wahrheit bezeugen, daß ich ihn am liebsten habe.
Sie wissen nichts Besseres, als so manchen unerfahrenen Mann zu täuschen.
Ach, mich dauert seine Jugend! Die bringt mir nur Besorgnis.«

# Der von Kürenberg

## I

1 ‚Ich stuont mir nehtint spâte  an einer zinne, 8,1 - 4 C
dô hôrt ich einen ritter  vil wol singen
in Kürenberges wîse  al ûz der menigîn.
er muoz mir diu lant rûmen,  alder ich geniete mich sîn.‘

2 Nu brinc mir her vil balde  mîn ros, mîn îsengewant, 9,29 - 12 C
wan ich muoz einer frouwen  rûmen diu lant.
diu wil mich des betwingen,  daz ich ir holt sî.
si muoz der mîner minne  iemer dárbènde sîn.

## II

Jô stuont ich nehtint spâte  vor dînem bette, 8,9 - 5 C
dô getorste ich dich, frouwe,  niwet wecken.
‚des gehazze got den dînen lîp!
jô enwas ich niht ein eber wilde‘,  sô sprach daz wîp.

## III

‚Swenne ich stân aleine  in mînem hemede, 8,17 - 6 C
unde ich gedenke an dich,  ritter edele,
sô erblüet sich mîn varwe,  als der rôse an dem dorne tuot,
und gewinnet daz herze  vil manigen trûrìgen muot‘.

# Der von Kürenberg

I

1 »Ich stand spät in der Nacht für mich allein an einer Zinne.
Da hörte ich einen Ritter wunderbar singen
in der Weise des Kürenbergers, mitten aus einer Schar von Leuten heraus.
Er muß mir die Länder räumen, oder ich muß ihn für mich haben.«

2 Nun schaffe mir schnell mein Pferd und meine Rüstung herbei.
Denn ich muß vor einer Dame die Länder räumen.
Die will mich dazu zwingen, daß ich sie liebe.
Sie wird meine Minne immer entbehren müssen.

II

Wahrlich, ich stand abends spät vor deinem Bett.
Da wagte ich dich, Herrin, nicht zu wecken.
»Dafür soll Gott dir immer feind sein!
Ich war doch wirklich kein wilder Eber«, so sagte die Frau.

III

»Immer wenn ich alleine in meinem Hemd dastehe
und an dich, edler Ritter, denke,
so erblüht meine Farbe wie die Rose am Dorn
und in mein Herz ziehen manch sehnsüchtig-traurige Gedanken.«

## IV

1 ,Ich zôch mir einen valken mêre danne ein jâr. 8,33 – 8 C
dô ich in gezamete, als ich in wolte hân,
und ich im sîn gevidere mit golde wol bewant,
er huop sich ûf vil hôhe und flouc in ándèriu lant.

2 Sît sach ich den valken schône fliegen, 9,5 – 9 C
er vuorte an sînem vuoze sîdîne riemen,
und was im sîn gevidere alrôt guldîn.
got sende sî zesamene, die gelíeb wéllen gerne sîn!'

## V

,Ez gât mir vonme herzen, daz ich geweine. 9,13 – 10 C
ich und mîn geselle müezen uns scheiden.
daz machent lügenaere. got der gebe in leit!
der uns zwei versuonde, vil wol des waere ich gemeit.'

## VI

Wî́p víl schoene, nû var dû sam mir. 9,21 – 11 C
líeb únde leide daz teile ich samt dir.
die wîle unz ich daz leben hân, sô bist du mir vil liep.
wan minnestu einen boesen, des engán ích dir niet.

## VII

Der tunkel sterne der birget sich. 10,1 – 13 C
als tuo dû, frouwe schoene: sô du sehest mich,
sô lâ du dîniu ougen gên an einen andern man.
sôn weiz doch lützel ieman, wiez under uns zwein ist getân.

## IV

1 »Ich zog mir einen Falken länger als ein Jahr.
Als ich ihn gezähmt hatte, wie ich ihn haben wollte,
und ich ihm sein Gefieder mit goldenen Bändern umwunden hatte,
hob er sich hoch in die Lüfte und flog in andere Länder.

2 Später sah ich den Falken im schönen Schwunge fliegen.
Er trug an seinem Fuß seidene Fesseln,
und sein Gefieder war ganz rotgolden.
Gott führe die zusammen, die einander herzlich lieben wollen!«

## V

»Es dringt mir aus dem Herzen, daß ich weine.
Ich und mein Liebster, wir sollen voneinander scheiden.
Das machen die Verleumder. Gott schicke ihnen Leid!
Wer uns zwei wieder zusammenführte, wie glücklich wäre ich darüber!«

## VI

Du wunderschöne Frau, nun zieh doch mit mir.
Glück und Leid, die teile ich mit dir.
Solange ich dies Leben habe, bist du mir von Herzen lieb.
Nur wenn du einen niederen Mann liebst, gestatte ich dir das nicht.

## VII

Der Dunkelstern, der verbirgt sich.
Genauso sollst du es tun, schöne Herrin: wenn du mich siehst,
so laß du deine Augen hin zu einem andern Mann schweifen.
Dann weiß doch niemand, wie es um uns beide steht.

VIII

Wîp unde vederspil diu werdent lîhte zam. 10,17 – 15 C
swer sî ze rehte lucket, sô suochent si den man.
als warb ein schoene ritter umbe eine frouwen guot.
als ich dar an gedenke, sô stêt wol hôhè mîn muot.

## VIII

Weiber und Jagdvögel, die werden leicht zahm.
Wenn man sie richtig lockt, dann fliegen sie auf den Mann.
Genauso hat ein schöner Ritter eine edle Dame umworben.
Wenn ich daran denke, dann fühle ich mich stolz und glücklich.

# Der Burggraf von Regensburg

## I

1 ‚Ich bin mit rehter staete einem gúoten ritter undertân. 16,1 – Seven 17 A, 1 C
wie sanfte daz mînem herzen tuot, swenne ich in umbevangen hân.
der sich mit manegen tugenden guot
gemachet al der welte liep, der mac wol hôhe tragen den muot.‘

2 ‚Sine múgen alle mir benemen, den ich mir lange hân erwelt 16,8 – Seven 18 A, 2 C
ze rehter staete in mînem muote, der mich vil maneges liebes went.
und laegen sî vor leide tôt,
ich wil ime iemer wesen holt. si sint betwungen âne nôt.‘

# Der Burggraf von Regensburg

I

1 »Ich bin in rechter Beständigkeit einem edlen Ritter ergeben.
Wie wohl tut es mir, wenn ich ihn in meinen Armen halte.
Wer sich mit vielen edlen Eigenschaften
bei aller Welt beliebt macht, der darf wohl stolzen Sinnes sein.«

2 »Sie alle können mir den nicht nehmen, den ich mir seit langem
getreulich im Herzen erwählt habe und der mich so viele Freude
erfahren läßt.
Und wenn sie vor Leid tot umfielen,
so werde ich ihn doch immer im Herzen tragen. Alle ihre
Anstrengungen sind vergeblich.«

# Meinloh von Sevelingen

## I

Dô ich dich loben hôrte, dô het ich dich gerne erkant. 11,1 – 1 BC
durch dîne tugende manige vuor ich ie welende, unz ich dich vant.
daz ich dich nû gesehen hân, daz enwirret dir niet.
er ist vil wol getiuret, den dû wilt, frouwe, haben liep.
du bist der besten eine, des muoz man dir von schulden jehen.
sô wol den dînen ougen!
diu kunnen, swen si wellen, an vil güetelîchen sehen.

## II

Dir enbiutet sînen dienst, dem dû bist, frouwe, als der lîp. 11,14 – 3 BC
er heizet dir sagen zewâre, du habest ime alliu anderiu wîp
benomen ûz sînem muote, daz er gedanke niene hât.
nu tuo ez durch dîne tugende und enbiut mir eteslîchen rât.
du hâst im vil nâch bekêret beidiu sin unde leben.
er hât dur dînen willen
eine ganze fröide gar umbe ein trûren gegeben.

# Meinloh von Sevelingen

## I

Als ich dich preisen hörte, da hatte ich Verlangen, dich kennenzu-
lernen.
Deine vielen Vorzüge zu erkunden, zog ich immerfort prüfend
einher, bis ich dich sah.
Daß ich dich nun gesehen habe, das kümmert dich allerdings
nicht.
Der ist in seinem Wert erhoben, dem du, Herrin, deine Neigung
schenkst.
Du bist die allerbeste, das muß man dir mit Recht zuerkennen.
Gepriesen seien deine Augen!
Die können, wen sie nur wollen, sehr freundlich anblicken.

## II

Dir entbietet seinen Dienst, dem du, Herrin, so lieb bist wie das
Leben.
Er läßt dir treulich ausrichten, du habest ihm alle anderen Frauen
aus seinem Herzen verdrängt, so daß er keinen Gedanken mehr an
sie verschwendet.
Nun gib mir um deiner Tugend willen manch guten Rat.
Du hast beides, Gedanken und Leben, schon fast gänzlich ver-
wandelt.
Um deinetwillen hat er
all sein Glück für einen einzigen Kummer eingetauscht.

## III

Ich sach boten des sumers, daz wâren bluomen alsô rôt. 14,1 – 12 C
weistu, schoene frouwe, waz dir ein rítter enbôt?
verholne sînen dienest; im wart líebèrs nie niet.
im trûrèt sîn herze, sît er nu jungest von dir schiet.
nu hoehe im sîn gemüete gegen dirre sumerzît.
frô wírt er niemer,
ê er an dînem arme sô rehte güetlîche gelît.

## III

Ich sah die Boten des Sommers, das waren Blumen so rot.
Weißt du, schöne Herrin, was dir ein Ritter entbot?
Heimlich seinen Dienst. Nie gab es für ihn größeres Glück.
Sein Herz ist ihm traurig, seit er jüngst von dir Abschied nahm.
Nun richte seinen Lebensmut wieder auf für diesen Sommer.
Frohgemut wird er nimmer,
ehe er nicht in deinem Arm so richtig wohlig liegt.

# Der Burggraf von Rietenburg

## I

Diu nahtegal ist gesweiget, 18,17 – 2 B
und ir hôher sanc geneiget, 3 C
die ich wól hốrte singen.
doch tuot mir sanfte guot gedingen,
den ich von einer frouwen hân.
ich wil ir niemer abe gegân
und biut ir staeten dienest mîn.
als ir ist liep, alse wil ich iemer mêre sîn.

## II

Sît si wil versuochen mich, 19,17 – 5 B
daz nim ich vür allez guot. 6 C
sô wirde ich góldè gelîch,
daz man dâ brüevet in der gluot
und versúochèt ez baz.
bezzer wirt ez umbe daz,
lûter, schoener unde klâr.
swaz ich singe, daz ist wâr:
glúotès ez iemer mê,
ez wurde bezzer vil dan ê.

# Der Burggraf von Rietenburg

## I

Die Nachtigall ist verstummt
und ihr edler Sang verklungen,
die ich ganz deutlich singen hörte.
Dennoch tut mir das feste Vertrauen wohl,
das ich durch eine Frau gewann.
Ich will niemals von ihr lassen
und biete ihr meinen getreuen Dienst an.
Wie es ihr gefällt, so will ich immer sein.

## II

Daß sie mich prüfen will,
das ist mir wichtiger als alles Gut.
So werde ich dem Golde gleich,
das man in der Glut erprobt,
und mehr und mehr prüft.
Dadurch wird es besser,
lauter, schöner und rein.
Was ich auch singe, es ist wahr:
und wenn sie es immer noch einmal neu ausglühte,
es würde nur besser als zuvor.

# Dietmar von Aist

## I

1 ‚Waz ist für daz trûren guot,    daz wîp nâch lieben manne hât? 32,1 – 1 BC, M bl. 81v
gerne daz mîn herze erkande,    wan ez sô betwungen stât.‘
alsô redete ein frouwe schœne.
‚vil wol ichs an ein ende kœme,
wan diu huote.
selten sîn vergezzen wirt    in mînem muote.‘

2 ‚Genuoge jehent, daz grôziu stæte    sî der besten frouwen trôst.‘ 32,5 – 2 BC
‚des enmag ich niht gelouben,    sît mîn herze ist unerlôst.‘
alsô redeten zwei geliebe,
dô si von einander schieden.
‚owê minne!‘
‚der dîn âne möhte sîn!    daz wæren sinne.‘

3 Sô al diu werlt ruowe hât,    sô mag ich eine entslâfen niet. 32,9 – 3 BC
daz kumet von einer frouwen schœne,    der ich gerne wære liep,
an der al mîn fröide stât.
wie sol des iemer werden rât?
joch wæne ich sterben.
wes lie si got mir armen man    ze kâle werden?

## II

1 Seneder friundinne bote,    nu sage dem schoenen wîbe, 32,13 – 4 BC
daz mir âne mâze tuot wê,    daz ich sî sô lange mîde.
lieber hete ich ir minne
danne al der vogellîne singen.
nû muoz ich von ir gescheiden sîn,
trûric ist mir al daz herze mîn.

## Dietmar von Aist

I

1 »Was hilft gegen die Sehnsucht, die eine Frau nach einem geliebten Mann empfindet?
Das möchte ich gerne wissen, da mein Herz in solcher Bedrängnis ist.«
So sagte eine schöne Dame.
»Sehr leicht ließe sich dem abhelfen,
wenn die Aufpasser nicht wären.
Niemals lasse ich ihn aus meinen Gedanken.«

2 »Viele sagen, daß edle Frauen sich allein auf ihre große Beständigkeit verlassen.«
»Das kann ich nicht glauben, da mein Herz in Fesseln liegt.«
So sprachen zwei Liebende,
als sie voneinander schieden.
»Ach, Minne!«
»Wer von dir frei sein könnte! Das wäre vernünftig.«

3 Wo doch alle Welt ruht, kann ich allein nicht einschlafen.
Das kommt durch eine schöne Dame, deren Zuneigung ich gerne hätte
und an der all meine Freude hängt.
Wie soll das jemals anders werden?
Wahrlich, ich glaube zu sterben.
Weshalb schuf Gott sie mir armem Mann zur Qual?

II

1 Bote der sehnsüchtigen Freundin, nun sage der schönen Frau,
daß es mich unmäßig schmerzt, so lange fern von ihr zu sein.
Lieber wäre mir ihre Minne
als alles Singen der Vögel.
Nun muß ich aber von ihr getrennt sein.
Die Trauer dringt mir tief ins Herz.

2 ‚Nu sage dem ritter edele, daz er sich wol behüete, 32,21 – 5 BC
und bite in, schône wesen gemeit und lâzen allez ungemüete.
ich muoz ofte engelten sîn.
vil dicke erkumet daz herze mîn.
án séhendes leides hân ich vil:
daz ich ime selbe gerne klagen wil.‘

3 Ez getet nie wîp sô wol an deheiner slahte dinge, 33,7 – 6 BC
daz al die welt diuhte guot. des bin ich wol worden inne.
swer sîn liep dar umbe lât,
daz kumet von swaches herzen rât.
dem wil ich den sumer und allez guot
widertéilen durch sînen únstàeten muot.

## III

1 Ûf der linden obene dâ sanc ein kleinez vogellîn. 34,3 – 10 CB, Veltkilchen 10 A
vor dem walde wart ez lût. dô huop sich aber daz herze mîn
an eine stat, dâ ez ê dâ was. ich sach dâ rôsebluomen stân,
die manent mich der gedanke vil, die ich hin zeiner frouwen hân.

2 ‚Ez dunket mich wol tûsent jâr, daz ich an liebes arme lac. 34,11 Veltkilchen 9 A, 11 BC
sunder âne mîne schulde fremedet er mich manegen tac.
sît ich bluomen niht ensach noch hôrte kleiner vogele sanc,
sît was al mîn fröide kurz und ouch der jâmer alzelanc.‘

2 »Nun sage dem edlen Ritter, daß er gut auf sich achtgeben soll,
und bitte ihn, stolz und frohgemut zu sein und allen Unmut zu lassen.
Ich muß seinetwegen oft leiden,
sehr oft durchfährt ein Schrecken mein Herz.
Das Leid blickt mich mit großen Augen an:
Das möchte ich ihm aber gerne selbst klagen.«

3 Niemals hat eine Frau sich in irgendeiner Lage so richtig verhalten,
daß es aller Welt gefallen hätte. Das ist mir völlig klar geworden.
Wenn aber einer deshalb sein Lieb aufgibt,
dann folgt er dem Rat eines niedrigen Herzens.
Den will ich vom Sommer und allem Guten
ausschließen wegen seiner Unbeständigkeit.

## III

1 Oben auf der Linde, da sang ein kleines Vöglein.
Vor dem Wald erhob es seine Stimme. Da schwang sich mein Herz erneut
an eine Stätte, an der es früher war. Ich sah dort Rosenblüten stehen,
die gemahnen mich an viele Gedanken, die sich auf eine Dame richten.

2 »Es scheint mir tausend Jahre her zu sein, daß ich im Arm des Geliebten lag.
Ganz ohne meine Schuld bleibt er mir alle Tage fern.
Seit ich die Blumen nicht mehr sah noch den Gesang der Vöglein hörte,
war meine Freude kurz, mein Jammer aber allzulang.«

## IV

Ez stuont ein frouwe alleine 37,4 – 12 C
und warte über heide
und warte ir liebes.
sô gesách si valken fliegen.
,sô wol dir valke daz du bist!
du fliugest, swar dir liep ist.
du erkíusest dir in dem walde
einen bóum, der dir gevalle.
alsô hân ouch ich getân:
ich erkós mir selbe einen man,
den erwélten mîniu ougen.
daz nîdent schoene frouwen.
owê, wan lânt si mir mîn liep?
joch engérte ich ir dekeines trûtes niet!‘

## V

1 Sich hât verwándèlt diu zît, daz verstén ich bî der vogel singen: 37,30 – 25 C
geswigen sint die nahtegal, si hânt gelân ir süezez klingen,
unde valwet oben der walt.
ienoch stêt daz herze mîn in ir gewalt,
der ich den sumer gedienet hân.
diu ist mîn fröide und al mîn liep, ich wil irs niemer abe gegân.

2 ,Ich muoz von rehten schulden hôch tragen daz herze und alle die sinne, 38,5 – 26 C
sît mich der aller beste man verholn in sîme herzen minne.
er tuot mir grôzer sorgen rât.
wie selten mich diu sicherheit gerûwen hât.
ich wil im iemer staete sîn. -
er kan wol grôzer arbeit gelônen nach dem willen mîn.‘

## IV

Es stand eine Frau alleine
und schaute über die Heide
und schaute aus nach ihrem Liebsten.
Da sah sie einen Falken fliegen.
»Wie glücklich du sein kannst, ein Falke zu sein!
Du fliegst, wohin du gerne willst.
Du wählst dir im Wald einen Baum,
der dir gefallen mag.
Genauso habe ich es auch getan.
Ich habe mir selbst einen Liebsten ausgesucht,
den erwählten meine Augen.
Das neiden schöne Damen.
Ach, warum lassen sie mir nicht meinen Freund?
Ich begehrte doch auch keinen ihrer Geliebten!«

## V

1 Die Jahreszeit hat gewechselt. Ich erkenne es am Verhalten der Vögel:
Die Nachtigallen sind verstummt, sie haben ihr süßes Singen gelassen,
und der Wald verfärbt sich oben an seinen Spitzen.
Aber immer noch steht mein Herz in ihrer Gewalt,
der ich den ganzen Sommer über gedient habe.
Sie ist mein Glück und meine Liebe. Ich will sie ihr nie entziehen.

2 »Mit gutem Grund darf ich in Herz und Sinnen stolz und fröhlich sein,
seit mich der allerbeste Mann heimlich in seinem Herzen liebt.
Er befreit mich von großen Sorgen.
Nie hat mich das gegebene Wort gereut.
Ich werde ihm immer treu bleiben.
Er kann mir alles Schwere vergelten, wie ich es mir wünsche.«

3 Ich bin ein bote her gesant, frouwe, ûf mange dîne güete. 38,14 – 27 C
ein ritter, der dich hât erwelt ûz al der werlte in sîn gemüete,
er hiez dir klagen sîn ungemach,
daz er ein senendez herze treit, sît er dich sach.
im tuot sîn langez beiten wê,
nu reden wirz an ein ende enzît, ê im sîn fröide gar zergê.

4 Der got der al die welt geschaffen hât, der gebe der lieben noch die sinne, 38,23 – 28 C
daz si mich mit armen umbevâhe und mich von rehtem herzen minne.
mich dunkent ander frouwen guot,
ich gewinne von ir dekeiner niemer hôhen muot,
sin welle genâde enzît begân,
diu sich dâ sűndèt an mir, und ich ir vil gedienet hân.

## VI

1 ‚Slâfest du, friedel ziere? 39,18 – 22 C
man wecket uns leider schiere;
ein vogellîn sô wol getân
daz ist der linden an daz zwî gegân.‘

2 ‚Ich was vil sanfte entslâfen, 39,22 – 33 C
nu rüefestû, kint: „wâfen!“
liep âne léit mác niht sîn.
swaz dû gebiutest, daz leiste ich, mîn friundîn.‘

3 Diu frouwe begunde weinen: 39,26 – 34 C
‚du rîtest hínnen und lâst mich eine.
wenne wîlt du wider her zuo mir?
owê, du vüerest mîne fröide samt dir!‘

3 Ich bin ein Bote, Herrin, hergesandt, weil ihr so herrlich seid.
Ein Ritter, der dich vor allen anderen auf der Welt in Gedanken erwählt hat,
der hieß mich dir sein Leid klagen,
daß er Sehnsucht im Herzen trägt, seit er dich sah.
Sein langes Warten tut ihm weh.
Nun laßt uns beizeiten über eine Lösung
sprechen, ehe er seine Freude ganz verliert.

4 Der Gott, der alle Welt erschaffen hat, der gebe der Geliebten den Gedanken ein,
mich in ihre Arme zu schließen und mich von Herzen lieb zu haben.
Mir scheinen zwar auch andere Frauen gut,
doch erlange ich niemals einen frohen, stolzen Sinn,
es sei denn sie gewährt mir noch beizeiten ihre Gnade,
sie, die sich sonst an mir versündigt und der ich doch so viel gedient habe.

## VI

1 »Schläfst du noch, mein schöner Geliebter?
Man weckt uns leider schon.
Ein Vöglein, so wunderschön,
das ist auf den Zweig der Linde geflogen.«

2 »Ich war so sanft eingeschlafen.
Nun rufst du, Kind: ›Wach auf!‹
Glück ohne Schmerz kann es nicht geben.
Was immer du mir aufträgst, das erfülle ich, liebe Freundin.«

3 Die Frau brach in Tränen aus.
»Du reitest fort und läßt mich allein.
Wann wirst du wieder zu mir kommen?
O weh! Du nimmst all mein Glück mit dir hinweg!«

# Kaiser Heinrich

## I

1 Wol hôher danne rîche 4,17 – 5 CB
bin ich alle die zît,
sô alsô güetlîche
diu guote bî mir lît.
si hât mich mit ir tugende
gemachet leides frî.
ich kom sît nie sô verre ir jugende,
ir enwære mîn stætez herze ie nâhe bî.

2 ‚Ich hân den lîp gewendet 4,26 – 6 CB
an einen ritter guot.
daz ist alsô verendet,
daz ich bin wolgemuot.
daz nîdent ander frouwen
unde habent des haz
und sprechent mir ze leide, daz si in wellen schouwen.
mir geviel in al der welte nie nieman baz.‘

# Kaiser Heinrich

## I

1 Noch mächtiger als mächtig
bin ich immer dann,
wenn die edle Frau
so recht huldreich bei mir liegt.
Sie hat mich mit ihrer Vollkommenheit
von allem Leid befreit.
Seit ihrer Jugend war ich niemals mehr fern von ihr,
ohne daß mein beständiges Herz nicht immer in ihrer Nähe geblieben wäre.

2 »Ich habe mich
einem edlen Ritter zugewendet.
Das ist so ausgegangen,
daß ich ganz frohgemut bin.
Das neiden andere Damen
und sind mir feind
und sagen mir zur Kränkung, sie wollten sich ihn anschauen.
In aller Welt gefiel mir nie jemand besser.«

## II

1 Ich grüeze mit gesange die süezen, 5,16 – 1 BC
die ich vermîden niht wil noch enmac.
daz ich sie von munde rehte mohte grüezen,
ach leides, des ist manic tac.
swer nu disiu liet singe vor ir,
der ich sô gar unsenfteclîch enbir,
ez sî wîp oder man, der habe si gegrüezet von mir.

2 Mir sint diu rîche und diu lant undertân, 3,23 – 2 BC
swenne ich bî der minneclîchen bin.
unde swenne ich gescheide von dan,
sô ist mir al mîn gewalt und mîn rîchtuom dâ hin.
wan senden kumber, den zel ich mir danne ze habe.
sus kan ich an fröiden stîgen ûf und ouch abe
und bringe den wehsel, als ich waene, durch ir liebe ze grabe.

3 Sît daz ich si sô gar herzeclîchen minne 5,30 – 3 CB
und si âne wenken zallen zîten trage
beide in herze und ouch in sinne,
underwîlent mit vil maniger klage,
waz gît mir dar umbe diu liebe ze lône?
dâ biutet si mirz sô rehte schône.
ê ich mich ir verzige, ich verzige mich ê der krône.

4 Er sündet, swer des niht geloubet, 5,37 – 4 BC
daz ich möhte geleben manigen lieben tac,
obe joch niemer krône kaeme ûf mîn houbet;
des ich mich âne si niht vermezzen mac.
verlür ich si, waz hette ich danne?
dâ tohte ich ze fröiden noch wîben noch manne,
und waere mîn bester trôst beidiu ze âhte und ze banne.

II

1 Ich grüße mit meinem Gesang die holde Frau,
die ich nicht lassen will noch kann.
Daß ich sie mündlich in geziemlicher Weise grüßen konnte,
das ist – ach zu meinem Leid! – schon manchen Tag her.
Wer immer nun diese Strophen singt vor ihr,
die ich so schmerzlich entbehre,
es sei Mann oder Frau, der habe sie damit gegrüßet von mir.

2 Mir sind die Reiche und Länder untertan,
wenn immer ich bei der liebreizenden Herrin bin.
Wenn immer ich jedoch von dannen scheide,
dann ist meine ganze Macht und Herrschaft dahin.
Nur Sehnsucht und Kummer, die betrachte ich dann als mein eigen.
So kann ich auf den Stufen der Freuden auf- und niedersteigen,
und aus Liebe zu ihr, wird mir das Schwanken wohl bleiben bis ans Grab.

3 Nachdem ich sie so sehr von Herzen liebe
und sie ohne Wanken alle Zeit
in Herz und Sinn trage
– manchmal allerdings unter vielen Klagen –
was gibt mir dafür die Geliebte zum Lohn?
Sie macht mich immer wieder vollkommen glücklich.
Ehe ich auf sie verzichte, verzichte ich eher auf die Krone.

4 Der versündigt sich, der das nicht glaubt,
daß ich lange Zeit angenehm leben könnte,
auch wenn wirklich niemals die Krone auf mein Haupt käme,
wozu ich mich ohne sie nicht erkühnen kann.
Verlöre ich sie, was bliebe mir dann?
Da taugte ich weder Frauen noch Männern zur Freude,
und es wäre mein bester Helfer in Acht und Bann.

# Friedrich von Hausen

## I

1 Ich muoz von schulden sîn unvrô, 42,1 – 1 BC
sît sî jach, dô ich bî ir was,
ich mohte heizen Enêas
und solte aber des wol sicher sîn,
si wurde niemer mîn Tidô.
wie sprach sie dô?
aleine frömidet mich ir lîp,
si hât iedoch des herzen mich
beroubet gar vür alliu wîp.

2 Mit gedanken muoz ich die zît 42,10 – 2 BC
vertrîben, als ich beste kan,
und lernen, des ich nie began:
trûren unde sorgen pflegen.
des was vil ungewent mîn lîp.
durch alliu wîp
wânde ich niemer sîn bekomen
in sô réhte kumberlîche nôt,
als ich von einer hân genomen.

3 Mîn herze muoz ir klûse sîn, 42,19 – 3 BC
al die wîle ich hân den lîp.
sô müezen iemer alliu wîp
vil ungedrungen drinne wesen,
swie lîhte sî sich getroeste mîn.
nu werde schîn,
ob rehte staete iht müge gefromen.
der wil ich iemer gên ir pflegen.
diu ist mir von ir güete komen.

# Friedrich von Hausen

## I

1 Ich bin mit Recht traurig;
denn sie sagte in meiner Gegenwart,
ich könnte Aeneas heißen
und dürfte wiederum ganz sicher sein,
daß sie niemals meine Dido würde.
Wie sprach sie da?
Wenn sie mir auch fernbleibt,
so hat sie mir doch das Herz
geraubt vor allen anderen Frauen.

2 Mit Gedanken bringe ich die Zeit hin,
so gut ich kann,
und muß nun lernen, was ich nie kannte:
in Trauer und Kummer zu leben.
Daran war ich bisher nicht gewöhnt.
Durch alle Frauen
glaubte ich niemals
in so kummervoller Not zu kommen,
wie jetzt durch die eine.

3 Mein Herz soll ihre Klause sein,
solange ich das Leben habe.
Dagegen wird es von allen andern Frauen
darin kein Gedränge geben,
wie leicht sie mich auch vergessen mag.
Nun möge es sich zeigen,
ob rechte Beständigkeit etwas auszurichten vermag.
Die will ich ihr gegenüber immer bewahren.
Sie wird mir von ihrer Vollkommenheit auferlegt.

4 Mich müet, daz ich der lieben bin 43,1 – 4 C
sô verre komen, des muoz ich wunt
belîben. dêst mir ungesunt.
ouch solte mich wol helfen daz,
daz ich ir ie was undertân.
sît ichs began,
sô enkúnde ich nie staeten muot
gewenden rehte gar von ir,
wan sî daz beste gerne tuot.

## II

1 Min herze und mîn lîp diu wellent scheiden, 47,9 – 10 B, 25 C
diu mit ein ander wâren nu manige zît.
der lîp wil gerne vehten an die heiden,
sô hât iedoch daz herze erwelt ein wîp
vor al der welt. daz müet mich iemer sît,
daz siu ein ánder niht volgent beide.
mir habent diu ougen vil getân ze leide.
got eine müese scheiden noch den strît!

2 Sît ich dich, herze, niht wol mac erwenden, 47,25 – 11 B, 26 C
du wellest mich vil trûreclîchen lân,
sô bite ich got, daz er dich geruoche senden
an eine stât, dâ man dich welle enpfân.
owê! wie sol ez armen dir ergân?
wie getórstest du eine an solhe nôt ernenden?
wer sol dir dîne sorge helfen enden
mít tríuwen, als ich hân getân?

3 Ich wânde ledic sîn von solicher swaere, 47,17 – 24 B, 27 C
dô ich daz kriuze in gotes êre nan.
ez waere ouch reht, daz ez alsô waere,
wan daz mîn staetekeit mir sîn verban.
ich solte sîn ze rehte ein lebendic man,
ob ez den tumben willen sîn verbaere.
nu sihe ich wol, daz im ist gar unmaere,
wie ez mir sǘle án dem ende ergân.

4 Mich quält, daß ich der Geliebten
so fern bin und deshalb muß ich verwundet
bleiben. Das ist schlimm für mich.
Dagegen sollte es mir wohl helfen,
daß ich ihr immer ergeben war.
Seitdem ich damit begann,
konnte ich den beständigen Sinn
nie völlig von ihr abwenden,
da sich ihr Wunsch darauf richtet, das Beste zu tun.

## II

1 Mein Herz und mein Leib, die wollen sich trennen,
die schon so lange Zeit beieinander gewesen sind.
Den Leib drängt es, gegen die Heiden zu kämpfen,
indessen hängt das Herz vor aller Welt ganz fest
an einer Frau. Seither ist es mein Kummer immerfort,
daß sich die beiden nicht zusammenschließen.
Mir haben die Augen viel Leid bereitet.
Gott allein möge die Trennung noch verhindern!

2 Da ich dich, Herz, sicher nicht davon abbringen kann,
mich in meiner Trauer allein zu lassen,
so bitte ich Gott, dich gnädig zu senden
an eine Stätte, wo man dich freundlich aufnimmt.
Ach, wie wird es dir ergehen, armes Herz?
Wie konntest du es wagen, dich allein einer solchen Gefahr auszusetzen?
Wer wird dir helfen, deine Furcht abzuwehren,
so treu, wie ich es getan habe?

3 Ich glaubte, frei zu sein von solchem Kummer,
als ich das Kreuz im Dienste Gottes nahm.
Es wäre auch richtig gewesen, hätte das Herz sich entsprechend verhalten.
Nur daß meine Beständigkeit mir das nicht gönnte.
Ich könnte wirklich ein heilsgewisser Mann sein,
wenn es auf seinen törichten Willen verzichtete.
Nun sehe ich jedoch genau, daß es sich überhaupt nicht darum kümmert,
wie es mir an meinem Ende ergehen wird.

4 Niemen darf mir wenden daz ze unstaete, 47,33 – 25 B, 28 C
ob ich die hazze, die ich dâ minnet ê.
swie ich sî gevlêhete oder gebaete,
sô tuot si rehte, als ob sis iht verstê.
mich dunket reht, wie ir wort gelîche gê,
reht als ez der sumer von triere taete.
ich waere ein gouch , ob ich ir tumpheit haete
vür guot. ez engeschiht mir niemer mê.

## III

1 Dô ich vón der guoten schiet 48,32 – 30 B, 32 C
und ich ir niht ensprach,
als mir waere liep,
des lîde ich ungemach.
daz liez ich durch die valschen diet,
von der mir nie geschach
deheiner slahte liep,
wan der die helle brach,
der vüege in ungemach.

2 ‚Sie waenent hüeten mîn, 49,4 – 31 B, 33 C
diu sî doch niht bestât,
und tuon ir nîden schîn;
daz wênic sî vervât.
si möhten ê den Rîn
bekêren in den Pfât,
ê ich mich iemer sîn
getrôste, swie ez ergât,
der mir gedienet hât.‘

4 Niemand soll mir das als Untreue anrechnen
wenn ich der jetzt feind bin, die ich vor einiger Zeit noch liebte.
Wie oft ich sie auch anflehte oder bat,
so stellt sie sich gerade so, als ob sie nichts davon merkt.
Es will mir wirklich scheinen, als kämen ihr die Worte so aus dem Mund,
als wenn es die Töne der Maultrommel wären.
Ich wäre ein Tor, wenn ich ihre Beschränktheit
auch noch gut fände. Dazu bin niemals wieder bereit.

## III

1 Als ich von der Geliebten schied
und ich nicht zu ihr sprach
(wie es mir lieb gewesen wäre) –
darunter leide ich jetzt.
Das unterließ ich wegen der Schar falscher Höflinge,
von der mir nie
etwas Gutes widerfuhr.
Aber der, der die Pforte der Hölle erbrochen hat,
möge sie mit Ach und Weh heimsuchen.

2 »Sie glauben, mich in Schranken zu halten,
(was ihnen doch nicht zukommt)
und lassen ihrer Mißgunst freien Lauf,
was ihnen überhaupt nichts nützt.
Eher vermöchten sie den Rhein
in den Po umzuleiten,
ehe ich mir – komme was will – jemals den
aus dem Sinn schlüge,
der für mich so viel getan hat.«

## IV

1 Ich denke underwîlen, 51,33 – 45 B, 47 C
ob ich ir nâher waere,
waz ich ir wolte sagen.
daz kürzet mir die mîlen,
swenne ich mîne swaere
sô mit gedanken klage.
mich sehent manige tage
die liute in der gebaerde,
als ich niht sorgen habe,
wan ích si alsô vertrage.

2 Hete ich sô hôher minne 52,7 – 46 B, 48 C
mich nie underwunden,
mîn möhte werden rât.
ich tet ez âne sinne.
des lîde ich ze allen stunden
nôt, diu mir nâhe gât.
mîn staete mir nu hât
daz herze alsô gebunden,
daz sî ez niht schéiden lât
von ir, als ez nu stât.

3 Ez ist ein grôze wunder: 52,17 – 47 B, 49 C
die ich alre sêrste minne,
diu was mir ie gevê.
nu müeze solhen kumber
niemer man bevinden,
der alsô nâhe gê.
erkennen wấnde ich in ế;
nu hân ich in baz bevunden.
mir was dâ heime wê
und hie wol drîstunt mê.

## IV

1 Ich stelle mir zuweilen vor,
was ich ihr sagen wollte,
wenn ich näher bei ihr wäre.
Das verkürzt mir die Wege,
wenn ich ihr meine Kümmernisse
so in Gedanken klage.
Manchen Tag sehen mich
die Leute in der Haltung,
als ob ich keine Sorgen hätte,
weil ich sie nur auf diese Weise aushalte.

2 Hätte ich mich so hoher Minne
niemals ausgesetzt,
dann könnte mir noch geholfen werden.
Ich war von Sinnen, als ich es tat.
Daher leide ich immerfort
Not, die mir ins Herz schneidet.
Meine Beständigkeit hat mir
mein Herz so in Fesseln geschlagen,
daß sie es – wie es jetzt steht –
nicht von sich fortläßt.

3 Es ist schon etwas sehr Eigenartiges:
die ich am heftigsten liebe,
die war mir immer feind.
Nun sollte solchen Schmerz,
der so tief verletzt,
niemand jemals erfahren.
Ich glaubte, ihn schon früher zu kennen,
jetzt aber habe ich ihn noch tiefer gespürt.
Zu Hause habe ich schon gelitten
und hier leide ich dreimal mehr.

4 Swie klein ez mich vervâhe, 52,27 – 48 B, 50 C
sô fröuwe ich mich doch sêre,
daz mir nieman kan
erwern, ich gedenke ir nâhe,
swar ich landes kêre.
den trôst sol sî mir lân.
wil sîz vür guot enpfân,
des fröuwe ich mich iemer mêre,
wan ich vür alle man
ir ie was undertân.

4 Wie wenig es mir auch nützt,
so bringt es mir doch große Freude,
daß mich niemand daran zu hindern vermag,
mich ihr nahe zu fühlen,
wohin es mich auch immer verschlägt.
Diesen Trost muß sie mir lassen.
Will sie dies gnädig aufnehmen,
dann wird mich das auf ewig freuen,
denn ihr war ich vor allen Männern
immer ergeben.

# Heinrich von Veldeke

## I

1 Tristran muose sunder sînen danc 58,35
staete sîn der küneginne, 10 BC, 1 A
wan in daz poisûn dar zuo twanc
mêre danne diu kraft der minne.
des sol mîr diu guote danc
wizzen, daz ich sölhen tranc
nie genam und ich sî doch minne
baz danne er, und mac daz sîn.
wol getâne,
valsches âne,
lâ mich wesen dîn
unde wis dû mîn.

2 Sît diu sunne ir liehten schîn 59,11
gegen der kelte hât geneiget 11 BC, 2 A
und diu kleinen vogellîn
ír sánges sint gesweiget,
trûric ist daz herze mîn.
ich waene, ez wil winter sîn,
der uns sîne kraft erzeiget
an den bluomen, die man siht
in liehter varwe
erblîchen garwe.
dâ von mir beschiht
leit und anders niht.

# Heinrich von Veldeke

I

1 Tristan mußte gegen seinen Willen
der Königin treu sein,
denn Gift zwang ihn dazu
mehr als die Macht der Minne.
Dafür soll mir die Gute Dank
wissen, daß ich solchen Trank
nie zu mir nahm und sie dennoch liebe,
sogar mehr als er, wenn das sein kann.
Du Wohlgestalte
ohne Falsch,
laß mich dein sein
und sei du mein.

2 Seit die Sonne ihren strahlenden Glanz
vor der Kälte geneigt hat
und die kleinen Vöglein
in ihrem Sang zum Schweigen gebracht sind,
ist mein Herz voll Trauer.
Ich glaube, es will nun Winter werden,
der uns seine Macht spüren läßt
an den Blumen, die man
in ihrer leuchtenden Farbe
ganz erbleichen sieht.
Dadurch wird mir Leid
zugefügt und nichts sonst.

## II

1 In dem aberellen 62,25 – 28 B, 26 C
sô die bluomen springen,
sô louben die linden
und gruonen die buochen,
so singent die vogele
und habent ir willen,
wan si minne vinden,
aldâ si suochen
an ir gnôz,
wan ir blîdeschaft ist grôz,
der mich nie verdrôz.
wan si swîgen al den winter stille.

2 Dô si an dem rîse 62,36 25 BC
die bluomen gesâhen
bî den blaten springen,
dô wâren si rîche
ir manicvalten wîse,
der si wîlent pflâgen.
si huoben ir singen
lûte und vroelîche,
nider und hô.
mîn muot stât alsô,
daz ich wil wesen vrô.
reht ist, daz ich mîn gelücke prîse.

3 Mohte ich erwerben 63,9 – 26 B, 27 C
mîner frouwen hulde!
künde ich die gesuochen,
als ez ir gezaeme!
ich sol verderben
al von mîner schulde,
sî enwolte ruochen,
daz si von mir naeme
buoze sunder tôt
ûf gnâde und durch nôt.
wan ez got nie gebôt,
daz dehein man gerne solte sterben.

## II

1 Im April
wenn die Blumen sprießen,
wenn sich die Linden belauben
und die Buchen ergrünen,
dann singen die Vögel
und haben ihren Willen,
denn sie finden Minne,
dort wo sie sie suchen,
bei ihren Artgenossen
und ihre Freude ist groß,
die mich nie gestört hat;
denn sie schweigen den ganzen Winter über stille.

2 Als sie an dem Zweige
die Blüten
neben den Blättern sprießen sahen,
da konnten sie wieder
ihre mannigfachen Weisen,
die sie früher gesungen hatten.
Sie begannen
laut und fröhlich
tief und hoch zu singen.
Auch mein Sinn steht danach,
fröhlich zu sein,
und ich habe Grund, mich glücklich zu preisen.

3 Könnte ich doch
die Zuneigung meiner Dame erlangen!
Könnte ich sie aufsuchen,
wie es ihr zukäme!
Ich werde
allein durch eigene Schuld zugrunde gehen,
falls sie nicht geruht,
von mir
– außer dem Tod – eine Buße anzunehmen,
aus Gnade und weil ich in Not bin.
Denn Gott hat nie gefordert,
daß ein Mann sich wünschen sollte zu sterben.

## III

Swer den frouwen setzet huote, 65,21 – 37 B, 36 C
der tuot dicke, daz übel stêt.
vil manic mán tréit die ruote,
dâ er sich selben mite slêt.
swer den übeln site gevêt,
der gêt vil ofte unfrô mit zornigem muote.
des pfliget niht der wîse fruote.

## IV

Diu minne betwanc Salomône, 66,16 42 BC
der was der allerwîseste man,
der ie getruoc küniges krône.
wie mohte ich mich erwern dan,
si twunge ouch mich gewalteclîche,
sît si sölhen man verwan,
der sô wîse was und ouch sô rîche?
den solt sol ich von ir ze lône hân.

III

Wer den Frauen eine Aufsicht gibt,
der tut häufig etwas Schlimmes.
Mancher Mann trägt die Rute,
mit der er sich selbst schlägt.
Wer diese üble Sitte anfängt,
der geht oft unfroh und im Zorn einher.
So verhält sich nicht, wer wirklich verständig ist.

IV

Die Minne bezwang Salomo,
der doch der allerweiseste Mann war,
der jemals eine Königskrone trug.
Wie könnte ich mich dann dagegen wehren,
daß sie auch mich mit ihrer Gewalt bezwingt,
da sie solchen Mann besiegte,
der so weise war und so mächtig?
Minnesold werde ich von ihr zum Lohn erhalten.

# Rudolf von Fenis

## I

1 Gewan ich ze minnen ie guoten wân, 80,1 – 1 BC
nu hân ich von ir weder trôst noch gedingen,
wan ich enweiz, wie mir süle gelingen,
sît ich si mac weder lâzen noch hân.
mir ist alse dem, der ûf den boum dâ stîget
und niht hôher mac und dâ mitten belîbet
unde ouch mit nihte wider komen kan
und alsô die zît mit sorgen hine vertrîbet.

2 Mir ist alse deme, der dâ hât gewant 80,9 – 2 BC
sînen muot an ein spil und er dâ mite verliuset
und erz verswert, ze spâte erz doch verkiuset.
alsô hân ich mich ze spâte erkant
der grôzen liste, die diu minne wider mich hâte.
mit schoenen gebaerden si mich ze ir brâhte
und leitet mich als der boese geltaere tuot,
der wol geheizet und geltes nie gedâhte.

3 Min frouwe sol lân nû den gewin, 80,17 – 3 CB
daz ich ir diene, wan ich mac ez mîden.
iedoch bitte ich si, daz siz geruoche lîden,
sô wirret mir niht diu nôt, die ich lîdende bin.
wil aber si mich von ir vertrîben,
ir schoener gruoz scheid et mich von ir lîbe.
noch dannoch vürhte ich mêre, daz sî
mich von allen mînen fröiden vertrîbe.

# Rudolf von Fenis

I

1 Wenn ich jemals auf die Minne einige Hoffnung gesetzt habe,
dann habe ich jetzt von ihr weder Trost noch Vertrauen,
denn ich weiß nicht, wie ich Erfolg haben könnte,
da ich sie weder lassen noch haben kann.
Mir ist wie einem, der auf einen Baum steigt
und nicht höher kann und nun in der Mitte stecken bleibt
und auch nicht wieder hinunter kommen kann
und so die Zeit in Ängsten verbringt.

2 Ich komme mir vor wie einer, der seinen Sinn
auf ein Spiel gerichtet hat und dabei verliert
und der dann darauf verzichtet, es aber zu spät aufgibt.
Genauso habe auch ich zu spät
die großen Zauberkünste erkannt, die die Minne gegen mich aufbietet.
Mit lieblichen Gebärden zog sie mich an sich
und führt mich jetzt wie ein gemeiner Schuldner,
der bereitwillig zu zahlen verspricht, aber niemals Geld herausrückt.

3 Meine Herrin sollte darauf verzichten,
daß ich ihr diene, denn ich kann es auch lassen.
Dennoch bitte ich sie, sie möge so gnädig sein, es zu dulden.
Dann schmerzt mich nicht die Not, die ich jetzt immerfort leide.
Will sie mich aber von sich vertreiben,
dann möge sie auch ihre Freundlichkeit gegen mich aufgeben.
Selbst dann fürchte ich mehr als alles andre, daß sie
mich damit aus all meinem Glück vertreibt.

## II

1 Minne gebiutet mir, daz ich singe 80,25 – 4 BC
unde wil niht, daz mich iemer verdrieze.
nu hân ich von ir weder trôst noch gedinge
unde daz ich mînes sanges iht genieze.
si wil, daz ich iemer diene an sölhe stat,
dâ noch mîn dienst ie vil kleine wac,
unde al mîn staete niht gehelfen mac.
nu waere mîn reht, moht ich, daz ich ez lieze.

2 Ez stêt mir niht sô. ich enmac ez niht lâzen, 81,6 – 5 BC
daz ich daz herze von ir iemer bekêre.
ez ist ein nôt, daz ich mich niht kan mâzen.
ich minne sî, diu mich dâ hazzet sêre,
und íemer tuon, swie ez doch dar umbe mir ergât.
mîn grôziu staete mich des niht erlât,
unde ez mich leider kleine vervât.
ist ez ir leit, doch diene ich ir iemer mêre.

3 Iemer mêre wil ich ir dienen mit staete 81,14 – 6 BC
und weiz dóch wol, daz ich sîn niemer lôn gewinne.
ez waere an mir ein sin, ob ich dâ baete,
dâ ich lônes mich versaehe von der minne.
lônes hân ich noch vil kleinen wân.
ich diene ie dar, da ez mich kleine kan vervân,
– nu liez ich ez gerne, moht ich ez lân –
ez wellent durch daz niht von ir mîne sinne.

4 Mîne sinne wellent durch daz niht von ir scheiden, 81,22 – 7 BC
swie si mich bî ir niht wil lân belîben.
sî enkan mir doch daz niemer geleiden.
ich diene ir gerne und durch sie allen guoten wîben.
lîde ich dár under nôt, daz ist an mir niht schîn,
diu nôt ist diu méiste wúnne mîn.
sî sol ir zorne dar umbe lâzen sîn,
wan si enkan mich niemer von ir vertrîben.

II

1 Minne gebietet mir, daß ich singe,
und will nicht, daß ich mir jemals einen Verdruß anmerken lasse.
Nun erhalte ich aber durch sie weder Zuversicht noch Hoffnung,
daß mein Singen mir jemals etwas nützt.
Sie will, daß ich immer dort diene,
wo mein Dienst bisher sehr gering geschätzt wurde
und all meine Beständigkeit nichts ausrichten kann.
Nun wäre es mein Recht, es zu lassen – wenn ich es nur könnte.

2 Es steht nicht so um mich. Ich kann es nicht über mich bringen,
mich jemals von ihr abzukehren.
Es ist eine Qual, daß ich mich nicht maßvoll verhalten kann:
ich liebe sie, die mir von Herzen feind ist,
und werde es immer tun, wie es mir auch deshalb ergehen wird.
Meine große Beständigkeit läßt mich nicht aus der Pflicht,
mag es mir auch zu meinem Schmerz überhaupt nichts nützen.
Wenn es ihr auch leid ist, so diene ich ihr doch für immer.

3 Auf immer will ich ihr mit Beständigkeit dienen
und weiß doch genau, daß ich dafür niemals Lohn erhalten werde.
Es wäre ein Zeichen von Vernunft bei mir, wenn ich dort würbe,
wo ich auf Lohn von der Minne rechnen könnte.
Auf Lohn setze ich keine Hoffnung mehr.
Ich diene immer dort, wo es mir überhaupt nichts nützt,
– nun würde ich es gern aufgeben, wenn ich es könnte –
aber gerade deshalb wollen sich meine Gedanken nicht von ihr trennen.

4 Meine Gedanken wollen sich nicht von ihr trennen,
wenngleich sie mich nicht bei ihr bleiben lassen will.
Sie kann es mir aber dennoch nicht verleiden.
Es verlangt mich danach, ihr zu dienen und um ihretwillen allen edlen Frauen.
Leide ich deswegen Qualen, das merkt man mir nicht an,
diese Qualen sind sogar meine größte Wonne.
Sie soll ihren Unwillen darüber aufgeben,
denn sie kann mich niemals von sich vertreiben.

## III

1 Ich hân mir sélber gemachet die swaere, 83,11
daz ich der ger, diu sich mir wil entsagen. 16 CB
diu mir zerwerbenne vil lîhte waere,
diu fliuhe ich, wan si mir niht kan behagen.
Ich minne die, diu mirs niht wil vertragen.
mich minnent ouch, die mir sint doch bormaere.
sus kan ich wol beide, fliehen und jagen.

2 Owê, daz ich niht erkande die minne, 83,18
ê ich mich hete an si verlân! 17 CB
sô hete ich von ir gewendet die sinne,
wan ich ir nâch mînen willen niht hân.
sus strebe ich ûf vil tumben wân,
des vürhte ich grôze nôt gewinne.
den kumber hân ich mir selber getân.

III

1 Ich habe mir selber die Not bereitet,
daß ich die begehre, die nichts von mir wissen will.
Die aber, die ich sehr leicht gewinnen könnte,
die meide ich, denn auf sie kann ich nicht stolz sein.
Ich minne die, die mir keinen Schritt weit entgegenkommt;
mich dagegen minnen die, die ich verachte.
So verstehe ich mich auf beides, aus dem Weg gehen und nachlaufen.

2 Ach, daß ich die Minne nicht erkannt habe,
ehe ich mich auf sie einließ!
Dann hätte ich meine Sinne von ihr gewendet,
da ich über sie keinerlei Macht habe.
So richte ich mich auf törichten Wahn
und fürchte, dadurch noch tiefes Leid zu erlangen.
Aber diesen Schmerz habe ich mir selber bereitet.

# Albrecht von Johansdorf

## I

1 Mîn êrste liebe, der ich ie began, 86,1
diu selbe muoz an mir diu liebeste sîn. 1 AB,
an fröiden ich des dicke schaden hân, 2 C
iedoch sô râtet mir daz herze mîn.
sold ich minnen mêre danne eine,
daz enwáer mír niht guot,
sône minnet ich deheine.
seht, wie maneger ez doch tuot!

2 Ich wil ir râten bî der sêle mîn, 86,9 – 2 B,
durch deheine liebe niht wan durch daz reht: 3 C
waz moht ir an ir tugenden bezzer sîn,
danne óbe si ir úmberede lieze sleht,
taet an mir einvalteclîche,
als ich ir einvaltec bin.
an fröiden werde ich niemer rîche,
ez enwaere ir der beste sin.

3 Ich wânde, daz mîn kûme waere erbiten. 86,17 – 2 A,
dar ûf hât ich gedingen manege zît. 3 B, 4 C
nu hât mich gar ir friundes gruoz vermiten.
mîn bester trôst der waene dâ nider gelît.
ich muoz alse wîlen flêhen
und noch harter, hulf ez iht.
herre, wan ist daz mîn lêhen,
daz mir niemer leit geschiht?

4 Ich hân dur got daz crûce an mich genomen 86,25
und var dâ hin durch mîne missetât. 3 A, 41 C
nu helfe er mir, ob ich her wider kome, (Nachtrag)
ein wîp diu grôzen kumber von mir hât
daz ich si vinde an ir êren.
sô wert er mich der bete gar.
sül aber si ir leben verkêren,
sô gebe got daz ich vervar.

# Albrecht von Johansdorf

## I

1 Meine erste Liebe, die ich jemals einging,
dieselbe soll mir auch die liebste bleiben.
An Glück geht mir dadurch oftmals viel verloren,
aber dennoch gibt mein Herz mir diesen Ratschlag.
Sollte ich mehr als eine lieben,
das wäre nicht gut für mich,
denn dann liebte ich keine.
Ach, wie viele tun dies trotzdem!

2 Ich will ihr bei meiner Seele raten,
aber nicht der Liebe, nur des Rechtes wegen.
Was könnte ihr bei ihrer Vollkommenheit mehr geziemen,
als ihre falsche Nachrede zu unterlassen
und aufrichtig an mir zu handeln,
so wie ich zu ihr aufrichtig bin.
An Freuden werde ich niemals reich,
wenn sie dies nicht auch für die beste Lösung ansähe.

3 Ich hatte geglaubt, daß mein Schmerz ausgelitten sei.
Darauf hatte ich lange Zeit meine Hoffnung gesetzt.
Bis jetzt hat mich ihr Freundesgruß völlig außer acht gelassen.
Meine größte Hoffnung, so glaube ich, liegt am Boden.
Ich muß so wie einst wieder flehen
und sogar noch mehr, wenn es nur etwas hülfe.
Herr, warum ist mein Lehen nicht so,
daß mir kein Leid mehr widerfährt?

4 Ich habe mir für Gott das Kreuz angeheftet
und ziehe aus wegen meiner Sünden.
Nun möge er mir helfen, wenn ich zurückkehre,
daß ich die Frau, die großen Schmerz durch mich erleidet,
wieder in ihrem alten Ansehen vorfinde.
Dann erfüllt er mir meine Bitte ganz.
Sollte sie jedoch ihr Leben zum Falschen wenden,
dann gebe Gott, daß ich nicht zurückkehre.

II

1 Mich mac der tôt von ir minnen wol scheiden, 87,5 – 4 A
anders nieman, des hân ich gesworn.
ern ist mîn friunt niht, der mir si wil leiden,
wand îch ze einer fröide sî hân erkorn.
swenne ich von schulden erarn iren zorn,
sô bin ich verfluochet vor gote alse ein heiden.
si ist wol gemuot und ist vil wol geborn.
heiliger got, wis gnaedic uns beiden!

2 Dô diu wolgetâne gesach daz crûze an mînem kleide, 87,13 – 5 A
dô sprach diu guote, dô ich von ir gie:
‚wie wiltu nû geleísten diu beide,
varn über mer und iedoch wesen hie?‘
Sî sprach, wie ich wold gebârn umbe sie
⟨.................
..................⟩
ê was mir wê, dô geschach mir nie sô leide.

3 Nu mîn herzefrouwe, nu entrûre niht sô sêre. 87,21 – 6 A
daz wil ich iemer zeinem liebe haben:
wir suln varn dur des rîchen gotes êre
gern ze helfe dem vil heiligen grabe.
swer dâ bestrûchet, der mac vil wol besnaben,
dâne niemen ze sêre gevalle.
daz meine ich sô: die sêlen werden frô,
sô si ze himele kêren mit schallen.

## II

1 Mich vermag der Tod von ihrer Liebe zu trennen,
sonst niemand, das habe ich geschworen.
Der ist mein Freund nicht, der sie bei mir schlechtmachen will,
denn ich habe sie mir zu meiner Freude gewählt.
Wenn ich mit Grund ihre Empörung errege,
dann bin ich vor Gott wie ein Heide verflucht.
Sie ist hochgemut und edel geboren.
Heiliger Gott, sei uns beiden gnädig!

2 Als die Schöne das Kreuz an meinem Kleide erblickte,
da sagte die Edle, bevor ich von ihr aufbrach:
»Wie willst du nun beides erfüllen,
übers Meer ziehen und dennoch hier bleiben?«
Sie fragte, wie ich mich ihr gegenüber verhalten wollte . . .
⟨. . . . . . . . . . . . . . . . .
. . . . . . . . . . . . . . . . . .⟩
Früher war mir schon schmerzlich zumute, aber da erlitt ich nie ein solches Leid.

3 Nun, meine Geliebte, nun sei nicht so traurig.
Das will ich immer als meine Freude ansehen:
wir sollen zu des mächtigen Gottes Ehre dahinziehen,
freudig, dem Heiligen Grabe zur Hilfe.
Wer dort strauchelt, der kann ruhig fallen,
wo niemand wirklich stürzen kann.
Das meine ich so: die Seelen werden froh,
wenn sie unter Jubel in den Himmel zurückkehren.

## III

1 Die hinnen varnt, die sagent dur got, 89,21 – 9 B,
daz Ierusalem der reinen stat und ouch dem lande 10 C
helfe noch nie noeter wart.
diu klage wirt der tumben spot.
die sprechent alle: ‚waer ez unserm herren ande,
er raeche ez ân ir aller vart.'
nu mugent si denken, daz er leit den grimmen tôt!
der grôzen marter was im ouch vil gar unnôt,
wan daz in erbarmet unser val.
swen nû sîn criuze und sîn grap niht wil erbarmen,
daz sint von ime die saelden armen.

2 Nu waz gelouben wil der hân, 89,32 – 10
und wer sol im ze helfe komen an sînem ende, 11 C
der gote wol hulfe und tuot es niht?
als ich mich versinnen kan,
ez ensî vil gar ein êhaft nôt, diu in des wende,
ich waene, er ez übel übersiht.
nu lât daz grap und ouch daz criuze geruowet ligen!
die heiden wellent einer rede an uns gesigen,
daz gotes muoter niht sî ein maget.
swem disiu rede niht nâhe an sîn herze vellet,
owê, war hât sich der gesellet?

3 Mich habent die sorge ûf daz brâht, 90,5 – 11 B
daz ich vil gerne kranken muot von mir vertrîbe. 12 C
des was mîn herze her niht frî.
ich gedenke alsô vil manige naht:
‚waz sol ich wider got nu tuon, ob ich belîbe,
daz er mir genaedic sî?'
sô weiz ich niht vil grôze schulde, die ich habe,
niuwan éinè der kume ich niemer abe.
alle sünde liez ich wol wan die:
ich minne ein wîp vor al der welte in mînem muote.
got herre, daz vervâch ze guote!

## III

1 Die von hinnen ziehen, behaupten bei Gott,
daß der heiligen Stadt und dem Reich Jerusalem
Hilfe nie dringlicher war.
Diese Klage schlagen die Toren in den Wind.
Die sagen alle: »Wäre es für unsern Herrgott eine Kränkung,
dann würde er es auch ohne ihre Kreuzfahrt rächen.«
Nun sollen sie doch daran denken, daß er den bitteren Tod erlitt.
Diese große Qual brauchte er nicht auf sich zu nehmen,
aber er erbarmte sich über unsere Verlorenheit.
Wer nun mit seinem Kreuz und seinem Grab kein Erbarmen haben will,
dem schenkt er auch nicht das himmlische Glück.

2 Was für einen Glauben kann der haben
und wer wird dem an seinem Lebensende zu Hilfe kommen,
der Gott helfen könnte und es nicht tut?
Es sei denn eine zwingende rechtliche Verpflichtung hält ihn ab,
so halte ich es, wenn ich mich recht darauf verstehe,
für verwerflich, solche Aufgabe zu übersehen.
Doch schweigen wir vom Grab und auch vom Kreuz.
Die Heiden wollen uns auch noch mit der anderen Behauptung erledigen,
daß die Gottesmutter keine Jungfrau gewesen sei.
Wem dieser Anwurf nicht tief zu Herzen geht,
ach, in wessen Gesellschaft hat sich der begeben?

3 Mich haben diese Bedrohungen dahin gebracht,
daß es mich drängt, meine Schwäche zu überwinden.
Davon war mein Herz bisher nicht frei.
Gar manche Nacht denke ich:
»Was kann ich, falls ich falle, vor Gott jetzt tun,
damit er mir gnädig sei?«
Dann komme ich aber nicht auf viele Sünden, die mich belasten,
außer einer, von der ich jedoch niemals loskommen werde.
Alle Sünden könnte ich bequem unterlassen bis auf diese eine:
über alles andere in der Welt liebe ich von Herzen eine Frau.
Gott, mein Herr, rechne mir das zum Guten an!

## IV

1 ‚Wie sich minne hebt, daz weiz ich wol. 91,22 – 21 C
wie si ende nimt, des weiz ich niht.
íst daz íchs ínne werden sol,
wie dem herzen herzeliep beschiht,
sô bewar mich vor dem scheiden got,
daz waen bitter ist.
disen kumber vürhte ich âne spot.

2 Swâ zwei herzeliep gefriundent sich, 91,29 – 22 C
und ir beider minne ein triuwe wirt,
die sol niemen scheiden, dunket mich,
al die wîle unz sî der tôt verbirt.
waer diu rede mîn, ich taete alsô:
verliure ich mînen friunt,
seht, sô wurde ich niemer mêre frô.

3 Dâ gehoeret manic stunde zuo, 91,8 – 17 C, 16 B
ê daz sich gesamne ir zweier muot.
dâ daz énde únsánfte tuo,
ích wáene wol, daz sî niht guot.
lángè sî ez mir unbekant!
und werde ich iemen liep,
der sî sîner triuwe an mir gemant.‘

4 Der ich diene und iemer dienen wil, 91,15 18 C, 17 B
diu sol mîne rede vil wol verstân.
spraeche ich mêre, des wurde alze vil.
ich wil ez allez an ir güete lân.
ir gnâden der bedarf ich wol.
und wil si, ich bin frô,
und wil sî, sô ist mîn herze leides vol.

## IV

1 »Wie Minne ihren Anfang nimmt, weiß ich genau.
Wie sie zu Ende geht, davon weiß ich nichts.
Wenn ich erfahren soll,
wie einem tiefe Liebe widerfährt,
dann behüte mich, Gott, vor der Trennung,
die, wie ich glaube, bitter ist.
Diesen Schmerz fürchte ich zutiefst.

2 Wo immer sich zwei Liebende näherkommen
und ihrer beider Liebe unverbrüchlich wird,
die soll niemand voneinander trennen, so scheint mir,
solange sie der Tod verschont.
Wäre die Rede von mir, so verhielte ich mich so:
Verlöre ich meine Geliebte,
glaubt mir, ich würde niemals wieder froh.

3 Da braucht es manche Stunde,
bevor beide zueinander finden.
Wenn das Ende sich schmerzlich erweist,
dann, so meine ich, ist es nicht gut.
Lange möge es mir unbekannt bleiben!
Und wenn mich jemand liebgewinnt,
will ich ihn immer daran erinnern, daß ich Treue von ihm erwarte.«

4 Der ich diene und immer dienen will,
die wird meine Worte genau verstehen.
Sagte ich mehr, dann würde es schon zuviel.
Ich will es alles ihrer Güte überlassen.
Ihrer Huld bedarf ich sehr.
Und will sie es, dann bin ich froh,
und will sie es, so ist mein Herz voll Leid.

## V

1 Ich vant si âne huote 93,12 – 29 C
die vil minneclîche eine stân.
jâ, dô sprach diu guote:
‚waz welt ir sô eine her gegân?‘
‚frouwe, ez ist alsô geschehen.‘
‚sagent, war umbe sint ir her? des sult ir mir verjehen.‘

2 ‚Mînen senden kumber 93,18 – 30 C
kláge ích, liebe frouwe mîn.‘
‚wê, waz sagent ir tumber?
ir mugent iuwer klage wol lâzen sîn.‘
‚frouwe, ich enmac ir niht enbern.‘
‚sô wil ich in tûsent jâren niemer iuch gewern.‘

3 ‚Neinâ, küniginne! 93,24 – 31 C
daz mîn dienst sô iht sî verlorn!‘
‚ir sint âne sinne,
daz ir bringent mich in selhen zorn.‘
‚frouwe, iuwer haz tuot mir den tôt.‘
‚wer hât iuch, vil lieber man, betwungen ûf die nôt?‘

4 ‚Daz hât iuwer schoene, 93,30 – 32 C
die ir hânt, vil minneclîchez wîp.‘
‚iuwer süezen doene
wolten krenken mînen staeten lîp.‘
‚frouwe, nienẹ welle got.‘
‚wert ich iuch, des hetet ir êre, sô waer mîn der spot.‘

5 ‚Sô lânt mich noch geniezen, 93,36 – 33 C
daz ich iu von herzen ie was holt.‘
‚iuch mac wol verdriezen,
daz ir iuwer wortel gegen mir bolt.‘
‚dunket iuch mîn rede niht guot?‘
‚jâ si hât beswaeret dicke mînen staeten muot.‘

## V

1 Ich sah die liebliche Dame
ohne Aufsicht allein stehen.
Wahrhaftig, da sagte die Edle:
»Was kommt ihr so alleine hierher?«
»Herrin, so ist es nun einmal.«
»Sagt, weshalb seid ihr hier? Das sollt ihr mir erklären.«

2 »Meinen sehnsuchtsvollen Schmerz
beklage ich, teure Herrin«.
»Ach, was sagt ihr, Törichter?
Ihr könnt eure Klage ruhig unterlassen!«
»Herrin, ich kann nicht auf sie verzichten.«
»Und doch werde ich euch in tausend Jahren niemals erhören.«

3 »Nein, o nein, Königin!
Laß meinen Dienst doch nicht so vergebens sein!«
»Ihr seid nicht recht bei Sinnen,
daß ihr mich so wütend macht.«
»Herrin, eure Ablehnung bringt mich um.«
»Wer hat euch denn, guter Mann, in diese peinliche Lage gezwungen?«

4 »Die Schönheit,
die ihr habt, teuerste Frau!«
»Euer süßes Gesäusel
soll wohl meine Standhaftigkeit schwächen.«
»Herrin, da sei Gott davor!«
»Erhörte ich euch, so hättet ihr Ansehen, mir aber bliebe der Spott.«

5 »Laßt mir doch noch einen Rest Hoffnung übrig,
dafür daß ich euch immer von Herzen zugetan war.«
»Euch wird es noch schlecht bekommen,
daß ihr mich mit eurem Geschwätz belästigt.«
»Findet ihr meine Worte nicht richtig?«
»Wahrhaftig, sie haben meine Beständigkeit schon oft belastet.«

6 ‚Ich bin ouch vil staete, 94,3 – 34 C
ob ir ruochent mir der wârheit jehen.‘
‚volgent mîner raete,
lânt die bete, diu niemer mac beschehen!‘
‚sol ich alsô sîn gewert?‘
‚got der wer iuch anderswâ, des ir an mich dâ gert.‘

7 ‚Sol mich dan mîn singen 94,9 – 35 C
und mîn dienst gegen iu niht vervân?‘
‚iu sol wol gelingen,
âne lôn sô sult ir niht bestân.‘
‚wie meinent ir daz, frouwe guot?‘
‚daz ir dest werder sint unde dâ bî hôchgemuot.‘

6 »Ich bin auch sehr beständig,
wenn ihr es überhaupt über euch bringt, über mich etwas Wahres zu sagen.«
»Folgt meinem Rat
und unterlaßt die Bitte, die niemals erfüllt wird!«
»Soll ich auf diese Weise erhört werden?«
»Gott gewähre euch anderswo, was ihr von mir begehrt.«

7 »Soll mir denn mein Sang
und mein Dienst für euch nichts einbringen?«
»Ihr sollt schon Erfolg haben,
ohne Lohn sollt ihr nicht bleiben.«
»Wie meint ihr das, edle Herrin?«
»Daß ihr um so edler seid und zugleich freudig und stolz.«

# Heinrich von Rugge: Der Leich

1 Ein tumber man iu hât 96,1 – N
gegeben disen wîsen rât,
dur daz man in ze guote sol vernemen.
ir wîsen merkent in.
daz wirt iu ein vil grôz gewin.
swer in verstât,
sô ist mîn rât
noch wîser denne ich selbe bin.
mîn tumbes mannes munt
der tuot iu allen gerne kunt,
wiez umbe gotes wunder ist getân;
des ist mêre danne vil.
swer ime niht gerne dienen wil,
der ist verlorn,
wan sîn zorn
muoz über in vil harte ergân.

2 Nu hoerent wîses mannes wort 96,17
von tumbes mannes munde:
ez wurde ein langer wernder hort,
swer got nu dienen kunde.
daz waere guot und ouch mîn rât,
daz wizzent algelîche.
vil maneger drumbe enpfangen hât
daz frône himelrîche.

3 Alse müezen wir. jâ teil ich mir 96,25
die selben saelekeit.
obe ich gedienen kan dar nâch,
diu genâde ist mir gereit.
obe ich verbir die bloeden gir,
die noch mîn herze treit,
sô wirt mir hin ze den fröuden gâch,
dâ von man wunder seit.

# Heinrich von Rugge: Der Leich

1 Ein ungelehrter Mann hat euch
diesen klugen Ratschlag gegeben,
damit man ihn zum eigenen Nutzen vernehme.
Ihr Klugen, gebt acht auf ihn.
Das wird euer großer Vorteil sein.
Wer immer ihn versteht
– solcherart nämlich ist mein Rat –
der wird noch klüger als ich selbst.
Mich ungelehrten Mann
drängt es, euch allen zu verkünden,
wie es um Gottes Wundertaten steht,
davon gibt es mehr als genug.
Wer ihm nicht bereitwillig dienen will,
der ist verloren,
denn Gottes Zorn
wird schrecklich über ihn hereinbrechen.

2 Nun vernehmt gelehrte Worte
aus dem Munde eines ungelehrten Mannes:
dem würde ein ewig währender Schatz zuteil,
der Gott jetzt zu dienen weiß.
Das wäre richtig und auch mein Ratschlag;
das sollt ihr alle wissen.
Sehr viele haben auf diese Weise
das heilige Himmelreich erworben.

3 Genauso sollten wir es tun. Und wahrlich, ich erwerbe mir damit
dieselbe Seligkeit.
Wenn ich in rechter Weise dienen kann,
dann wird mir Gnade zuteil.
Wenn ich die Schwächen und Begierden aufgebe,
die mein Herz noch erfüllen,
dann eile ich auf die Freuden zu,
von denen man so Wunderbares sagt.

4 Nu sint uns starkiu maere komen, 97,7
diu habent ir alle wol vernomen.
nu wünschent algelîche
heiles umbe den rîchen got,
wande er ervulte sîn gebot
amme keiser Friderîche:

5 Daz wir geniezen müezen sîn, 97,13
des er gedienet hât
unde ander manege bilgerîn,
der dinc vil schône stât.
der sêle, diu ist vor got schîn,
der niemer sî verlât.
der selbe sedel ist uns allen veile.
swer in nu koufet an der zît,
daz ist ein saelekeit,
sît got süeze marke gît.
jâ vinden wir gereit
lediclîchen âne strît
grôz liep âne allez leit.
nu werbent nâch dem wunneclîcheme heile!

6 Nu hoeret man der liute vil 97,27
ir friunde sêre klagen.
zewâre ich iu darumbe wil
ein ander maere sagen.
mînen rât ich nieman hil:
jâ suln wir niht verzagen.
unser leit daz ist ir spil.
wir mugen wol stille dagen.

7 Swer si weinet, derst ein kint. 97,35
daz wir niet sîn, dâ sî dâ sint,
daz ist ein schade,   den wir michels gerner möhten weinen.
diz kurze leben daz ist ein wint.
wir sîn mit sehenden ougen blint,
daz wir nu got   von herzen niet mit rehten triuwen meinen.

4 Es sind schlimme Nachrichten zu uns gelangt,
die habt ihr alle im Ernst vernommen.
Nun erbittet euch alle zusammen
Heil und Segen von Gott, dem Allmächtigen,
denn er erfüllte seine Verheißung
an Kaiser Friedrich:

5 Damit wir teilhaben können an dem,
was er durch seinen Dienst erlangt hat,
er und viele andere Pilger,
die jetzt so bewährt dastehen.
Deren Seele ist jetzt strahlend vor Gott,
der sie niemals mehr verläßt.
Derselbe Platz ist für uns alle erhältlich.
Wenn einer ihn nun rechtzeitig kauft,
dann ist das eine selige Fügung,
da Gott so heilige Gebiete verteilt:
Wahrlich, da finden wir
frei und unangefochten
große Freude ohne alles Leid.
Nun auf denn, sucht das wundersame Heil zu erlangen!

6 Nun hört man aber viele Leute
um ihre Freude heftig klagen.
Wahrlich, dazu will ich euch
etwas anderes sagen.
Meinen Rat will ich nicht hinterm Berg halten:
wir brauchen nicht zu verzweifeln;
was wir für Schmerz halten, darüber lachen sie nur.
Wir haben allen Grund zu schweigen.

7 Wer sie beweint, verhält sich wie ein Kind.
Daß wir nicht dort sein können, wo sie jetzt sind,
das ist ein Unglück, das wir viel lieber beklagen sollten.
Dies kurze Leben ist ein Wind.
Wir sind mit sehenden Augen blind,
daß wir jetzt Gott nicht in rechter Aufrichtigkeit lieben.

8 Ir dinc nâch grôzen êren stât. 98,3
ir saelec sêle enpfangen hât
sunder strît und âne nît die liehten himelkrône.
wie saeleclîchenz deme ergât,
den er den stuol besitzen lât
und ime dâ gît nu ze aller zît nâch wunneclîchem lône!

9 Der tiufel huob den selben spot, 98,13
entslâfen was der rîche got,
dur daz wir brâchen sîn gebot.
in hât sîn genâde erwecket.
wir wâren lâzen under wegen.
nu wil er unser selbe pflegen.
er hât vil manegen stolzen degen.
die boesen sint erschrecket.

10 Swer nû daz crûce nimet, 98,21
wie wol daz helden zimet!
daz kumt von mannes muote.
got der guote in sîner huote
si ze allen zîten hât,
der niemer sî verlât.

11 Sô sprichet lîhte ein boeser man, 98,28
der herze nie gewan:
‚wír suln hie héime vil sánfte belîben,
die zît wol vertrîben vil schône mit wîben.‘

12 Sô sprichet diu, der er dâ gert: 98,33
‚gespile, er ist niht bastes wert.
wáz sol er dánne ze fríuntschefte mir?
vil gérne ich in verbír.‘ ‚trût gespil, dáz rât ich dîr!‘

13 Viu, daz er ie wart geborn! 98,38
nu hât er beidenthalp verlorn,
wánde er vórhte, daz gót ime gebôt,
dúrch in ze lîden die nôt und den tôt.

8 Sie haben sich große Ehre erworben.
Ihre selige Seele hat
unstrittig und unbeneidet die strahlende Himmelskrone empfangen.
Wie selig ergeht es doch dem,
den Gott seinen himmlischen Platz einnehmen läßt
und dem er dort auf ewig den freudenreichen Himmelslohn gewährt.

9 Der Teufel triumphierte,
denn der mächtige Gottessohn war entschlafen,
weil wir sein Gebot gebrochen hatten.
Gottes Gnade hat ihn wieder zum Leben erweckt.
Wir waren unterwegs auf uns gestellt.
Doch nun will Gott uns selbst zu Hilfe kommen.
Er hat viele tapfere Kämpfer.
Den Bösen sitzt der Schrecken im Nacken.

10 Wer nun das Kreuz nimmt –
wie wohl das einem heldenmutigen Ritter zukommt!
Das zeugt von männlicher Entschiedenheit.
Der gütige Gott wird sie
auf immer in seinen Schutz nehmen,
er, der sie nie mehr verlassen wird.

11 Vielleicht aber sagt ein schlechter Mann,
der nie wirklich beherzt war:
»Wir sollten lieber hier zu Hause bleiben
und die Zeit angenehm mit den Frauen verbringen.«

12 Dann sagt aber die, um die er wirbt:
»Liebe Freundin, der taugt doch überhaupt nichts.
Was wird er mir zur Freundschaft nützen?
Ich kann gut auf ihn verzichten.« »Liebe Gespielin, das ist auch mein Rat.«

13 Pfui, daß er jemals das Licht der Welt erblickte!
Jetzt hat er beides verloren,
denn er hatte Angst vor dem, was Gott ihm aufgetragen hatte:
um seinetwillen Not und Tod zu erleiden.

14 Gehabent iuch, stolze helde, wol! 99,3
erst saelic, der dâ sterben sol,
dâ got erstarp, dô er warp daz heil der kristenheite.
diu helle, diu ist ein bitter hol,
daz himelrîch genâden vol.
nu volgent mir, sô werbent ir, daz man iuch dar verleite.

15 Vil maneger nâch der werlte strebet, 99,13
deme sî doch boesez ende gebet,
und nieman weiz, wie lange er lebet.
daz ist ein michel nôt.
ich râte iu, dar ich selbe wil:
nu nement daz crûce und varent dâhin.
daz wirt iu ein vil grôze gewin,
unde vürhtent niht den tôt.

16 Der tumbe man von Rugge hât 99,21
gegeben disen wîsen rât.
ist ieman, der in nû verstât
iht anders wan ze guot?
den riuwet, sô der schade ergât,
daz ime der grôz missetât
nieman necheinen wandel hât,
ze spâte ist ders behuot.

Diz ist ein leich von deme heiligen grabe.

14 Seid wohlgemut, edle Krieger!
Der ist glückselig, der dort den Tod finden wird,
wo Gott einst starb, als er das Heil der Christenheit erwarb.
Die Hölle ist ein furchtbares Loch,
das Himmelreich aber voll von Gnaden.
Nun folgt meinem Rat, dann erlangt ihr, daß man euch dort hingeleitet.

15 So mancher strebt nach dem Lohn der Welt,
dem sie doch mit einem schlimmen Ende vergilt,
und niemand weiß, wie lange er zu leben hat.
Das ist eine furchtbare Qual.
Mein Rat leitet euch dahin, wohin ich auch selber will:
Nehmt jetzt das Kreuz und macht euch auf den Weg.
Das bringt euch himmlischen Lohn ein.
Und fürchtet euch nicht vor dem Tod!

16 Der einfältige Mann von Rugge
hat euch diesen klugen Rat gegeben.
Gibt es einen, der ihn nicht
als einen guten, richtigen Rat auffaßt?
Den wird es, wenn das Unheil ihn trifft, gereuen,
daß ihm aus dieser großen Verfehlung
keiner mehr wird heraushelfen können.
Zu spät sieht er sich vor.

Dies ist ein Leich vom Heiligen Grabe.

# Bernger von Horheim

Nu lange ich mit sange die zît hân gekündet. 115,27 – 4 C
swanne si vie, al zergie, daz ich sanc.
ich hange an getwange, daz gît, diu sich sündet,
wan si michs ie niht erlie, sine twanc
mich nâch ir, diu mir sô betwinget den muot.
ich singe unde sunge, betwunge ich die guoten,
daz mir ir güete baz tete. si ist guot.

## Bernger von Horheim

Nun habe ich lange mit Gesang den Sommer angekündigt.
Sobald er begann, zerging alles, was ich besang.
Ich bin in Not, in die mich die gebracht hat, die sich versündigt.
Denn sie ließ nie davon ab, mich
zu sich hinzuziehen, sie, die mir so den Kopf verwirrt.
Ich singe und sang. Bezwänge ich doch die Gute,
damit mir ihre Liebe wohl täte. Denn sie ist gut.

# Hartwig von Raute

Als ich sihe daz beste wîp, 117,26
wie kûme ich daz verbir, 7 BC
daz ich niht umbevâhe ir reinen lîp
und twinge sî ze mir.
ich stân dicke ze sprunge, als ich welle dar,
sô si mir sô suoze vor gestêt.
naeme sîn al diu werlt war,
sô mich der minnende unsin ane gêt,
ich mohte sîn niht verlân,
der sprunc wurde getân,
trûwet ich bî ir einer hulde durch disen unsin bestân.

# Hartwig von Raute

Wenn ich sie, die Beste aller Frauen, sehe,
mit welcher Mühe halte ich mich da zurück,
nicht ihren reinen Leib zu umfangen
und sie fest an mich zu drücken.
Oft stehe ich auf dem Sprung, als ob ich zu ihr wollte,
wenn sie so verlockend vor mir steht.
Nähme es die ganze Welt wahr,
wenn mich der Liebeswahnsinn befällt,
ich vermöchte ihn nicht aufzugeben;
der Sprung würde getan,
dürfte ich darauf vertrauen, durch diese Tollheit in ihrer Huld zu bleiben.

# Heinrich von Morungen

## I

1 In sô hôher swebender wunne 125,19
sô gestuont mîn herze ane fröiden nie. 25 A, 5 B,
ich var, als ich fliegen kunne, 13 CC$^a$
mit gedanken iemer umbe sie,
sît daz mich ir trôst enpfie,
der mir durch die sêle mîn
mitten in daz herze gie.

2 Swaz ich wunneclîches schouwe, 125,26 – 6 B
daz spile gegen der wunne, die ich hân. 14 CC$^a$
luft und erde, walt und ouwe
suln die zît der fröide mîn enpfân.
mir ist komen ein hügender wân
und ein wunneclîcher trôst.
des mîn muot sol hôhe stân.

3 Wol dem wunneclîchen maere, 125,33 – 7 B
daz sô suoze durch mîn ôre erklanc, 15 CC$^a$
und der sanfte tuonder swaere,
diu mit fröiden in mîn herze sanc.
dâ von mir ein wunne entspranc,
diu vor liebe alsam ein tou
mir ûz von den ougen dranc.

4 Saelic sî diu süeze stunde, 126,1 – 8 B
saelic sî diu zît, der werde tac, 16 CC$^a$
dô daz wort gie von ir munde,
daz dem herzen mîn sô nâhen lac,
daz mîn lîp von fröide erschrac,
und enweiz von liebe joch,
waz ich von ir sprechen mac.

# Heinrich von Morungen

## I

1 In so hoch-fliegender Wonne
schwebte in Freuden mein Herz nie zuvor.
Ich kreise, als wenn ich fliegen könnte,
in Gedanken immer um sie,
seitdem ein ermutigendes Zeichen von ihr zu mir gelangte,
das mir durch meine Seele
mitten in das Herz drang.

2 Was immer ich Wonnevolles sehe,
das soll widerscheinen in der Wonne, die ich habe.
Luft und Erde, Wald und Aue
sollen die Zeit meiner Freude willkommen heißen.
Mir ist eine erregende Hoffnung
und ein freudiger Trost zugeflogen.
Daher steht mein Sinn jetzt hoch im Zenith.

3 Heil der wonnevollen Kunde,
die so süß in meinem Ohr erklang,
und der wohltuenden Bedrängnis,
die freudevoll in mein Herz hinein tönte!
Daraus entsprang mir eine Wonne,
die mir wie der Tau vor Glück
aus den Augen strömte.

4 Gepriesen sei die heilige Stunde,
gepriesen die Zeit, der teure Tag,
da das Wort aus ihrem Munde kam,
das meinem Herzen so nahe ging,
daß ich vor Freude erschrak
und vor Glück wirklich nicht mehr weiß,
was ich nun von ihr sagen soll.

## II

1 Von den elben wirt entsehen vil manic man; 126,8 – 8 A,
sô bin ich von grôzer liebe entsên 9 B, 17 CC[a]
von der besten, die íe dehein mán ze friunt gewan.
wil aber sî dar úmbè mich vên
und ze unstaten stên,
mac si danne rechen sich
und tuo, des ich si bite, sô fréut si sô sḗre mich,
daz mîn lîp vor wunnen muoz zergên.

2 Sî gebiutet und ist in dem herzen mîn 126,16 – 9 A,
frouwe und hêrer, danne ich selbe sî. 20 CC[a]
hei wan muoste ich ir alsô gewaltic sîn,
daz si mir mit triuwen waere bî
ganzer tage drî
unde eteslîche naht!
sô verlür ich niht den lîp und al die maht.
jâ ist si leider vor mir alze frî.

3 Mich enzündet ir vil liehter ougen schîn, 126,24
same daz viur den durren zunder tuot, 10 A, 11 B,
und ir fremeden krenket mir daz herze mîn 19 CC[a]
same daz wazzer die vil heize gluot,
und ir hôher muot
und ír schoene und ir werdecheit
und daz wunder, daz man von ir tugenden seit,
daz wirt mir vil übel – oder lîhte guot?

4 Swenne ir liehten ougen sô verkêrent sich, 126,32
daz si mir aldur mîn herze sên, 11 A, 10 B,
swer dâ enzwischen danne gêt und irret mich, 18 CC[a]
dem muoze al sîn wunne gar zergên.
ich muoz vor ir stên
unde warten der fröiden mîn
rehte alsô des tages diu kleinen vogellîn.
wenne sol mir iemer liep geschên?

## II

1 Von den Elfen wird so mancher Mann bezaubert;
so bin ich von großer Liebesmacht bezaubert
durch die beste Frau, die jemals ein Mann zur Liebsten gewann.
Will sie mir deshalb feind sein
und mir schaden,
mag sie sich dann sogar rächen,
soll sie es doch tun, ich bitte darum. Sie erfüllt mich mit solcher Freude,
daß ich vor Wonne ganz vergehen muß.

2 Sie gebietet und ist in meinem Herzen
Herrin und höher als ich selber.
Ach, warum könnte ich nicht soviel Macht über sie haben,
daß sie in Ergebenheit bei mir wäre,
und zwar drei ganze Tage
und manche Nacht!
Dann nähme ich nicht so ab an Leib und Kraft.
Nun bleibt sie zu meinem Schmerz von mir völlig unberührt.

3 Der helle Glanz ihrer Augen entflammt mich
wie das Feuer den dürren Zunder,
und ihr Fernsein bringt mein Herz zum Erlöschen
wie das Wasser die heiße Glut;
und ihre hochgestimmte Freude,
ihre Schönheit, ihr Ansehen,
und das Wunderbare, das man von ihrer Vollkommenheit sagt,
das wird mir zum Unheil – oder auch vielleicht zum Glück.

4 Immer wenn ihre strahlenden Augen sich einmal dahin verirren,
daß sie mir durch und durch ins Herz blicken,
wer dann dazwischen steht und mich stört,
dem soll sein Glück zerrinnen.
Denn ich steh dann da
und halte Ausschau nach meiner Herrin,
genauso wie die kleinen Vöglein nach dem Tag.
Wann wird mir jemals Freude zuteil?

## III

1 Ez ist site der nahtegal, 127,34
swanne sî ir liep volendet, sô geswîget sie. 24 CC[a]
dur daz volge aber ich der swal,
diu durch líebe noch dur leide ir singen nie verlie.
sît daz ich nu singen sol,
sô mac ich von schulden sprechen wol:
‚ôwê,
daz ich ie sô vil gebat
und gevlêhte an eine stat,
dâ ich genâden nienen sê.‘

2 Swîge ich unde singe niet, 128,5
sô sprechent sî, daz mir mîn singen zaeme baz. 25 CC[a]
sprich aber ich und singe ein liet,
sô muoz ich dulden beide ir spot und ouch ir haz.
wie sol man den nû geleben,
die dem man mit schoener rede vergeben?
ôwê,
daz in ie sô wol gelanc,
und ich lie dur si mînen sanc!
ich wil singen aber als ê.

3 Owê mîner besten zît 128,15
und owê mîner liehten·wunneclîchen tage! 26 CC[a], 16 I
waz der an ir dienste lît! (vv. 7–10)
nu jâmert mich vil manger senelîcher klage,
die si hât von mir vernomen
und ir nie ze herzen kunde komen.
ôwê,
mîniu gar verlornen jâr!
díu ríuwent mich vür wâr.
in verklage si niemer mê.

III

1 Es ist die Art der Nachtigall,
wenn sie ihre Liebe beendet, so verstummt sie.
Deshalb folge ich wiederum der Schwalbe,
die weder aus Liebe noch aus Leid ihr Singen läßt.
Da ich nun singen muß,
so kann ich mit Recht sagen:
»Ach,
daß ich jemals so sehr bat
und mein Flehen dorthin richtete,
wo ich niemals ein Zeichen von Huld gewahr werde!«

2 Schweige ich und singe nicht,
dann sagt man, daß mir besser anstünde zu singen.
Dichte ich wiederum und singe ein Lied,
dann muß ich Spott und Ablehnung erdulden.
Wie soll man es denen nur recht machen,
die einen mit süßen Worten vergiften.
Ach,
daß sie immer solchen Erfolg hatten
und ich ihnen zuliebe meinen Sang aufgab!
Ich will nun wieder singen wie früher.

3 Wehe meiner besten Jahre
und wehe meiner hellen wonnevollen Tage!
Wie viele stellte ich doch in ihren Dienst!
Nun dauern mich die vielen sehnsüchtigen Klagen,
die sie von mir vernommen hat
und die ihr doch nie ins Herz drangen.
Ach,
meine völlig verlorenen Jahre!
Die reuen mich wirklich.
Ich verschmerze sie nie mehr.

4 Ir lachen und ir schoene ansehen 128,25
und ir gúot gebaerde hânt betoeret lange mich. 27 CC[a], 16 B
in kan anders niht verjehen:
swer mich rúomes zîhen wil, vür wâr, der sündet sich.
ich hân sorgen vil gepflegen
und den frouwen selten bî gelegen.
ôwê,
wan daz ich si gerne an sach
und in ie daz beste sprach.
mir enwart ir nie niht mê.

5 Ez ist niht, daz tiure sî, 128,35
man habe ez deste werder wan den getriuwen man. 28 CC[a]
der ist leider swaere bî.
er ist verlorn, swer nû niht wan mit triuwen kan.
des wart ich vil wol gewar,
wand ich ir mit triuwen ie diente dar.
ôwê,
daz ich triuwen nie genôz!
dés stén ich fröiden blôz;
doch diene ich, swie ez ergê.

6 Ob ich si dûhte hulden wert, 129,5
sôn möhte mir zer werlte lieber niht geschên. 29 CC[a]
het ich an got sît genâden gert,
sin könden nâch dem tôde niemer mich vergên.
herumbe ich niemer doch verzage.
ir lop, ir êre unz an mîn ende ich singe und sage.
waz,
ob si sich bedenket baz?
unde taete sie liebe daz,
sô verbaere ich alle klage.

4 Ihr Lächeln und ihr lieblicher Blick
und ihr freundliches Verhalten haben mich lange Zeit betört.
Ich kann es nicht anders sagen:
wer mir Prahlerei vorwerfen will, wahrlich, der versündigt sich.
Ich habe viele Sorgen gehabt
Und niemals bei den Frauen gelegen.
Ach,
außer daß ich sie mit Freuden ansah
und immer das Rühmlichste über sie sagte,
wurde mir nie mehr von ihnen zuteil.

5 Es gibt nichts Seltenes,
das nicht gerade deshalb für wertvoller gehalten wird,
ausgenommen ein treuer Mann.
Der trägt zu seinem Leid eine schwere Bürde.
Wer jedoch jetzt nicht anders als treu sein kann, der ist verloren.
Das habe ich zutiefst erfahren,
denn ich diente ihr immer im Treuen.
Ach,
daß ich niemals Treue zurückerhielt!
Deshalb stehe ich ohne Freude da;
und doch diene ich, wie es auch kommt.

6 Erschiene ich ihrer Gnade wert,
so könnte mir auf dieser Welt nichts Lieberes geschehen.
Hätte ich Gott seither um Gnadenerweise angefleht,
sie könnten mich nach meinem Tod niemals verfehlen.
Deshalb will ich dennoch nicht verzweifeln.
Ihren Ruhm, ihr Ansehen singe und sage ich bis an mein Ende.
Was wäre,
wenn sie sich eines Besseren besönne?
Und täte sie, die Geliebte, dies,
so gäbe ich all mein Klagen auf.

## IV

1 Sach ieman die frouwen, 129,14
die man mac schouwen 30 C, 30 $C^a$
in dem venster stân? (vv. 1–4)
diu vil wolgetâne
diu tuot mich âne
sorgen, die ich hân.
si liuhtet sam der sunne tuot
gegen dem liehten morgen.
ê was si verborgen.
dô muost ich sorgen.
die wil ich nu lân.

2 Ist aber ieman hinne, 129,25
der sîne sinne 31 C
her behalten habe
der gê nach der schônen,
diu mit ir krônen
gie von hinnen abe:
daz si mir ze trôste kome,
ê daz ich verscheide!
diu liebe und diu leide
diu wellen mich beide
vürdern hin ze grabe.

3 Man sol schrîben kleine 129,36
reht ûf dem steine, 32 C
der mîn grap bevât:
wie liep sî mir waere
und ich ir unmaere;
swer danne über mich gât,
daz der lese dise nôt
und ir gewinne künde,
der vil grôzen sünde,
die sî an ir fründe
her begangen hât.

## IV

1 Sah jemand die Herrin,
die man dort sehen kann,
wie sie am Fenster steht?
Die überaus Schöne,
die befreit mich
von allen Sorgen, die ich habe.
Sie leuchtet wie die Sonne
am strahlenden Morgen.
Zuvor war sie verdeckt,
da mußte ich mich sorgen,
doch die Sorgen will ich nun lassen.

2 Ist aber jemand hier drinnen,
der seine Sinne
bis jetzt noch beisammen hat?
Der folge der Schönen,
die mit ihrer Krone
von hier hinweg ging:
daß sie mit ihrem Trost zu mir komme,
bevor ich sterbe!
Freud und Leid
werden mich beide
noch ins Grab bringen.

3 Man soll fein zierlich schreiben,
und zwar geradewegs auf den Stein,
der mein Grab bedeckt:
wie lieb sie mir gewesen
und wie gleichgültig ich ihr;
wer immer dann über mich schreitet,
daß der dann lese von dieser Qual
und Kenntnis von ihr erhalte,
von der großen Sünde,
die sie an ihrem Freund
bis jetzt begangen hat.

## V

1 Ez tuot vil wê, swer herzeclîche minnet 134,14
an sô hôher stat, dâ sîn dienst gar versmât. 51 C
sîn tumber wân vil lützel dar ane gewinnet,
swer sô vil geklaget, daz ze herzen niht engât.
Er ist vil wîse, swer sich sô wol versinnet,
daz er dient, dâ man sîn dienst wol enpfât,
und sich dar lât, dâ man sîn genâde hât.

2 Ich bedârf vil wol, daz ich genâde vinde, 134,25
wan ich hab ein wîp ob der sunnen mir erkorn. 52 C
dêst ein nôt, die ich niemer überwinde,
sîn gesaehe mich ane, als si taet hie bevorn.
si ist mir liep gewest dâ her von kinde,
wan ich wart dur sî und durch anders niht geborn.
ist ir daz zorn, daz weiz got, sô bin ich verlorn.

3 Wâ ist nu hin mîn liehter morgensterne? 134,36
wê, waz hilfet mich, daz mîn sunne ist ûf gegân? 53 C
si ist mir ze hôh und ouch ein teil ze verne
gegen mittem tage unde wil dâ lange stân.
Ich gelebte noch den lieben âbent gerne,
daz si sich her nider mir ze trôste wolte lân,
wand ich mich hân gar verkapfet ûf ir wân.

## V

1 Es schmerzt sehr, wenn jemand seine innige Liebe
auf eine so hochgestellte Dame richtet, wo sein Dienst völlig mißachtet wird.
Seine törichte Hoffnung gewinnt dabei gar nichts,
wenn jemand so viel klagt, was dem andern doch nicht ins Herz dringt.
Der ist sehr klug, wer genau zu überlegen weiß,
daß er dort dient, wo man seinen Dienst überaus schätzt,
und sich dorthin begibt, wo man Wohlwollen für ihn hat.

2 Es ist mir sehr not, Gnade zu finden,
denn ich habe eine Frau, strahlender als die Sonne, mir erwählt.
Das ist ein Schmerz, den ich niemals verwinde,
daß sie mich nicht ansieht, wie sie es früher getan hat.
Sie ist mir seit meiner Kindheit lieb gewesen,
denn um ihretwillen, und aus keinem andern Grund, kam ich zur Welt.
Wenn sie deshalb zürnt, so bin ich, weiß Gott, verloren.

3 Wo ist nun mein heller Morgenstern hin?
Ach, was hilft es mir, daß meine Sonne aufgegangen ist.
Sie ist mir zu hoch und auch viel zu fern
mitten am Tage, und wird dort noch lange stehen.
Ich wünschte, noch den schönen Abend zu erleben,
daß sie sich zu meinem Trost zu mir niederlassen wollte.
In diese Erwartung bin ich völlig vernarrt.

## VI

Frouwe, mîne swaere sich, 137,17
ê ich verliese mînen lîp! 22 A, 64 C
ein wort du spraeche wider mich.
verkêre daz, du saelic wîp!
du sprichest iemer: ‚neinâ neinâ nein,
neinâ neinâ nein.‘
daz brichet mir mîn herze enzwein.
maht dû doch eteswenne sprechen: ‚jâ
jâ jâ jâ jâ jâ jâ jâ?‘
daz lît mir an dem herzen nâ.

## VII

1 Ich hôrte ûf der heide 139,19
lûte stimme und süezen sanc. 74 C
dâ von wart ich beide
fröiden rîch und an trûren kranc.
nach der mîn gedanc  sêre ranc  unde swanc,
die vant ich ze tanze, dâ si sanc.
âne leide  ich dô spranc.

2 Ich vant sî verborgen 139,29
eine und ir wéngel von tréhen naz, 75 C
dâ si an dem morgen
mînes tôdes sich vermaz.
der vil lieben hâz  tuot mir baz  danne daz,
dô ich vor ir kniewete, dâ si saz
und ir sorgen  gar vergaz.

3 Ich vant si an der zinne 140,1 – 76
eine, und ich was zuo zir gesant.
dâ mehte ichs ir minne
wol mit vuoge hân gepfant.
dô wânde ich diu lant  hân verbrant  sâ zehant,
wan daz mich ir süezen minne bant
an den sinnen  hât erblant.

## VI

Herrin, sieh doch meine Not,
ehe ich aus diesem Leben scheide!
Ein Wort sprachst du zu mir.
Dreh das doch um, du holde Frau!
Du sagst immer: »neinnein, neinnein, nein,
neinnein, neinnein, nein.«
Das bricht mir das Herz entzwei.
Kannst du nicht auch einmal sagen: »Ja
ja ja ja ja ja ja ja?«
Das liegt ganz dicht an meinem Herzen.

## VII

1 Ich hörte auf der Heide
eine laute Stimme und süßen Gesang.
Davon wurde ich beides:
reich an Freuden, frei von Schmerz.
Sie, zu der mich mein Gedanke so mächtig hintreibt und die mich zog,
die fand ich beim Tanze, bei dem sie sang.
Überglücklich tanzte da auch ich.

2 Ich fand sie seitab,
einsam und ihre Wangen von Tränen naß,
dort wo sie am Morgen saß
und mich fälschlich für tot hielt.
Die Feindseligkeit der Geliebten ist mir lieber
als mir da war, da ich vor ihr kniete, wo sie saß
und die Sorge nun wieder ganz aus ihrem Sinn entschwunden war.

3 Ich fand sie auf der Zinne,
alleine, und ich war von ihr gerufen.
Da hätte ich ihrer Liebe Pfand
sicherlich in geziemlicher Weise erlangt.
Da glaubte ich die Länder sogleich mit meinem Brand anzustecken,
nur hatte mich das süße Band ihrer Liebe
an allen Sinnen geblendet.

## VIII

1 Ich bin keiser âne krône, 142,19
sunder lant: daz meinet mir der muot. 87 C, M. bl. 61r
der gestuont mir nie sô schône.
danc ir liebes, diu mir sanfte tuot.
daz schaffet mir ein frouwe fruot.
dur die sô wil ich staete sîn,
wan in gesach nie wîp sô rehte guot.

2 ‚Gerne sol ein rîter ziehen 142,26
sich ze guoten wîben. dêst mîn rât. 88 C
boesiu wîp diu sol man fliehen:
er ist tump, swer sich an sî verlât,
wan sîne gebent niht hohen muot.
iedoch sô weiz ich einen man,
den ouch die selben frouwen dunkent guot.

3 Mirst daz herze worden swaere. 142,33
seht, daz schaffet mir ein sende nôt. 89 C
ich bin worden dem unmaere,
der mir dicke sînen dienest bôt.
Owê, war umbe tuot er daz?
und wil er sichs erlouben niht,
sô muoz ich im von schulden sîn gehaz.‘

VIII

1 Ich bin Kaiser ohne Krone,
ohne Land: dazu macht mich mein Selbstgefühl,
das noch nie auf solcher Höhe stand.
Dank sei ihr, die so gut zu mir ist.
Das alles bereitet mir eine edle Frau.
Um ihretwillen will ich treu sein,
denn eine so vollkommene Frau habe ich noch nie zuvor gesehen.

2 »Es soll die freudige Begier eines Ritters sein,
sich edlen Frauen zuzuwenden. Das ist mein Rat.
Unedle Frauen soll man dagegen meiden:
wer sich an sie hängt, der ist töricht,
denn sie geben einem kein freudiges Selbstgefühl.
Jedoch kenne ich einen Mann,
dem gerade diese Frauen passend erscheinen.

3 Auf mein Herz legt sich eine schwere Last.
Seht, das kommt durch die Qual der Sehnsucht.
Ich bin dem gleichgültig geworden,
der mir so oft seinen Dienst anbot.
Ach, weshalb verhält er sich so?
Wenn er davon nicht abläßt,
muß ich ihm mit Recht feind sein.«

## IX

1 Owê, 143,22
sol aber mir iemer mê 93 C, 32 $C^{a}$
geliuhten dur die naht
noch wîzer danne ein snê
ir lîp vil wol geslaht?
der trouc diu ougen mîn:
ich wânde, ez solde sîn
des liehten mânen schîn.
dô tagte ez.

2 ‚Owê, 143,30
sol aber er iemer mê 94 C, 33 $C^{a}$
den morgen hie betagen?
als uns diu naht engê,
daz wir niht durfen klagen:
‚owê, nu ist ez tac!‘
als er mit klage pflac,
dô er júngest bî mir lac.
dô tagte ez.‘

3 Owê, 144,1 – 95 C
si kuste âne zal 34 $C^{a}$
in dem slâfe mich.
dô vielen hin ze tal
ir trehene nider sich.
iedoch getrôste ich sie,
daz sî ir weinen lie
und mich al umbevie.
dô tagte ez.

4 ‚Owê, 144,9 – 96 C
daz er sô dicke sich 35 $C^{a}$
bî mir ersehen hât!
als er endahte mich,
sô wolt er sunder wât
mîn arme schouwen blôz.
ez was ein wunder grôz,
daz in des nie verdrôz.
dô tagte ez.‘

## IX

1 Ach,
soll mir denn nie mehr
leuchten durch die Nacht
noch heller als der Schnee
ihre so schöne Gestalt?
Die täuschte meine Augen:
ich glaubte, es wäre
der Schein des hellen Mondes.
Da tagte es.

2 »Ach,
soll er denn nie mehr
den Morgen hier erleben?
So möge uns die Nacht dahingehen,
daß wir nicht zu klagen brauchen:
›Ach, jetzt ist es Tag!‹
wie er es schmerzvoll tat,
als er unlängst bei mir lag.
Da tagte es.«

3 Ach,
sie küßte mich unzählige Male,
als ich noch schlief.
Da rannen ihre Tränen
herab ohne Ende.
Jedoch tröstete ich sie,
ihr Weinen zu lassen
und mich ganz fest zu umfangen.
Da tagte es.

4 »Ach,
daß er sich so oft
in meinen Anblick verloren hat!
Als er mich aufdeckte,
da wollte er meine Arme
unbekleidet sehen, ganz nackt.
Es war ein unbegreifliches Wunder,
daß er dessen niemals überdrüssig wurde.
Da tagte es.«

X

1 Mir ist geschehen als einem kindelîne, 145,1
daz sîn schoenez bilde in einem glase gesach 100 C, 39 C[a],
unde greif dar nâch sîn selbes schîne Rei 364 e
sô vil, biz daz ez den spiegel gar zerbrach.
dô wart al sîn wunne ein leitlich ungemach.
alsô dâhte ich iemer vrô ze sîne,
dô ich gesach die lieben frouwen mîne,
von der mir bî liebe leides vil geschach.

2 Minne, diu der werlde ir fröide mêret, 145,9
seht, diu brâhte in troumes wîs die frouwen mîn, Rei 365 e
dâ mîn lîp an slâfen was gekêret
und ersach sich an der besten wunne sîn.
dô sach ich ir liehten tugende, ir werden schîn,
schoen unde ouch vür alle wîp gehêret,
niuwan daz ein lützel was versêret
ir vil fröiden rîchez rôtez mündelîn.

3 Grôz angest hân ich des gewunnen, 145,17
daz verblîchen süle ir mündelîn sô rôt. Rei 366 e
des hân ich nu niuwer klage begunnen,
sît mîn herze sich ze sülher swaere bôt,
daz ich durch mîn ouge schouwe sülhe nôt
sam ein kint, daz wîsheit unversunnen
sînen schaten ersach in einem brunnen
und den minnen múoz únz an sînen tôt.

4 Hôher wîp von tugenden und von sinnen 145,25
die enkan der himel niender ummevân Rei 367 e
sô die guoten, die ich vor ungewinne
fremden muoz und immer doch an ir bestân.
owê leider, jô wânde ichs ein ende hân
ir vil wunnenclîchen werden minne.
nû bin ich vil kûme an dem beginne.
des ist hin mîn wunne und ouch mîn gerender wân.

X

1 Mir ist es ergangen wie einem Kindlein,
das sein schönes Abbild in einem Spiegel erblickte
und nach seinem eigenen Widerschein
so heftig griff, bis es den Spiegel ganz zerbrach.
Da wurde all seine Freude zum leidvollen Ungemach.
So gedachte ich immer froh zu sein,
als ich meine teure Herrin erblickte,
von der mir neben Freude auch viel Leid widerfuhr.

2 Minne, die die Freude der Welt vermehrt,
seht, die brachte mir in der Art des Traumes meine Herrin,
da ich im Schlafe lag
und mich an meiner größten Freude ergötzte.
Da sah ich ihre edle Vollkommenheit, ihren hellen Glanz,
schön und vor allen Frauen erhoben,
nur daß ein klein wenig verwundet war
ihr liebreiches, rotes Mündchen.

3 Große Bedrängnis habe ich da empfunden,
daß ihr so rotes Mündchen verbleichen könnte.
Daher habe ich nun mit neuer Klage begonnen,
da mein Herz sich solchem Schmerz aussetzte,
daß ich durch meine Augen hindurch solche Qual wahrnahm,
wie jener Jüngling, der ohne Einsicht unerfahren
sein Schattenbild in einem Brunnen erblickte
und es jetzt lieben mußte bis an seinen Tod.

4 Eine Frau, die an Vollkommenheit und Geist höher steht,
kann selbst der Himmel nirgendwo aufbieten
wie die edle Frau, die ich aus Angst vor Schaden
meiden muß und an der ich doch auf ewig hängen werde.
Ach, zu meinem Schmerz, ich glaubte wirklich am Ziel
ihrer so wonnevollen edlen Minne zu sein.
Nun stehe ich aber noch fast ganz am Anfang.
Deshalb ist meine Freude dahin und auch mein sehnsuchtsvolles
Hoffen.

## XI

Vil süeziu senftiu toeterinne, 147,4
war umbe welt ir toeten mir den lîp, 104 C, 43 $C^a$
und ich íuch sô herzeclîchen minne,
zwâre, frouwe, vür elliu wîp?
waenent ir, ob ir mich toetet,
daz ich iuch iemer mêr beschouwe?
nein, iuwer minne hât mich des ernoetet,
daz iuwer sêle ist mîner sêle frouwe.
sol mir hie niht guot geschehen
von iuwerm werden lîbe,
sô muoz mîn sêle iu des verjehen,
dazs iuwerre sêle dienet dort als einem reinen wîbe.

## XI

Ihr süße sanfte Mörderin,
weshalb wollt ihr mir mein Leben nehmen,
wo ich euch doch so von Herzen liebe,
fürwahr, o Herrin, vor allen andern Frauen?
Glaubt ihr, daß, wenn ihr mich tötet,
ich euch niemals mehr anschauen werde?
Nein, die Liebe zu euch hat mich mit ihrer Gewalt dazu gebracht,
daß eure Seele die Herrin meiner Seele ist.
Soll mir hier auf Erden nichts Gutes widerfahren
von euch edler Herrin,
so muß meine Seele euch das bekennen,
daß sie eurer Seele dort im Himmel dienen wird als einer reinen Frau.

# Hartmann von Aue

## I

1 Sît ich den sumer truoc riuwe unde klagen, 205,1 – 1 BC
sô ist ze fröiden mîn trôst niht sô guot,
mîn sanc ensüle des winters wâpen tragen,
daz selbe tuot ouch mîn senender muot.
wie lützel mir mîn staete liebes tuot!
wan ich vil gar an ir versûmet hân
die zît, den dienst, dar zuo den langen wân.
ich wil ir anders ungefluochet lân
wan alsô: si hât niht wol ze mir getân.

2 Wolte ich den hazzen, der mir leide tuot, 205,10 2 BC
sô moht ich wol mîn selbes vîent sîn.
vil wandels hât mîn lîp unde ouch der muot,
daz ist an mînem ungelücke worden schîn.
mîn frouwe gert mîn niht: diu schulde ist mîn.
sît sinne machent saeldehaften man,
und unsin staete saelde nie gewan,
ob ich mit sinnen niht gedienen kan,
dâ bin ich alterseine schuldic an.

3 Ich hân des reht, daz mîn lîp trûric sî, 206,10 – 3 C
wan mich twinget ein vil sendiu nôt.
swaz fröiden mir von kinde wonte bî,
die sint verzinset, als ez got gebôt:
mich hât beswaeret mînes herren tôt.
dar zuo sô trüebet mich ein varende leit:
mir hât ein wîp genâde widerseit,
der ich gedienet hân mit staetekeit,
sît der stunde daz ich ûf mîme stabe reit.

# Hartmann von Aue

## I

1 Da ich den Sommer in Schmerz und Klage verbracht habe,
ist mein Vertrauen auf Glück so gebrochen,
daß mein Gesang und auch meine sehnsüchtigen Gedanken
nur winterliche Farben der Trauer tragen können.
Meine treue Ergebenheit bringt mir keine Freude ein!
Denn: die Zeit, der Minnedienst und das geduldige hoffnungsvolle
Aushalten sind ganz und gar vergeudet.
Ich will ihr keine Vorwürfe machen,
will nur soviel sagen: sie hat sich mir gegenüber nicht richtig verhalten.

2 Wollte ich mich gegen den wenden, der mir wehe tut,
so hätte ich Grund, mein eigener Feind zu sein.
Ich bin und verhalte mich sehr unbeständig,
das hat mein Mißerfolg offenbar gemacht.
Meine Herrin fragt nicht nach mir, daran bin ich selbst schuld.
Da Verständigkeit und feine Bildung allein Erfolg verheißen,
ihr Gegenteil jedoch ein beständiges Glück verhindert,
bin ich, wenn meinem Dienst rechte
Verständigkeit und Bildung fehlen,
am Mißlingen ganz und gar allein schuldig.

3 Ich habe alle Ursache, traurig zu sein;
denn mich peinigen Sehnsucht und Schmerz.
Was ich auch seit meinen Kindertagen an Glück besaß,
das ist nach Gottes Ratschluß nun aufgewogen:
der Tod meines Herrn hat mich im Innersten getroffen.
Hinzu kommt eine Betrübnis, die indessen vorübergehen wird:
Meine Herrin hat mir die Huld aufgekündigt,
der ich seit der Zeit,
da ich noch mein Steckenpferdchen ritt, treu gedient habe.

4 Dô ir mîn dienest niht ze herzen gie, 205,19 11 C
dô dûhte mich an ir bescheidenlîch,
daz sî ir werden lîbes mich erlie.
dar an bedâhte sî vil rehte sich.
zürne ich, daz ist ir spot und altet mich.
grôz was mîn wandel. dô si den entsaz,
dô meit si mich, vil wol geloube ich daz,
mêre dúr ir êre danne ûf mînen haz.
si waenet des, ir lop stê deste baz.

5 Sî hât mich nâch wâne unrehte erkant, 206,1–4 C
dô si mich von êrste dienen liez:
dur daz si mich sô wandelbaeren vant,
mîn wandel und ir wîsheit mich verstiez.
sî hât geleistet, swaz si mir gehiez;
swaz sî mir solde, des bin ich gewert:
er ist ein tump man, der iht anders gert.
si lônde mir, als ich sie dûhte wert.
michn sleht niht anders wan mîn selbes swert.

## II

1 Swes fröide an guoten wîben stât, 206,19 4 A, 12 B, 14 C
der sol in sprechen wol
und wesen undertân.
daz ist mîn site und ouch mîn rât,
als ez mit triuwen sol.
daz kan mich niht vervân
an einer stat,
dar ich noch ie genâden bat.
swaz si mir tuot, ich hân mich ir ergeben
und wil ir iemer leben.

4 Es schien mir, als mein Werben keinen Eindruck auf sie machte,
ein Zeichen ihrer Einsicht zu sein,
daß sie mir ihre hehre Person entzog.
Darin handelte sie nur vernünftig.
Zürne ich deswegen, kann sie darüber nur
lachen, ich aber werde alt und grämlich.
Mein Dienst war sehr unbeständig. Als sie davor erschrak,
mied sie mich – mehr, wie ich glaube,
ihres Ansehens wegen als aus Feindschaft gegen mich.
Sie meint wohl, ihr Ruhm habe desto festeren Bestand.

5 Sie hatte mich auf bloße Vermutung hin falsch eingeschätzt,
als sie es anfänglich zuließ, daß ich ihr diente:
meine Unbeständigkeit und ihre Vernunft
waren der Grund meiner Verstoßung.
Sie hat erfüllt, was immer sie mir versprach.
Wenn mir gegenüber eine Verpflichtung bestand, der ist sie nachgekommen.
Töricht ist, wer etwas anderes verlangt:
ihr Lohn entsprach genau ihrer Einschätzung meiner Person.
So schlägt mein eigenes Schwert mir Wunden.

## II

1 Wessen Glück von edlen Frauen abhängt,
der soll gut von ihnen sprechen
und ihnen ergeben sein.
So verhalte ich mich wenigstens und so rate ich auch,
wie ich es redlich tun soll.
Das kann mir jedoch nichts nützen
an einer Stelle,
an der ich seit eh und je um Huld flehe.
Was sie auch tut, ich habe mich ihr ergeben
und will immer für sie leben.

2 Moht ich der schoenen mînen muot 206,29 – 5 A,
nâch mînem willen sagen, 11 B, 15 C
sô liez ich mînen sanc.
nu ist mîn saelde niht sô guot,
dâ von muoz ich ir klagen
mit sange, daz mich twanc.
swie verre ich sî,
sô sende ich ir den boten bî,
den sî wol hoeret und eine siht:
der enméldet mîn dâ niht.

3 Ez ist ein klage und niht ein sanc, 207,1 – 6 A,
daz ich der guoten mite 10 B, 16 C
erniuwe mîniu leit.
die swaeren tage sint alze lanc,
die ich sî gnâden bite
und sî mir doch verseit.
swer selhen strît,
der kumber âne fröide gît,
verlâzen kunde, des ich niene kan,
der waere ein saelic man.

## III

1 Dem kriuze zimet wol reiner muot 209,25
und kiusche site: 13 B, 17 C
sô mac man saelde und allez guot
erwerben dâ mite.
ouch ist ez niht ein kleiner haft
dem tumben man,
der sînem lîbe meisterschaft
niht halten kan.
ez wil niht, daz man sî
der werke dar under frî.
waz touget ez ûf der wât,
der sín an dem hérzen niene hât?

2 Könnte ich der schönen Frau meine wahre Gesinnung,
so wie ich es möchte, mitteilen,
dann gäbe ich meinen Sang auf.
Nun ist mir aber mein Geschick nicht so günstig,
und deshalb muß ich ihr
mit Gesang klagen, was mich bezwungen hat.
Wie fern ich auch sei,
doch sende ich den Boten zu ihr,
den sie wohl hört und im Geheimen sieht:
der verrät mich dort nicht.

3 Es ist eine Klage und nicht ein Gesang,
womit ich der edlen Frau
mein Leid von neuem künde.
Die beschwerlichen Tage halten schon zu lange an,
in denen ich sie um Huld bitte
und sie mir dennoch den Rücken weist.
Wer solch einen Kampf,
der Qual ohne Glück einbringt,
abbrechen könnte – was ich niemals kann –,
der wäre ein glücklicher Mann.

## III

1 Dem Kreuz geziemt reiner Sinn
und keusche Sitte:
nur so kann man himmlisches Heil und irdisches Glück
mit der Kreuzfahrt erwerben.
Doch ist es eine ziemliche Fessel
für den Toren,
der seinem Körper keine Beherrschung
auferlegen kann.
Denn es läßt nicht zu, daß man sich
der Werke enthält.
Was nützt es auf dem Kleid,
wenn es einem nicht ins Herz geprägt ist.

2 Nu zinsent, ritter, iuwer leben 209,37
und ouch den muot 14 B, 18 C
durch in, der iu dâ hât gegeben:
beidiu lîp und guot.
swes schilt ie was zer welte bereit
ûf hôhen prîs,
ob er den gote nû verseit,
der ist niht wîs.
wan swem daz ist beschert,
daz er dâ wol gevert,
daz giltet beidiu teil,
der welte lop, der sêle heil.

3 Diu werlt lachet mich triegende an 210,11
und winket mir. 19 C, 15 B
nu hân ich als ein tumber man
gevolget ir.
der hacchen hân ich manigen tac
geloufen nâch.
dâ niemen staete vinden mac
dar was mir gâch.
nu hilf mir, herre Krist,
der mîn dâ vârende ist,
daz ich mich dem entsage
mit dînem zeichen, daz ich hie trage.

4 Sît mich der tôt beroubet hât 210,23
des herren mîn, 20 C, 16 B
swie nû diu werlt nâch im gestât,
daz lâze ich sîn.
der fröide mîn den besten teil
hât er dâ hin,
und schüefe ich nû der sêle heil,
daz, waer ein sin.
mac ich íme ze helfe komen,
mîn vart, die ich hân genomen,
ich wil ime ir hâlber jehen.
vor gote müeze ich in gesehen.

2 Jetzt, Ritter, setzt euer Leben
und eure Kraft zum Pfand
für den, der euch beides gegeben hat:
Leben und Besitz.
Wer seinen Schild jemals im weltlichen Kampf eingesetzt hat
zu eigenem hohen Ruhm,
wenn der ihn Gott nun verweigert,
dann ist der ein Tor.
Denn wem das vergönnt ist,
daß er sich dort ganz bewährt,
der erlangt beides:
den Ruhm der Welt, das Heil der Seele.

3 Die Welt lacht mich trügerisch an
und winkt mir
Nun habe ich ihr wie ein Tor
Folge geleistet.
Ihrem Köder bin ich lange Zeit
nachgelaufen.
Wo niemand Beständigkeit finden kann,
dahin eilte ich.
Nun hilf mir, Herre Christ,
mich von dem, der mir da nachstellt,
im Zeichen des Kreuzes, das ich hier trage,
freizumachen.

4 Seit mir der Tod
meinen Herrn geraubt hat,
ist es mir einerlei,
wie nun die Welt danach aussehen mag.
Den besten Teil meines Glückes
nahm er mit sich,
und wenn ich mich jetzt um mein Seelenheil kümmerte,
das wäre sinnvoll.
Wenn ihm die Fahrt, die ich auf mich genommen habe,
zu helfen vermöchte,
dann will ich ihm die Hälfte davon zusprechen:
vor Gottes Angesicht möge ich ihn wiedersehen.

5 Mîn fröide wart nie sorgelôs 210,35
unz an die tage, 33 C
daz ich mir Kristes bluomen kôs,
die ich hie trage.
die kündent eine sumerzît,
diu alsô gar
in süezer ougenweide lît.
got helfe uns dar
hin in den zehenden kôr,
dar ûz ein hellemôr
sîn valsch verstôzen hât
und noch den guoten offen stât.

6 Mich hât diu welt alsô gewent, 211,8 – 34 C
daz mir der muot
sich zeiner mâze nâch ir sent.
dêst mir nu guot:
got hât vil wol ze mir getân,
als ez nu stât,
daz ich der sorgen bin erlân,
diu menigen hât
gebunden an den vuoz,
daz er belîben muoz,
swanne ich in Kristes schar
mit fröiden wunneclîche var.

## IV

Swelch frouwe sendet ir lieben man 211,20
mit rehtem muote ûf dise vart, 17 B, 21 C
diu koufet halben lôn dar an,
obe sî sich heime alsô bewart,
daz sî verdienet kiuschiu wort.
sî bete vür siu beidiu hie,
sô vert er vür siu beidiu dort.

5 Über meiner Weltfreude hing immer die Sorge
bis zu der Zeit,
da ich mir Christi Blumen erwählte,
die ich jetzt hier trage.
Die künden von einer Sommerzeit,
die ganz und gar
dem Auge reine Freude schenkt.
Gott verhelfe uns dazu,
daß wir in den zehnten Engelschor gelangen,
aus dem die eigene Hinterhältigkeit
den finsteren Herrn der Hölle verstoßen hat,
der aber allen guten Menschen immer noch offen steht.

6 Mir hat die Welt so übel mitgespielt,
daß ich mich
überhaupt nicht mehr nach ihr sehne.
Das ist nur gut für mich.
Gott hat mich,
so wie es nun um mich steht, gnädig geführt,
daß ich von der Sorge frei bin,
die manch einen
mit gebundenen Füßen zurückhält,
so daß er nun verharren muß,
wenn ich in der Schar Christi
in seliger Freude auf die Kreuzfahrt ziehe.

## IV

Die Frau, die den geliebten Mann
bereitwillig zur Kreuzfahrt entläßt,
die erlangt daran den halben Gewinn,
wenn sie sich zu Hause so vorsieht,
daß man sie keusch nennen darf.
Sie bete für alle beide hier,
so zieht er für sie beide dorthin über See.

## V

1 Maniger grüezet mich alsô 216,29
– der gruoz tuot mich ze mâze frô –: 52 C
‚Hartman, gên wir schouwen
ritterlîche frouwen!‘
mac er mich mit gemache lân
und île er zuo den frouwen gân!
bî frouwen triuwe ich niht vervân,
wan daz ich müede vor in stân.

2 Ze frouwen habe ich einen sin: 216,37
als sî mir sint, als bin ich in, 53 C
wand ich mac baz vertrîben
die zît mit armen wîben.
swar ich kum, dâ ist ir vil,
dâ vinde ich die, diu mich dâ wil.
diu ist ouch mînes herzen spil.
waz touc mir ein ze hôhez zil?

3 In mîner tôrheit mir beschach, 217,6 – 54 C
daz ich zuo zeiner frouwen gesprach:
‚frouwe, ích hân mîne sinne
gewant an iuwer minne.‘
dô wart ich twerhes an gesehen.
des wil ich, des sî iu bejehen,
mir wîp in solher mâze spehen,
diu mir des niht enlânt beschehen.

## VI

1 Ich var mit iuweren hulden, herren unde mâge: 218,5 – 56 C
liut unde lant die müezen saelic sîn!
ez ist unnôt, daz ieman mîner verte frâge,
ich sage wol vür wâr die reise mîn.
mich vienc diu minne und lie mich varn ûf mîne sicherheit.
nu hât si mir enboten bî ir liebe, daz ich var.
ez ist unwendic: ich muoz endelîchen dar.
wie kûme ich braeche mîne triuwe und mînen eit!

## V

1 Mancher spricht mich munter an
(aber darüber freue ich mich nur mäßig):
»Komm Hartmann, laß uns
den edlen Damen den Hof machen!«
Soll er mich doch in Ruhe lassen
und zu den Damen eilen!
Ich traue mir nicht zu, bei ihnen anderes zu schaffen,
als matt und müde vor ihnen zu stehen.

2 Den Damen gegenüber habe ich eine Einstellung:
wie sie zu mir sind, so bin ich zu ihnen,
denn ich kann mir meine Zeit
mit Frauen geringerer Herkunft besser vertreiben.
Wohin ich auch komme, da gibt es viele von ihnen;
dort finde ich die, die auch mich will.
Und die ist dann auch die Wonne meines Herzens.
Was nützt es mir, mein Ziel zu hoch zu stecken?

3 In meiner Unerfahrenheit ist es mir einmal geschehen,
daß ich zu einer Dame sagte:
»Herrin, all mein Begehren
ist auf Eure Minne gerichtet.«
Da wurde ich vielleicht komisch von der Seite angesehen,
und deshalb, das sage ich euch in aller Deutlichkeit,
werde ich mein Auge nur auf solche Damen werfen,
bei denen mir so etwas nicht geschehen kann.

## VI

1 Ich ziehe dahin mit eurer Erlaubnis, Herren und Verwandte:
Leute und Land die sollen gesegnet sein.
Es ist nicht nötig, daß jemand nach meiner Reise fragt,
ich gebe offen über meine Fahrt Auskunft.
Die Minne fing mich und ließ mich auf mein Wort hin frei.
Nun hat sie mir bei ihrer Liebe auferlegt, daß ich fahre.
Es ist unabänderlich: ich muß endgültig dahin.
In keinem Fall könnte ich mein Versprechen und meinen Eid brechen!

2 Sich rüemet maniger, waz er dur die minne taete. 218,13
wâ sint diu werc? die rede hoere ich wol. 59 C
doch saehe ich gern, daz sî ir eteslîchen baete,
daz er ir diente, als ich ir dienen sol.
ez ist geminnet, der sich durch die minne ellenden muoz.
nu seht, wie sî mich ûz mîner zungen ziuhet über mer.
und lebt mîn herre, Salatîn und al sîn her
dien braehten mich von Franken niemer einen vuoz.

3 Ir minnesinger, iu muoz ofte misselingen. 218,21
daz iu den schaden tuot, daz ist der wân. 60 C
ich wil mich rüemen, ich mac wol von minnen singen,
sît mich diu minne hât und ich si hân.
daz ich dâ wil, seht, daz wil alse gerne haben mich.
sô müest aber ir verliesen underwîlent wânes vil.
ir ringent umbe liep, daz iuwer niht enwil.
wan müget ir armen minnen solhe minne als ich?

2 Mancher rühmt sich, was er alles für die Minne tun würde.
Aber wo sind die Taten? Die Rede höre ich wohl.
Doch sähe ich mit Freuden, daß sie den einen oder anderen bäte,
ihr so zu dienen, wie ich ihr dienen muß.
Das nenne ich Minne, wenn einer sich der Minne zuliebe in die Fremde begibt.
Nun seht, wie sie mich aus meinem Heimatland übers Meer treibt.
Und lebte mein Herr noch, Saladin und sein ganzes Heer
brächten mich keinen Fußbreit aus dem Land der Franken.

3 Ihr Minnesänger, euch muß vieles fehlschlagen.
Was euch Schaden zufügt, das ist eure Einbildung.
Ich kann mich rühmen, richtig von der Minne zu singen,
weil mich die Minne hat und ich sie habe.
Wonach ich begehre, seht, das begehrt ebenso entschieden nach mir.
Dagegen müßt ihr immer wieder viel von eurer Einbildung verloren geben.
Ihr strebt nach einer Liebe, die von euch nichts wissen will.
Warum könnt ihr armen Bürschchen denn nicht solche Liebe finden wie ich?

# Reinmar von Hagenau

## I

1 Ich wirbe umbe allez, daz ein man 159,1 – 1 b,
ze wereltlîchen fröiden iemer haben sol. 6 A, 35 C,
daz ist ein wîp, der ich enkan 297 E
nâch ir vil grôzem werde niht gesprechen wol.
lobe ich si, sô man ander frouwen tuot,
daz engenímet si niemer tac von mir vür guot.
doch swer ich des, si ist an der stat,
dâs ûz wîplîchen tugenden nie vuoz getrat.
daz ist in mat!

2 Alse eteswenne mir der lîp 159,19 – 2 b
durch sîne boese unstaete râtet, daz ich var 8 A, 36 C,
und mir gefriunde ein ander wîp, 299 E
sô wil iedoch daz herze níendèr wan dar.
wol íme des, dáz ez sô réhte welen kan
und mir der süezen árbèite gan!
doch hân ich mir ein liep erkorn,
deme ích ze dienst – und waer ez al der welte zorn –
wil sîn geborn.

3 Unde ist, daz mirs mîn saelde gan, 159,37 – 3b
daz ich ábe ir wol rédendem múnde ein küssen mac versteln, 9 A, 37 C, 301 E
gît got, daz ich ez bringe dan!
sô wíl ich ez tougenlîchen tragen und iemer heln.
und ist, daz sîz vür grôze swaere hât
und vêhet mich durch mîne missetât,
waz tuon ich danne, unsaelic man?
dâ nim eht ichz und trage ez hin wider, dâ ichz dâ nan,
als ich wol kan.

# Reinmar von Hagenau

## I

1 Ich werbe um alles, was ein Mann
zum irdischen Glück jemals haben muß.
Das ist eine Frau, die ich gar nicht
ihrem Ansehen entsprechend rühmen kann.
Preise ich sie, wie man es mit anderen Frauen tut,
dann hält sie das zu keiner Zeit für ausreichend.
Doch leiste ich darauf einen Schwur: sie steht an einer Stelle,
wo sie vom Weg weiblicher Vollkommenheit niemals auch nur einen Fuß abwich.
Das setzt alle anderen matt.

2 Wenn mich zuweilen mein Leib
in seiner üblen Unbeständigkeit dazu verleitet, daß ich gehe
und mich mit einer anderen Frau anfreunde,
dann will dennoch das Herz nirgendwo anders hin als zu ihr.
Wie gut, daß es so richtig zu wählen vermag
und mir so süßen Schmerz schenkt.
Darum habe ich mir eine Geliebte erwählt,
der ich – und wäre es zum Ärger der ganzen Welt – zu dienen geboren bin.

3 Und wenn es mir mein Glück schenkt,
daß ich von ihrem lieblich sprechenden Mund einen Kuß stehlen kann,
so gebe Gott, daß ich ihn heil davonbringe!
Dann will ich ihn bei mir tragen und immer verbergen.
Wenn sie dies aber für eine große Schmach ansieht
und mir meiner Untat wegen feindlich gesonnen ist,
was soll ich dann tun, ich unglücklicher Mensch?
Da nehm ich ihn und trage ihn dorthin zurück, wo ich ihn stahl,
wie ich es in geziemender Weise kann.

4 Si ist mir liep, und dunket mich, 159,10 – 4 b,
wie ich ir vollecliche gar unmaere sî. 7 A, 38 C,
waz darumbe? daz lîde ich. 298 E
ich was ir ie mit staeteclîchen triuwen bî.
nu waz, ob lîhte ein wunder an mir geschiht,
daz sî mich eteswenne gerne siht?
sâ denne lâze ich âne haz,
swer giht, daz ime an fröiden sî gelungen baz:
der habe im daz.

5 Diu jâr diu ich noch ze lebenne hân, 159,28 – 5 b,
swie vil der waere, ir wurde ir niemer tac genomen. 5 A, 39 C,
sô gar bin ich ir undertân, 300 E
daz ich niht sanfte ûz ir gnâden mohte komen.
ich fröuwe mich des, daz ich ir dienen sol.
si gelônet mir mit lîhten dingen wol,
geloube eht mir, swénne ich ir ságe
die nôt, die ich an dem herzen von ir schulden trage
dicke án dem tage.

## II

1 Ein wîser man sol niht ze vil 162,7 – 19 A,
versuochen noch gezîhen, dêst mîn rât, 12 b, 47 C,
von der er sich niht scheiden wil, 326 E
und er der wâren schulden doch keine hât.
swer wil al der welte lüge an ein ende komen,
der hât im âne nôt ein vil herzelîchez leit genomen.
man sol boeser rede gedagen.
frâge ouch nieman lange des,
daz er ungerne hoere sagen.

4 Sie ist mir lieb, aber ich glaube,
ich bin ihr ganz und gar gleichgültig.
Was soll's? Das kann ich ertragen.
Ich habe mich immer in Beständigkeit und Treue um sie bemüht.
Nun, vielleicht geschieht ein Wunder an mir,
daß sie mich irgendwann einmal sogar zu sehen wünscht?
Dann lasse ich aber auch keine feindseligen Gefühle aufkommen,
wenn jemand behauptet, es sei ihm ein größeres Glück zuteil geworden.
Soll er doch!

5 Die Jahre, die ich noch zu leben habe,
wie viele es auch sein mögen: kein Tag soll ihr jemals davon genommen werden.
So völlig bin ich in ihrer Gewalt,
daß ich auf keinen Fall aus dem Bereich ihrer Huld herausfallen möchte.
Ich freue mich darüber, daß ich ihr dienen darf.
Glaube mir, sie belohnt mich sicherlich mit kleinen Vergünstigungen,
wenn ich ihr erzähle
von der Qual, die ihretwegen mein Herz bewegt
den ganzen Tag über.

## II

1 Ein kluger Mann, das ist wenigstens mein Rat,
soll die Frau, von der er sich doch nicht trennen will
und der er doch nichts begründet vorwerfen kann,
nicht zu hart auf die Probe stellen oder beschuldigen.
Wer die Verlogenheit aller Welt bis in die Tiefe durchschauen will,
der hat sich ohne Grund ein schweres Herzeleid aufgeladen.
Man soll schlimmes Gerede einfach übergehen.
So stöbere auch niemand lange dem nach,
was er verabscheut zu erfahren.

2 War umbe vüeget mir diu leit, 162,16
von der ich hôhe solte tragen den muot? 20 A, 46 C, 328 E,
iô wirb ich niht mit kündecheit i bl. 115v
noch dur versuochen, alsam vil maneger tuot.
ich enwart nie rehte frô, wan sô ich si sach.
sô gie von herzen gar, swaz mîn munt wider sî gesprach.
sol nû diu triuwe sîn verlorn,
sô endarf ez nieman wunder nemen,
hân ich underwîlen einen kleinen zorn.

3 Si jehent, daz staete sî ein tugent, 162,25
der andern frouwe. sô wol im, der si habe! 21 A, 13 b, 48 C, 327 E
si hât mir fröide in mîner jugent
mit ir wol schoener zuht gebrochen abe,
daz ich unz an mînen tôt niemer sî gelobe.
ich sihe wol, swer nû vert wüetende, als er tobe,
daz den diu wîp sô minnent ê
danne einen man, der des niht kan.
ich ensprach in nie sô nâhe mê.

4 Ez tuot ein leit nâch liebe wê, 162,34
sô tuot ouch lîhte ein liep nâch leide wol. 61 C, 329 E
swer welle, daz er frô bestê,
daz eine er dur daz ander lîden sol
mit bescheidenlîcher klage und gar ân arge site.
zer welte ist niht sô guot, daz ich ie gesach, sô guot gebite.
swer die gedulteclîchen hât,
der kam des ie mit fröiden hin.
alsô dinge ich, daz mîn noch werde rât.

2 Weshalb fügt die mir Leid zu,
durch die ich den Kopf hoch tragen sollte?
Ja, werbe ich doch nicht mit List
noch nur zur Probe, wie viele es tun.
Ich wurde nie wirklich froh, außer wenn ich sie sah.
Dann kam, was ich ihr sagte, unmittelbar aus dem Herzen.
Wenn nun jedoch die Treue vergeblich sein soll,
dann darf sich niemand darüber wundern,
wenn ich bisweilen ein wenig aufgebracht bin.

3 Sie sagen, daß die Beständigkeit eine wertvolle Eigenschaft sei,
die Herrin der übrigen. Wohl dem, der sie besitzt?
Sie hat mir in meiner Jugend mit ihren schönen Erziehungsgeboten
mein ganzes Glück zerstört,
so daß ich sie bis zu meinem Tod niemals mehr rühmen werde.
Ich sehe jetzt genau, daß die Frauen eher den lieben,
der so wütend daherkommt wie ein Verrückter
als einen Mann, der das nicht kann.
Ich bin den Frauen noch nie mit meinen Worten so nahe getreten.

4 Leid nach Freude tut weh,
aber es tut sicherlich Freude nach Leid auch wohl.
Wer will, daß er froh bleibt,
der muß das eine um des andern willen ertragen,
in einsichtsvollem Schmerz und ganz ohne Bosheit.
Von dem, was ich in der Welt sah, ist nichts so gut wie das richtige Wartenkönnen.
Wer diese Fähigkeit in Gelassenheit besitzt,
der kam im Leben immer glücklich zurecht.
Genauso hoffe ich, daß es auch für mich noch Hilfe gibt.

5 Des einen und dekeines mê 163,5
wil ich ein meister sîn, al die wîle ich lebe; 60 C, 330 E
daz lop wil ich, daz mir bestê
und mir die kunst diu werlt gemeine gebe,
daz nieman sîn leit sô schône kan getragen.
dez begêt ein wîp an mir, daz ich naht noch tac niht kan gedagen.
nû hân eht ich sô senften muot,
daz ich ir haz ze fröiden nime.
owê, wie rehte unsanfte daz mir doch tuot!

6 Ich weiz den wec nu lange wol, 163,14
der von der liebe gât unz an daz leit. 11 b, 45 C,
der ander, der mich wîsen sol 331 E
ûz leide in liebe, der ist mir noch unbereit.
daz mir von gedanken ist alse unmâzen wê,
des überhoere ich vil und tuon, als ich des niht verstê.
gît minne niuwan ungemach,
sô müeze minne unsaelic sîn.
die selben ich noch ie in bleicher varwe sach.

## III

1 Swaz ich nu niuwer maere sage, 165,10
des endárf mich nieman frâgen. ich enbin niht vrô. 34 A, 32 B,
die friunt verdriuzet mîner klage. 56 C, 306 E
des man ze vil gehoeret, dem ist allem sô.
nû hân ich beidiu schaden unde spot.
waz mir doch leides unverdienet, daz bedenke got,
und âne schult geschiht!
ich engelige herzeliebe bî,
sône hât an mîner fröide nieman niht.

5 In diesem einen und in nichts anderem
möchte ich, solange ich lebe, der Meister sein;
von dem Ruhm möchte ich, daß er mir bleibt
und daß mir die Welt einmütig dieses Können zuspricht:
daß niemand sein Leid so vorbildlich zu tragen weiß.
Eine Frau bringt mich soweit, daß ich weder nachts noch am Tage schweigen kann.
Nun habe ich jedoch so große Sanftmut,
daß ich ihre Feindschaft als Glück hinnehme.
Ach, wie sehr mich das doch schmerzt.

6 Schon lange kenne ich den Weg genau,
der von der Freude hinführt zum Leid.
Der andere, der mich aus dem Leid
in die Freude führen soll, der ist mir noch nicht gebahnt.
Daß meine Gedanken mir so maßlosen Schmerz bereiten,
darum kümmere ich mich kaum und tue so, als ob ich nichts davon verstehe.
Wenn die Minne nichts als Unglück bereitet,
dann soll sie doch verflucht sein.
Ich habe sie selbst immer nur in bleicher Farbe gesehen.

## III

1 Was ich jetzt an neuer Kunde zu berichten habe,
danach darf mich niemand fragen. Ich bin nicht fröhlich.
Die Freunde sind meiner Klage überdrüssig.
Wovon man zuviel hört, damit ist es nun einmal so.
Nun habe ich den Schaden und zugleich noch den Spott.
Weiß Gott, was mir doch an Leid unverdient
und ohne meine Schuld widerfährt!
Wenn ich nicht bei der Dame meines Herzens liegen darf,
so wird niemand an mir auch nur ein bißchen Freude haben.

2 Die hôchgemuoten zîhent mich, 165,19
ich minne niht sô sêre, als ich gebâre, ein wîp. 36 A, 33 B, 57 C, 307 E
si liegent und unêrent sich.
si was mir ie gelîcher mâze sô der lîp.
nie getrôste sî dar under mir den muot.
der ungnâden muoz ich, unde des si mir noch tuot,
erbeiten, als ich mac.
mir ist eteswenne wol gewesen.
gewínne aber ích nu niemer guoten tac?

3 Sô wol dir, wîp, wie rein ein nam! 165,28
wie sanfte er doch zerkennen und ze nennen ist! 35 A, 34 B, 58 C, 308 E
ez wart nie niht sô lobesam,
swâ dûz an rehte güete kêrest, sô du bist.
dîn lop mit rede níemàn volenden kan.
swes dû mit triuwen pfligest wol, der ist ein saelic man
und mac vil gerne leben.
dû gîst al der welte hôhen muot.
maht ouch mir ein wênic fröide geben!

4 Zwei dinc hân ich mir vür geleit, 165,37
diu strîtent mit gedanken in dem herzen mîn: 37 A, 35 B, 59 C, 309 E
ob ich ir hôhen wirdekeit
mit mînem willen wolte lâzen minre sîn,
oder ób ich daz welle, daz si groezer sî
und sî vil saelic wîp bestê mîn und áller manne frî.
diu tuont mir beide wê.
ich enwirde ir lasters niemer frô.
vergêt siu mich, daz klage ich iemer mê.

5 Ob ich nu tuon und hân getân, 166,7
daz ich von rehte in ir hulden solte sîn, 310 E
und sî vor aller werlde hân,
waz mac ich des, vergizzet sî darunder mîn?
swer nu giht, daz ich ze spotte künne klagen,
der lâze im béidè mîn rede singen unde sagen
. . . . . . . . . . . . . . . . . .
únde mérke, wâ ích ie spréche ein wort,
ezn lige, ê ichz gespreche, herzen bî.

2 Die Sachverständigen werfen mir vor,
daß ich diese Frau nicht so sehr liebe, wie ich klage.
Sie lügen und bringen sich um ihre Ehre.
Sie galt mir immer soviel wie mein Leben.
Niemals hat sie mir jedoch das Herz erleichtert.
Doch die Ablehnung und alles, was sie überdies mir noch antut,
muß ich erdulden, so gut ich es vermag.
Bisweilen habe ich mich früher wohl gefühlt.
Darf ich jetzt keinen guten Tag mehr erwarten?

3 Preis dir, Frau, welch reines Wort!
Wie leicht es doch zu erfassen und auszusprechen ist.
Niemals gab es Rühmlicheres als dich,
wenn du dich an das Richtige hieltest.
Niemand kann mit Worten deinen Ruhm ausmachen.
Wem du dich in Treue zuwendest, der ist ein glücklicher Mann
und kann Freude am Leben haben.
Du verleihst aller Welt einen freudigen Sinn.
Kannst du auch mir ein wenig Freude geben?

4 Zwei Fragen habe ich mir gestellt,
die sind mit Gedanken in meinem Herzen in Widerstreit:
Ob ich ihr hohes Ansehen
aus freien Stücken verringern wollte
oder ob ich will, daß sie sogar noch größer sei
und sie, die gesegnete Frau, von mir und allen anderen Männern verschont werde.
Beides schmerzt mich.
Niemals würde ich ihrer Verunglimpfung froh werden.
Geht sie jedoch achtlos an mir vorbei, dann muß ich auf immer klagen.

5 Wenn ich mich nun so verhalte und verhalten habe,
daß ich mit Recht in ihrer Huld sein sollte,
und wenn ich sie über alles andere in der Welt stelle,
was soll mir das, daß sie mich darüber ganz vergißt?
Wer immer behauptet, daß ich nur zum Scherz zu klagen verstehe,
der lasse sich meine Gegenrede singen und sagen
. . . . . . . . . . . . . . . . .
und weise mir nach, wo ich jemals ein Wort gesprochen habe,
das nicht, bevor ich es sprach, an meinem Herzen lag.

## IV

1 ‚Si jehent, der sumer der sî hie, 167,31
diu wunne diu sî komen, 25 b, 68 C
und daz ich mich wol gehabe als ê.
nu râtent unde sprechent: wie?
der tôt hât mir benomen,
daz ich niemer überwinde mê.
waz bedarf ich wunneclîcher zît,
sît aller fröiden hêrre Liutpolt in der erde lît,
den ich nie tac getrûren sach?
ez hât diu welt an ime verlorn,
daz ir an manne nie
sô jâmerlîcher schade geschach.

2 Mir armen wîbe was ze wol, 168,6 – 44 a,
swenne ich gedâhte an in, 26 b, 69 C
wie mîn heil an sîme lîbe lac.
sît ich des nû niht haben sol,
sô gât mit jâmer hin,
swaz ich iemer nû geleben mac.
der spiegel mîner fröiden ist verlorn.
den ich ûz al der welte mir ze trôste hâte erkorn,
dés múoz ich âne sîn.
dô man mir seite, er waere tôt
dô wiel mir daz bluot
vonme herzen ûf die sêle mîn.

3 Die fröide mir verboten hât 168,18 – 45 a
mîns lieben hêrren tôt
alsô, daz ich ir mêr enbern sol.
sît des nu niht mac werden rât,
in ringe mit der nôt,
daz mir mîn klagendez herze ist jâmers vol,
diu in iemer weinet, daz bin ich.
wan er vil saelic man, jô trôste er wol ze lebenne mich,
der ist nu hin. waz tohte ich hie?
wis ime gnaedic, hêrre got!
wan tugenthafter gast
kam in dîn gesinde nie.‘

## IV

1 »Sie sagen, der Sommer sei nun da,
die Freude sei gekommen
und ich solle es mir wohl ergehen lassen wie einst.
Nun ratet und sagt mir aber: wie?
Der Tod hat mir etwas genommen,
was ich niemals mehr verwinden kann.
Was brauche ich noch eine Zeit der Freude,
da doch Leopold, der Herr allen Glücks, im Grabe liegt,
den ich nie einen Tag traurig sah.
Die Welt hat an ihm soviel verloren,
daß ihr niemals zuvor an irgendeinem Mann
ein so schmerzlicher Verlust widerfuhr.

2 Mir armen Frau ging es zu gut,
als ich an ihn dachte als an den,
an dessen Leben mein Glück hing.
Daß ich das nun missen muß,
läßt das Leben, das mir noch bleibt,
in Sorgen dahingehen.
Der Spiegel meines Glücks ist blind geworden.
Zu meinem Schmerz muß ich jetzt ohne den sein,
den ich mir zur sommerlichen Augenfreude erwählt hatte.
Als man mir sagte, er sei tot,
da wallte mir das Blut sogleich
vom Herzen über die Seele.

3 Alle Freude hat mir
der Tod meines lieben Herrn versagt,
so daß ich auf immer ohne sie sein muß.
Da ich nun nicht anders kann
als mit der Qual zu kämpfen,
daß mein klagendes Herz voller Schmerz ist,
so bin ich es, die ihn immerdar beweint.
Denn er, der gesegnete Mann, er allein könnte mir Mut machen zu leben.
Doch er ist nun dahin. Was soll ich jetzt noch hier?
Sei ihm gnädig, Herr Gott.
Denn ein so vollkommener Hausgenosse
kam noch niemals in dein Gefolge.«

## V

1 Ich wil allez gâhen 170,1 – 34 b,
zuo der liebe, die ich hân. 77 C, 246 E
sô ist ez niender nâhen,
daz sich ende noch mîn wân.
doch versúoche ich ez álle tage
und gedíene ir số, daz si ấne ir danc
mit fröiden muoz erwenden kumber, den ich trage.

2 Mich betwanc ein maere, 170,8 – 70 A,
daz ich von ir hôrte sagen: 78 C, 35 b,
wie sî ein frouwe waere, 245 E
diu sich schône kunde tragen.
daz versuoche ich und ist wâr.
ir kunde nie kein wîp geschaden –
daz ist wol kléinè – sô grôz als umb ein hâr.

3 Swaz in allen landen 170,15
mir ze liebe mac beschehen, 69 A, 79 C,
daz stât in ir handen. 36 b, 242 E
anders nieman wil ichs jehen.
si ist mîn ôsterlîcher tac,
und hân si in mînem herzen liep.
daz weiz er wól, dém nieman niht geliegen mac.

4 Si hât leider selten 170,22
mîne klagende rede vernomen. 37 b, 80 C,
des muoz ich engelten. 243 E
nie kunde ich ir nâher komen.
maniger zuo den frouwen gât
und swîget allen einen tac
und anders niemen sînen willen reden lât.

5 Niemen im ez vervienge 170,29
zeiner grôzen missetât, 81 C, 38 b,
ob er dannen gienge, 244 E
dâ er niht ze tuonne hât,
spraeche als ein gewizzen man
‚gebietet ir an mîne stat!‘:
daz waere ein zuht und stüende im lobelîchen an.

V

1 Ich will immerfort eilen
zu der Frau, die ich zur Liebsten habe.
Doch es ist überhaupt nicht in Sicht,
daß sich meine Hoffnung erfüllt.
Aber ich versuche es alle Tag
und diene ihr so, daß sie gegen ihren Willen
den Schmerz, den ich habe, in Freude verwandeln muß.

2 Mich hat eine Kunde bezwungen,
die ich von ihr erzählen hörte:
daß sie eine Herrin wäre,
die sich vorbildlich zu benehmen versteht.
Das habe ich erprobt und es ist wahr.
Niemals konnte eine andere Frau ihren Ruf
auch nur um – so geringes wie – Haaresbreite antasten.

3 Was immer in allen Landen
mir zur Freude geschehen kann,
das liegt in ihrer Hand.
Niemand anderem will ich ein solches Verdienst zugestehen.
Für mich ist sie ein Tag österlicher Freude,
und ich habe sie von Herzen lieb.
Das weiß der genau, den niemand zu belügen vermag.

4 Sie hat zu meinem Schmerz niemals
meine Klagerede angehört.
Dafür muß ich büßen.
Nie konnte ich näher an sie herankommen.
Manch einer geht zu den Damen
und schweigt dort den ganzen Tag
und läßt niemanden sonst seine Wünsche äußern.

5 Niemand würde es ihm
als große Verfehlung anrechnen,
wenn er dort weg ginge,
wo er doch gar nichts zu tun hat,
und als ein verständiger Mann spräche:
»Erlaubt mir, mich zu entfernen!«
das wäre ein vorbildliches Verhalten, das zu preisen wäre.

## VI

1 ‚Lieber bote, nu wirbe alsô, 178,1 – 75 b,
sihe in schiere und sage ime daz: 118 C, 229 E,
vert er wol und ist er frô, Nyphen 1 m
ich lebe iemer deste baz.
sage ime durch den willen mîn,
daz er iemer solhes iht getuo,
dâ von wir gescheiden sîn.

2 Frâge er, wie ich mich gehabe, 178,8
gihe, daz ich mit fröiden lebe. 230 E,
swâ du mügest, dâ leit in abe, Nyphen 2 m
daz er mich der rede begebe.
ich bin im von herzen holt
und saehe in gerner denne den liehten tac.
daz aber dû verswîgen solt.

3 Ê daz du iemer ime verjehest, 178,15
daz ich ime holdez herze trage, 77 b, 120 C
sô sihe, daz dû alrêst besehest,
und vernime, waz ich dir sage:
mein er wol mit triuwen mich,
swaz ime danne muge zer fröiden komen,
daz mîn êre sî, daz sprich.

4 Spreche er, daz er welle her, 178,22
– daz ichs iemer lône dir – 121 C, 231 E,
sô bitte in, daz ers verber Nyphen 3 m
die rede, dier jungest sprach zuo mir,
ê daz ich in an gesehe.
wê, wes wil er dâ mit beswaeren mich,
daz niemer doch an mir geschehe?

5 Des er gert, daz ist der tôt 178,29
und verderbet manigen lîp. 76 b, 119 C,
bleich und eteswenne rôt, 232 E,
alse verwet ez diu wîp. Nyphen 5 m
minne heizent ez die man
ùnde mohte baz unminne sîn.
wê ime, ders alrêst began.

## VI

1 »Lieber Bote, nun mach es so,
suche ihn sogleich auf und sage ihm:
wenn es ihm gut geht und er frohgemut ist,
so lebe ich immer um so besser.
Sage ihm, daß er um meinetwillen
niemals etwas tun solle,
wodurch wir getrennt werden könnten.

2 Fragt er, wie es mit mir steht,
dann sage ihm, daß ich fröhlich lebe.
Wo immer du kannst, da bringe ihn dazu,
daß er mich mit seinen leichtfertigen Worten verschont.
Ich bin ihm von Herzen zugetan
und sähe ihn lieber als den Morgen.
Aber das sollst du für dich behalten.

3 Bevor du ihm je gestehst,
daß mein Herz ihm zugetan ist,
so sieh, daß du zuallererst prüfst
und vernimm, was ich dir sage:
wenn er mich aufrichtig liebt,
dann kannst du alles, was ihm Freude macht
und mein Ansehen nicht untergräbt, offen aussprechen.

4 Sagt er, daß er herkommen wolle,
– das würde ich dir auf immer lohnen –
dann bitte ihn, die Worte,
die er kürzlich zu mir sagte, zurückzunehmen,
bevor ich ihn sehe.
Ach, warum will er mich durch etwas betrüben,
was doch niemals geschehen kann?

5 Was er verlangt, das ist der Tod
und richtet viele Leute zugrunde.
Bleich und manchmal auch rot
läßt es die Frauen werden.
Minne nennen es die Männer
und könnte doch besser Unminne heißen.
Weh dem, der zuerst damit anfing.

6 Daz ich alsô vil dâ von 178,36
gerede, daz ist mir leit, 233 E, Nyphen 4 m
wande ich was vil ungewon
sô getâner árbéit,
als ich tougenlîchen trage.
dû́n sólt im niemer niht verjehen
alles, des ich dir gesage.‘

## VII

1 Des tages dô ich daz kriuze nam, 181,13
dô huote ich der gedanke mîn, 125 C
als ez dem zeichen wol gezam
und als ein rehter bilgerîn.
dô wânde ich sie ze gote alsô bestaeten,
daz si íemer vuoz ûz sîme dienste mêr getraeten.
nu wellent si aber ir willen hân
und ledeclîche varn als ê.
diu sorge diu ist mîn eines niet,
si tuot ouch mêre liuten wê.

2 Noch vüere ich aller dinge wol, 181,23
wan daz gedanke wellent toben. 126 C
dem gote dem ich dâ dienen sol,
den enhélfent sî mir niht sô loben,
als ichs bedörfte und ez mîn saelde waere.
si wellent noch allez wider an diu alten maere
und waenent, daz ich noch fröide pflege,
als ich ir eteswenne pflac.
daz wende, muoter unde maget,
sît ichs in niht verbieten mac!

6 Daß ich so viel davon
sage, das ist mir leid.
Ich war überhaupt nicht gewöhnt
an solche Kümmernisse,
wie ich sie jetzt heimlich mit mir herumtrage.
Du darfst ihm auf gar keinen Fall auch nur das Geringste verraten.
von dem, was ich dir jetzt gerade gesagt habe.«

## VII

1 Am Tage, an dem ich das Kreuz nahm,
da gab ich auf meine Gedanken acht,
wie es dem Zeichen geziemt
und wie ein rechter Pilger es tun soll.
Da glaubte ich, sie so beständig auf Gott ausrichten zu können,
daß sie nie mehr einen Fuß breit von seinem Dienst abwichen.
Nun wollen sie jedoch ihren eigenen Willen behalten
und frei sich bewegen wie früher.
Doch diesen Kummer habe nicht nur ich allein;
er belastet noch mehr Leute.

2 Ich könnte noch immer rundum unbelastet fahren,
wenn sich nur nicht meine Gedanken so unsinnig gebärden
würden.
Dem Gott, dem ich dort dienen soll,
den helfen sie mir nicht so zu preisen,
wie ich es sollte und wie es für mein himmlisches Glück richtig
wäre.
Sie wollen wieder zu den alten Geschichten zurück
und wollen, daß ich wieder so glücklich sei,
wie ich es früher manchmal war.
Das verhindere du, Mutter und Jungfrau,
da ich es ihnen nicht zu verbieten vermag.

3 Gedanken nu wil ich niemer gar 181,33
verbieten – dês ir eigen lant –, 127 C
in erlóube in eteswenne dar
und aber wider sâ zehant.
sô si únser beider friunde dort gegrüezen,
sô kêren dan und helfen mir die sünde büezen,
und sî in allez daz vergeben,
swaz sî mir haben her getân.
doch vürhte ich ir betrogenheit,
daz sî mich dicke noch bestân.

4 Sô wol dir, fröide, und wol im sî, 182,4
der dîn ein teil gewinnen mac. 128 C
swie gar ich dîn sî worden frî,
doch sach ich eteswenne den tac,
daz dû über naht in mîner pflege waere.
des hân ich aber vergezzen nû mit maniger swaere.
die stîge sint mir abe getreten,
die mich dâ leiten hin an dich.
mirn hulfe niemen wider ze wege,
ern hete mînen dienest und ouch mich.

## VIII

1 Herzeclîcher fröide wart mir nie sô nôt, 196,35
mir entaeten sorgen tougenlîchen wê. 242 C, 252 E
die müezen sîn an mir vil unverwandelôt,
in gelébe, daz sî genâde an mir begê.
sô müest ich iemer mêr trûren lân
und lieze manige rede, als ich niht hôrte, vür diu ôren gân.

2 Waz unmâze ist daz, ob ich des hân gesworn, 197,3
daz sî mir lieber sî́ dánne elliu wîp? 243 C, 253 E, Wa m bl. 3v
an dem éidè wirt niemer hâr verlorn.
darumbe setze ich ir ze pfande mînen lîp.
swie sô sî gebiutet, alsô wil ich leben.
sin gesách mîn ouge nie, diu baz ein hôhgemüete könde geben.

3 Die Gedanken will ich niemals völlig daran hindern,
(das ist ja ihr eigener Bereich),
zuweilen den Weg dorthin gehen zu dürfen,
dann aber sogleich wieder zurückzukehren.
Wenn sie unser beider Freunde dort begrüßt haben,
dann sollen sie zurückkehren und mir helfen, meine Sünden zu büßen,
und so sei ihnen alles vergeben,
was sie mir bisher angetan haben.
Doch fürchte ich mich vor ihrer Unaufrichtigkeit,
daß sie mich noch oft heimsuchen werden.

4 Preis dir, o Glück, und gepriesen der,
der ein wenig von dir zu erlangen vermag.
Wenngleich ich dich jetzt so völlig entbehren muß,
habe ich doch vormals öfter Tage erlebt,
an denen ich dich über Nacht bei mir hatte.
Das habe ich jedoch über soviel Schmerz vergessen.
Die Pfade sind mir verlegt,
die mich zu dir führten.
Niemand würde mir die wiederfinden helfen,
dem ich nicht meinen Dienst anbieten würde und mich selbst.

## VIII

1 Nie hätte ich ein solches Verlangen nach einer von Herzen kommenden Freude,
wenn mir nicht Sorgen heimlich weh getan hätten.
Die werden auch unverändert bei mir bleiben,
wenn ich nicht erlebe, daß sie sich mir huldvoll zuwendet.
Dann erst könnte ich auf immer das Trauern aufgeben
und manche Rede, als ob ich sie nicht gehört hätte, aus den Ohren lassen.

2 Soll denn das Maßlosigkeit sein, wenn ich geschworen habe,
daß sie mir lieber sei als alle anderen Frauen?
Von diesem Eide werde ich niemals auch nur um Haaresbreite abgehen.
Darauf setze ich mein Leben zum Pfand.
Wie immer sie es mir aufträgt, so will ich leben.
Nie sah ich eine Frau, die mich besser in eine freudig-stolze Stimmung versetzt hätte.

3 Ungevüeger schimpf bestêt mich alle tage: 197,9
si jehent des, daz ich ze vil gerede von ir, 244 C, 255 E
und diu liebe sî ein luge, die ich von ir gesage.
ôwê, wan lâzent sî den schaden mir?
si möhten tuon, als ich dâ hân getân,
unde heten wert ir liep und liezen mîne frouwen gân.

3 Mit maßlosem Hohn werde ich alle Tage bedacht:
Man sagt, ich spreche zu viel von ihr
und die Freude, die ich durch sie zu haben behaupte, sei nur aufgebauscht.
Ach, warum überlassen sie es nicht mir, wie ich mir schade?
Sie könnten doch auch tun wie ich
und hielten ihre Geliebte wert, ließen aber meine Herrin unbehelligt.

# Walther von der Vogelweide

## I

1 Hêrre got, gesegene mich vor sorgen, W 115,6
daz ich vil wünneclîche lebe. 398 C, 9 E
wil mir ieman sîne fröide borgen,
daz im ein ander wider gebe?
die vind ich vil schiere, ich weiz wol wâ,
wan ich liez ir wunder dâ.
der ich vil wol mit sinnen
getriuwe ein teil gewinnen.

2 Al mîn fröide lît an einem wîbe. W 115,14
der herze ist ganzer tugende vol, 399 C, 10 E
und ist sô geschaffen an ir lîbe
daz man ir gerne dienen sol.
ich erwirbe ein lachen wol von ir.
des muoz sie gestaten mir.
wie mac si ez behüeten,
in fröuwe mich nâch ir güeten.

3 Als ich under wîlen zir gesitze, W 115,22
sô si mich mit ir reden lât, 400 C, 11 E
sô benimt si mir sô gar die witze,
daz mir der lîp alumme gât.
swenne ich iezuo wunder rede kan,
gesihet si mich einest an,
sô hân ich es vergezzen:
waz wolde ich dar gesezzen?

# Walther von der Vogelweide

## I

1 Herr Gott, bewahre mich vor Notlagen,
auf daß ich glücklich leben kann.
Wenn mir jemand vielleicht sein Glück leiht,
daß ich ihm ein anderes dafür wiedergebe?
Das finde ich schnell, ich weiß auch wo,
denn ich ließ eine Menge davon zurück,
und ich traue mir wohl zu, mir mit rechter Überlegung
einen Teil davon zurückzuholen.

2 All mein Glück liegt bei einer Frau.
Deren Herz ist so vollkommen gut
und deren Gestalt so schön,
daß man sich wünscht, ihr zu dienen.
Vielleicht macht sie mich fröhlich.
Sie muß mir das schon einräumen.
Wie soll sie es auch verhindern,
daß ich mich so freue, wie sie es in ihrer Vollkommenheit
verdient.

3 Wenn ich mich manchmal zu ihr setze,
– dann nämlich wenn sie mir ein Gespräch gestattet –
dann nimmt sie mir so völlig den Verstand,
daß sich mir alles vor Augen dreht.
Wenn ich gerade noch wer weiß was für schöne Worte kannte,
sieht sie mich nur einmal an,
dann habe ich es alles vergessen:
Was wollte ich nur, als ich mich zu ihr setzte?

## II

in dem dône  Ich wirbe umb allez daz ein man. W 111,22
379 C

1 Ein man verbiutet âne pfliht
ein spil, des nieman im nu wol gevolgen mac.
Er gihet swenne ein wîp ersiht
sîn ouge, daz si sî sîn ôsterlîcher tac.
Wie wære uns andern liuten sô geschehen,
suln wir im alle sînes willen jehen?
ich bin derz versprechen muoz:
bezzer wære mîner frouwen senfter gruoz.
déist mates buoz!

2 ‚Ich bin ein wîp dâ her gewesen W 111,32
sô stæte an êren und ouch alsô wol gemuot, 380 C
ich trûwe ouch noch vil wol genesen,
daz mir mit stelne nieman keinen schaden tuot.
swér aber kűssen hie ze mir gewinnen wil,
der werbe ez mit fuoge und anderm spil.
ist daz ez im wirt iesâ,
er muoz sîn iemer sîn mîn diep, und habe imz dâ
und anderswâ.‘

## III

1 Lange swîgen des hât ich gedâht. W 72,31
nû muoz ich singen aber als ê. 111 A,
dar zuo hânt mich guote liute brâht. 225 C, 83 E,
die mugen mir wol gebieten mê. 85 b, 30 xy
ich sol singen unde sagen,
und swes si gern, daz sol ich tuon. sô suln si mînen
kumber klagen.

## II

In dem Ton: *Ich wirbe umb allez daz ein man*

1 Ein Mann bietet auf eigene Faust
in einem Spiel so hoch, daß ihn nun niemand mehr zu überbieten vermag.
Er behauptet, wenn immer er eine bestimmte Frau erblickt,
für ihn sei sie ein Tag österlicher Freude.
Wie teuer käme es uns anderen zu stehen,
Wenn wir ihm alle seinen Willen ließen?
Ich bin es, der dies zurückweisen muß:
besser wäre es für meine Herrin, wenn man sie sanfter grüßte.
Das ist meine Entgegnung auf das Matt.

2 »Ich bin bisher eine Frau
von so beständigem Ansehen und so festem Herzen gewesen,
ich traue es mir zu, mich auch künftig davor zu bewahren,
daß mir jemand durch Diebstahl einen Schaden zufügt.
Wer hier bei mir einen Kuß erlangen will,
der werbe darum in Anstand und allem, was zu einem solchen Spiel gehört.
Geschieht es, daß er sich ihn schon vorher im Handstreich holt,
bleibt er doch immer der, der mich bestohlen hat, und behalte ihn, hier
und wo der Pfeffer wächst.«

## III

1 Lange zu schweigen, das hatte ich mir vorgenommen.
Jetzt muß ich jedoch wieder singen wie früher.
Dazu haben mich edle Leute veranlaßt.
Die können von mir sogar noch viel mehr erbitten.
Ich werde singen und dichten,
und was sie wünschen, das werde ich tun:
dafür sollen sie mit mir mein Leid beklagen.

2 Hœret wunder, wie mir ist geschehen W 72,37
von mîn selbes arebeit: 112 A, 356 C, 84 E,
mich enwil ein wîp niht an gesehen, 86 b
die brâht ich in die werdekeit,
daz ir muot sô hôhe stât.
jon weiz si niht, swenn ich mîn singen lâze, daz ir lop zergât.

3 Hêrre, waz si flüeche lîden sol, W 73,5
swenn ich nû lâze mînen sanc! 113 A, 257 C, 87 E
alle die nû lobent, daz weiz ich wol,
die scheltent danne ân mînen danc.
tûsent herze wurden frô
von ir genâden. dius engeltent, lât si mich verderben sô.

4 Dô mich dûhte daz si wære guot, W 73,11
wer was ir bezzer dô dann ich? 114 A, 258 C, 86 E
dêst ein ende. swaz si mir getuot,
des mac ouch si verwænen sich.
nimet si mich von dirre nôt,
ir leben hât mînes lebennes êre; stirbe ab ich, sô ist si tôt.

5 Sol ich in ir dienste werden alt, W 73,17
die wîle junget si niht vil. 115 A, 259 C,
so ist mîn hâr vil lîhte alsô gestalt, 85 E, 87 b,
dazs einen jungen danne wil. 30, 31 xy
sô helfe iu got, hêr junger man,
sô rechet mich und gêt ir alten hût mit sumerlaten an.

## IV

1 In einem zwîvellîchen wân W 65,33
was ich gesezzen und gedâhte, 442 C, 21 F, 41 O
ich wolte von ir dienste gân,
wan daz ein trôst mich wider brâhte.
trôst mag ez rehte niht geheizen, owê des!
ez ist vil kûme ein kleinez trœstelîn,
sô kleine, swenne ichz iu gesage, ir spottet mîn.
doch fröuwet sich lützel ieman, er enwizze wes.

2 Höret, was mir Eigenartiges geschehen ist
durch meine eigenen Mühen.
Mich will eine Frau nicht mehr ansehen,
Sie, die ich zu solchem Ansehen brachte,
daß sie jetzt so hochmütig ist.
Sie weiß wohl wirklich nicht, daß, wenn ich
sie nicht mehr besinge, auch ihr Ruhm dahin ist.

3 Herrgott, was für Flüche wird sie über sich ergehen lassen müssen,
wenn ich nun mein Singen aufgebe!
Alle die sie jetzt preisen, so weiß ich genau,
werden sie dann, ohne daß ich dies will, schmähen.
Tausend Herzen wurden froh,
wenn sie huldvoll zu mir war. Die müssen es
nun büßen, wenn sie mich so zugrunde gehen läßt.

4 Als ich noch an ihre Güte glaubte,
wer war da aufmerksamer zu ihr als ich?
Damit ist es jetzt zu Ende. Was sie mir auch antut,
das hat sie auch von mir zu erwarten.
Befreit sie mich aus meiner Qual,
dann hat ihr Leben teil an meinem Ansehen;
gehe ich jedoch zugrunde, so ist auch sie tot.

5 Wenn ich in ihrem Dienst alt werde,
wird auch sie derweilen nicht gerade jünger.
Dann sieht mein Haar vielleicht schon so aus,
daß sie einen jungen Liebhaber will.
Dann Gott mit Euch, junger Mann!
So rächt mich und gerbt mit frischen Sommerzweigen ihre alte Haut!

IV

1 In hoffnungsvollem Zweifel
saß ich und mir kam der Gedanke,
mich aus ihrem Dienst zu entfernen,
nur daß ein Trost mich davon abhielt.
Allerdings, man kann es eigentlich nicht Trost heißen, ach nein!
Kaum ist es ein kleines Tröstchen,
so gering, daß ihr euch, wenn ich es sage, über mich lustig macht.
Doch freut sich eigentlich niemand, wenn er nicht weiß warum.

2 Mich hât ein halm gemachet frô: W 66,5 102 B,
er giht ich sül genâde vinden, 234 $C^{1}$,
swie dicke ich maz daz selbe strô, 443 $C^{2}$, 22 F,
als ich gewon was her von kinden. 42 O
nû hœret unde merket ob siz denne tuo!
‚si tuot, si entuot, si tuot, si entuot, si tuot!‘
swie dicke ichz alsô maz, so wart daz ende ie guot.
das trœstet mich: dâ hœret ouch geloube zuo.

3 Swie liep si mir von herzen sî, W 66,13 444 C
sô mac ich nû doch wol erlîden
daz man ir sî ze dienest bî:
ich darf ir werben dâ niht nîden.
ichn mac, als ich erkenne, des glouben niht
dazs ieman sanfte in zwîvel bringen müge.
mirst liep daz die getrogenen wizzen waz si trüge,
und alze lanc dazs iemer rüemic man gesiht.

## V

1 Bin ich dir unmære? W 50,19 86 B, 171 C,
des enweiz ich niht; ich minne dich. 63 E
einez ist mir swære:
dû sihst bî mir hin und über mich.
daz solt dû vermîden!
ine mac niht erlîden
selhe liebe ân grôzen schaden.
hilf mir tragen, ich bin ze vil geladen!

2 Sol daz sîn dîn huote, W 50,27 172 C, 65 E
daz dîn ouge mich sô selten siht?
tuost dû daz ze guote,
sône wîze ich dir dar umbe niht.
sô mît mir daz houbet,
daz sî dir erloubet,
und sich nider an mînen fuoz,
sô dû baz enmügest. daz sî dîn gruoz.

2 Mich hat ein Strohhalm froh gemacht.
Er sagt nämlich, daß ich erhört werde,
sooft ich auch den Halm maß,
wie ich es seit Kindesbeinen an gewohnt war.
Nun hört und gebt acht, ob sie es denn tun wird!
»Sie erhört mich, erhört mich nicht, erhört mich, erhört mich nicht, sie erhört mich!«
Wie oft ich den Halm auch ausmaß, immer wurde es am Ende gut.
Das gibt mir Trost. Allein, wers glaubt ...

3 Wie lieb sie mir auch von Herzen ist,
jetzt habe ich nichts mehr dagegen,
daß man sich ihrem Dienst widmet.
Ich brauche nicht eifersüchtig zu werden, daß man sich um sie bemüht.
Wie ich weiß, brauche ich nicht zu glauben,
daß irgendeiner sie leicht in einen Zwiespalt bringen könnte.
Mir ist sogar lieb, daß die Betrogenen merken, was sie täuscht.
Mag sie auch zu lange Leuten ihren Anblick gönnen, die mit ihrer Liebe nur prahlen wollen.

## V

1 Bin ich dir gleichgültig?
Ich weiß es nicht: Ich liebe dich.
Eines jedenfalls quält mich:
du siehst an mir vorbei und durch mich hindurch.
Das sollst du lassen!
Ich kann solche Art Liebe
nicht ohne großen Schaden aushalten.
Hilf mir doch tragen, ich bin so schwer beladen.

2 Ist das deine Art von Selbstschutz,
daß dein Auge mich niemals ansieht?
Tust du es aus gutem Grund,
so will ich dir deshalb keinen Vorwurf machen.
Dann guck mir eben nicht in die Augen
– meinetwegen, ich habe nichts dagegen –
und blicke herab auf meinen Fuß,
wenn du nicht anders kannst: das sei dann dein Gruß.

3 Swanne ichs alle schouwe, W 50,35 173 C
die mir suln von schulden wol behagen,
sô bist duz mîn frouwe.
daz mac ich wol âne rüemen sagen.
edel unde rîche
sint si sumelîche,
dar zuo tragent si hôhen muot.
lîhte sint si bezzer, dû bist guot.

4 Frouwe, dû versinne W 51,5
dich ob ich dir zihte mære sî. 85 B, 174 C, 64 E
eines friundes minne
diust niht guot, da ensî ein ander bî.
minne entouc niht eine.
si sol sîn gemeine,
sô gemeine daz si gê
dur zwei herze und dur dekeinez mê.

## VI

1 ‚Nemt, frouwe, disen kranz!‘ W 74,20
alsô sprach ich zeiner wol getânen maget, 134 A, 262 C, 51 E
‚sô zieret ir den tanz,
mit den schœnen bluomen, als irs ûffe traget.
het ich vil edele gesteine,
daz müest ûf iur houbet,
obe ir mirs geloubet.
seht mîne triuwe, daz ichz meine.‘

2 Ir sît sô wol getân, W 75,9
daz ich iu mîn schapel gerne geben wil, 135 A, 263 C, 52 E
daz beste daz ich hân.
wîzer unde rôter bluomen weiz ich vil.
die stênt sô verre in jener heide.
dâ si schône entspringent
und die vogele singent,
dâ suln wir si brechen beide.‘

3 Wenn ich sie alle anschaue,
die mir nicht ohne Grund einen großen Eindruck machen,
so bist du doch meine Herrin!
Das kann ich wohl ohne Selbstlob sagen.
Vornehm und mächtig
sind sie alle,
und überdies sind sie stolz und froh.
Vielleicht sind sie besser – du bist wirklich gut.

4 Herrin, denke darüber nach,
ob ich dir irgend etwas bedeute.
Die Liebe eines Liebenden
ist nichts, wenn nicht die des andern hinzukommt.
Liebe, die nur einer allein empfindet, taugt nichts.
Sie soll gemeinsam sein,
und zwar so gemeinsam, daß sie
zwei Herzen durchdringe und keins sonst.

## VI

1 »Nehmt, Herrin, diesen Kranz!«
So sagte ich zu einem wunderschönen Mädchen.
»Dann schmückt ihr den Tanz
mit den schönen Blumen, die ihr auf dem Kopf tragt.
Hätte ich viel edles Gestein,
das müßte auf euer Haupt,
wenn ihr mir das glauben wollt.
Seht, wie ehrlich ich es meine.

2 Ihr seid so schön,
daß ich euch meinen Kranz mit Freuden schenke,
den besten, den ich habe.
Weiße und rote Blumen weiß ich viele.
Die stehen da fern auf jener Heide,
wo sie schön sprießen
und die Vögel singen,
da wollen wir sie miteinander brechen.«

3 Si nam daz ich ir bôt W 74,28
einem kinde vil gelîch daz êre hât. 136 A, 264 C, 53 E
ir wangen wurden rôt
same diu rôse, dâ si bî der liljen stât.
do erschampten sich ir liehten ougen.
dô neic si mir schône.
daz wart mir ze lône.
wirt mirs iht mêr, daz trage ich tougen.

4 Mich dûhte daz mir nie W 75,17
lieber wurde, danne mir ze muote was. 138 A, 373 C
die bluomen vielen ie
von dem boume bî uns nider an daz gras.
seht, dô muost ich von fröiden lachen,
do ich sô wünneclîche
was in troume rîche.
dô taget ez und muos ich wachen.

5 Mir ist von ir geschehen, W 75,1
daz ich disen sumer allen meiden muoz 137 A, 272 C, 54 E
vast under diu ougen sehen:
lîhte wirt mir einiu, so ist mir sorgen buoz.
waz obe si gêt an disem tanze?
frouwe, dur iur güete
rucket ûf die hüete!
owê gesæhe ichs under kranze!

## VII

1 ,Under der linden W 39,11
an der heide, 42 B, 128 C
dâ unser zweier bette was,
dâ mugent ir vinden
schône beide
gebrochen bluomen unde gras.
vor dem walde in einem tal,
tandaradei,
schône sanc diu nahtegal.

3 Was ich ihr anbot, nahm sie
wie ein Mädchen von Stand und Ansehen.
Ihre Wangen wurden rot
wie die Rose, wenn sie neben der Lilie steht.
Da schlug sie vor Scham die strahlenden Augen nieder.
Doch verneigte sie sich anmutig vor mir.
Das wurde mein Lohn.
Wenn mir noch mehr gewährt wird, dann behalte ich das heimlich für mich.

4 Mir schien, mir war nie
wohler, als mir da zumute war.
Die Blüten fielen immerfort
von dem Baum herab zu uns in das Gras.
Seht, da mußte ich vor Freude lachen,
als ich im Traum
so reich war an Glück.
Da tagte es, und ich mußte wach sein.

5 Sie hat es dahin gebracht,
daß ich in diesem Sommer alle Mädchen
ganz genau anschauen muß.
Sicherlich finde ich die eine, und dann ist all mein Kummer dahin.
Vielleicht ist sie jetzt gerade bei diesem Tanz?
Meine Damen, seid so gut,
hebt die Hüte ein wenig.
Ach, wenn ich sie doch unter dem Kranz erblicken könnte!

## VII

1 »Unter der Linde
auf der Heide,
wo unser beider Lager war,
da könnt ihr noch
Blumen und Gras,
schön gebrochen, finden.
Vor dem Wald in einem Tal,
tandaradei,
schön sang die Nachtigall.

2 Ich kam gegangen W 39,20
zuo der ouwe, 43 B, 129 C
dô was mîn friedel komen ê.
dâ wart ich enpfangen,
hêre frouwe!
daz ich bin sælic iemer mê.
kust er mich? wol tûsentstunt.
tandaradei,
seht wie rôt mir ist der munt!

3 Dô het er gemachet W 40,1
alsô rîche 44 B, 130 C
von bluomen eine bettestat.
des wirt noch gelachet
inneclîche,
kumt iemen an daz selbe pfat.
bî den rôsen er wol mac,
tandaradei,
merken wâ mirz houbet lac.

4 Daz er bî mir læge, W 40,10
wessez iemen 45 B, 131 C
(nu enwelle got!), sô schamt ich mich.
wes er mit mir pflæge,
niemer niemen
bevinde daz, wan er und ich
und ein kleinez vogellîn,
tandaradei,
daz mac wol getriuwe sîn‘.

2 Ich kam gegangen
zu der Aue.
Da war mein Liebster schon vorher gekommen
Da wurde ich empfangen,
bei der Jungfrau Maria,
daß ich auf immer glücklich sein werde.
Küßte er mich? Wohl tausendmal,
tandaradei,
seht wie rot mein Mund ist.

3 Da hatte er
so prächtig
von Blumen ein Lager bereitet.
Darüber wird noch lächeln
voller Einverständnis,
wer des Weges daherkommt.
An den Rosen kann er genau,
tandaradei,
erkennen, wo mir der Kopf lag.

4 Daß er bei mir gelegen hat,
wenn es jemand wüßte,
(das verhüte Gott!), so schämte ich mich.
Was er mit mir tat,
niemand jemals
möge das erfahren als er und ich
und ein kleines Vögelein,
tandaradei,
das wird wohl verschwiegen sein.«

## VIII

1 Aller werdekeit ein füegerinne, W 46,32
daz sît ir zewâre, frouwe Mâze. 4 A, 69 B, 157 C, 184 E
er sælic man, der iuwer lêre hât! 16 F
der endarf sich iuwer niender inne
weder ze hove schamen noch an der strâze.
dur daz sô suoche ich, frouwe, iuwern rât,
daz ir mich ebene werben lêret.
wirbe ich nidere, wirbe ich hôhe, ich bin versêret.
ich was vil nâch ze nidere tôt,
nû bin ich aber ze hôhe siech:
unmâze enlât mich âne nôt.

2 Nideriu minne heizet diu sô swachet W 47,5
daz der lîp nâch kranker liebe ringet: 5 A, 70 B, 158 C, 185 E
diu minne tuot unlobelîche wê. 17 F
hôhiu minne heizet diu da machet
daz der muot nâch hôher wirde ûf swinget:
diu winket mir nû, daz ich mit ir gê.
mich wundert wes diu mâze beitet.
kumet diu herzeliebe, ich bin iedoch verleitet.
mîn ougen hânt ein wîp ersehen:
swie minneclich ir rede sî,
mir mac doch schade von ir geschehen.

## IX

1 Müeste ich noch geleben daz ich die rôsen W 112,3
mit der minneclîchen solde lesen! 381 C
sô wold ich mich sô mit ir erkôsen,
daz wir iemer friunde müesten wesen.
wurde mir ein kus noch zeiner stunde
von ir rôten munde,
sô wær ich an fröiden wol genesen.

## VIII

1 Urheber und Ordner aller Werte
das seid in der Tat Ihr, Frau Mâze!
Glücklich, wer Eure Lehre empfängt!
Der braucht sich Euer nirgends
zu schämen, weder am Hof noch auf der Straße.
Deshalb such ich, Herrin, Euren Rat,
daß Ihr mich lehrt, wie man um gleiche Liebe wirbt.
Denn werbe ich nieder, werbe ich hoch, so verletze ich mich.
In der niederen Minne war ich fast schon am Ende,
nun bin ich wieder bei der hohen Minne todkrank:
die fehlende Mâze läßt mich nicht ohne Qual.

2 Niedere Minne nennt man, die so erniedrigt,
daß die Sinne nur noch nach feiler Lust drängen.
Diese Minne trägt auf unrühmliche Weise Schmerz ein.
Hohe Minne nennt man, die bewirkt,
daß der Sinn sich emporschwingt zu den höchsten Werten.
Sie winkt mir jetzt, daß ich mit ihr gehen soll.
Ich frage mich, worauf Frau Mâze noch wartet.
Wenn die tiefe Zuneigung kommt, dann lasse ich mich wieder verführen.
Meine Augen haben eine Frau erblickt:
Wie liebevoll sie auch redet,
sie kann mir neue Wunden zufügen.

## IX

1 Dürfte ich doch noch erleben, daß ich die Rosen
mit der Geliebten pflückte!
Dann würde ich mich in einer Sprache mit ihr unterhalten,
daß wir auf immer als Liebende zusammengehörten.
Schenkte mir einmal
ihr roter Mund einen Kuß,
so wäre ich gesund vor Glück.

2 Waz sol lieblich sprechen? waz sol singen? W 112,10
waz sol wîbes schœne? was sol guot? 382 C
sît man nieman siht nâch fröiden ringen,
sit man übel âne vorhte tuot,
sît man triuwe milte zuht und êre
wil verpflegen sô sêre,
sô verzagt an fröiden maneges muot.

## X

1 Owê, hovelîchez singen, W 64,31
daz dich ungefüege dœne 112 C
solten ie ze hove verdringen!
daz die schiere got gehœne!
owê daz dîn wirde alsô geliget!
des sint alle dîne friunde unfrô.
daz muoz eht alsô sîn. nû sî alsô:
frô Unfuoge, ir habt gesiget.

2 Der uns fröide wider bræhte, W 65,1
diu reht und gefüege wære, 113 C
hei wie wol man des gedæhte
swâ man von im seite mære!
ez wær ein vil hovelîcher muot,
des ich iemer gerne wünschen sol.
frouwen unde hêrren zæme ez wol:
owê daz ez nieman tuot!

3 Die daz rehte singen stœrent, W 65,9
der ist ungelîche mêre 114 C
danne die ez gerne hœrent.
noch volg ich der alten lêre:
ich enwil niht werben zuo der mül,
dâ der stein sô riuschent umbe gât
und daz rat sô mange unwîse hât.
merkent wer dâ harpfen sül.

2 Was soll denn die liebliche Rede? Was das Singen?
Was denn die Schönheit der Frau? Was Besitz?
Seit man niemanden mehr nach wahrer Freude streben sieht,
seit man mit kecker Stirn Böses tut,
seit man Vertrauen, Großmut, Haltung und Ansehen
so völlig zu verspielen bereit ist,
verzagt so mancher und sieht das Glück entschwinden.

## X

1 Ach, du höfischer Sang,
daß dich derbe schrille Töne
vom Hof vertreiben konnten!
Gott möge die zur Hölle schicken!
Ach, daß du so entehrt am Boden liegst!
Darüber sind alle deine Freunde traurig.
Das muß aber wohl so sein, drum sei es so.
Frau Roheit, Ihr habt gesiegt.

2 Wer uns die höfische Freude,
die rechte angemessene Freude wiederbrächte,
oh, wie gut man von ihm dächte,
wo immer man von ihm spräche!
Es wäre eine sehr höfische Gesinnung,
die ich mir von Herzen wünschen möchte:
Damen und Herren stünde sie wohl an.
Ach, daß niemand da ist, der dies vermag.

3 Von denen, die den wahren Sang verunstalten,
gibt es unendlich viel mehr,
als von denen, die ihn zu hören wünschen.
Ich folge immer noch den alten Mustern.
Ich will mich nicht bei der Mühle ins Zeug legen,
wo der Mühlstein sich mit solchem Getöse dreht
und das Rad solche Mißtöne von sich gibt.
Überlegt doch einmal, wer da die Harfe spielen kann.

4 Die sô frevellîchen schallent, W 65,17
der muoz ich vor zorne lachen, 115 C
dazs in selben wol gevallent
mit als ungefüegen sachen.
die tuont sam die frösche in eime sê,
den ir schrîen alsô wol behaget,
daz diu nahtegal dâ von verzaget,
sô si gerne sunge mê.

5 Swer unfuoge swîgen hieze, W 65,25
waz man noch von fröiden sunge! 101 B, 116
und si abe den bürgen stieze,
daz si dâ die frôn niht twunge.
wurden ir die grôzen höve benomen,
daz wær allez nâch dem willen mîn.
bî den gebûren liez ich si wol sîn:
dannen ist si ouch her komen.

4 Über die, die da so übermütig ihren Lärm machen,
lache ich vor Zorn,
daß sie bei solchem Unfug
so sehr mit sich in Einklang sind.
Sie verhalten sich wie die Frösche in einem See,
denen ihr Gequake so gut gefällt,
daß die Nachtigall, wenn sie gern noch gesungen hätte,
mutlos ihr Singen aufgibt.

5 Wenn man Frau Roheit zum Schweigen brächte,
was man dann für Freudenlieder sänge!
Wenn man sie aus den Burgen stieße,
daß sie dort die wirklich Fröhlichen nicht bedränge!
Wenn ihr die großen Höfe weggenommen würden,
so wäre das mir gerade recht.
Bei den Bauern dürfte sie wohl bleiben;
von dort ist sie auch hergekommen.

# Wolfram von Eschenbach

## I

1 Den morgenblic bî wahtaeres sange erkôs 3,1 – 1 G
ein frouwe, dâ si tougen
an ir werden friundes árm lác.
dâ von si der freuden vil verlôs.
des muosen liehtiu ougen
aver nazzen. sî sprach: ‚ôwê tac!
wilde und zam daz fröwet sich dîn
und siht dich gérn, wán ich eine. wie sol ez mir ergên!
nu enmac niht langer hie bî mir bestên
mîn friunt. den jaget von mir dîn schîn.‘

2 Der tac mit kraft al durch diu venster dranc. 3,12 – 2 G
vil slôze sî besluzzen.
daz half niht. des wart in sorge kunt.
diu fríundîn den friunt vast an sich dwanc.
ir ougen diu beguzzen
ir beider wangel. sus sprach zim ir munt:
‚zwei herze und ein lîp hân wir.
gar ungescheiden unser triuwe mit ein ander vert.
der grôzen liebe der bín ich vil gár verhert,
wan sô du kumest und ich zuo dir.‘

3 Der trûric man nam urloup balde alsus. 3,23 – 3 G
ir liehten vel, diu slehten,
kômen nâher, swie der tac erschein.
weindiu ougen, süezer frouwen kus –
sus kunden sî dô vlehten
ir munde, ir bruste, ir arme, ir blankiu bein.
swelch schiltaer entwurfe daz,
geselleclîche als si lâgen, des waere ouch dem genuoc.
ir beider liebe doch vil sorgen truoc.
si pflâgen minne ân allen haz.

# Wolfram von Eschenbach

## I

1 Den ersten Schein des Morgens nahm beim Sang des Wächters
die Herrin wahr, dort wo sie heimlich
in den Armen ihres edlen Geliebten lag.
Dadurch wurde sie um ihr ganzes Glück gebracht.
Deshalb mußten sich ihre strahlenden Augen
wieder mit Tränen füllen. Sie sagte: »Ach, Tag!
Alle Lebewesen freuen sich über dich
und sehnen dich herbei, nur ich nicht. Was soll aus mir werden?
Nun darf mein Geliebter nicht länger hier bei mir
bleiben. Den treibt dein Licht von mir fort.«

2 Der Tag drang mit seiner ganzen Macht durch die Fenster.
Die waren mit vielen Riegeln versperrt.
Doch das half nichts. Dadurch wurden sie sich der Gefahr bewußt.
Die Geliebte drückte den Geliebten fest an sich.
Ihre Augen benetzten
ihrer beider Wangen. So sagte sie zu ihm:
»Zwei Herzen und einen Leib haben wir.
Unablöslich bleibt einer dem andern in Treue verbunden.
All mein Glück hat man mir mit Gewalt geraubt,
es sei denn, du kommst wieder und ich zu dir.«

3 Der traurige Mann nahm jetzt schnell Abschied.
Ihre schönen glatten Körper
schmiegten sich aneinander, wenn auch der Tag schon da war:
Weinende Augen, Kuß einer zärtlichen Frau –
So flochten sie da ineinander
Mund, Brust, Arme und schimmernde Beine.
Welcher Maler das darstellen wollte,
wie sie da so miteinander lagen, der hätte damit genug zu tun.
Über ihrer beider Liebe hing die Last der Gefahr.
Und doch gaben sie sich ganz einander hin.

## II

1 ‚Sîne klâwen 4,8 – 4 G
durch die wolken sint geslagen,
er stîget ûf mit grôzer kraft,
ich sich in grâwen
tegelîch, als er wil tagen,
den tac, der im gesellesсhaft
erwenden wil, dem werden man,
den ich mit sorgen în verliez.
ich bringe in hinnen, ob ich kan.
sîn vil mánigiu tugent mich daz leisten hiez.‘

2 ‚Wahtaer, du singest, 4,18 – 5 G
daz mir manige freude nimt
und mêret mîne klage.
maer du bringest,
der mich leider niht gezimt,
immer morgens gegen dem tage:
diu solt du mir verswîgen gar!
daz gebiut ich den triuwen dîn.
des lôn ich dir, als ich getar,
sô belîbet híe dér geselle mîn.‘

3 ‚Er muoz et hinnen 4,28 – 6 G
balde und ân sûmen sich.
nu gip im urloup, süezez wîp.
lâze in minnen
her nâch sô verholn dich,
daz er behalte êre unde den lîp.
er gap sich mîner triuwe alsô,
daz ich in braehte ouch wider dan.
ez ist nu tac. naht was ez, dô
mit drúcken an die brúst dîn kus mir in an gewan.‘

## II

1 »Seine Klauen
durch die Wolken sind geschlagen,
er steigt auf mit großer Kraft,
ich sehe ihn grauen,
taghaft, so wie er jetzt tagen wird,
den Tag, der ihm, dem edlen Mann,
den ich in der Nacht eingelassen habe,
das Zusammensein mit der Geliebten nehmen will.
Ich bringe ihn wieder fort, wenn ich es kann.
Seine edle Vollkommenheit gebot mir, dies zu tun.

2 »Wächter, du singst,
was mir viele Freuden nimmt
und meine Klage vermehrt.
Du bringst Kunde,
die mir zu meinem Schmerz überhaupt nicht gefallen kann,
immer morgens bei Tagesanbruch.
Die solltest du mir ganz und gar verschweigen!
Das empfehle ich dir als Gebot der Treue.
Dafür belohne ich dich, so wie ich kann,
dann bleibt mein Geliebter hier bei mir.«

3 »Er muß fort,
sogleich und ohne sich zu säumen.
Nun gewähre ihm Abschied, liebliche Frau.
Laß ihn hernach
dich im Verborgenen so lieben,
daß er Ansehen und Leben behält.
Er stellte sich meiner Treue so anheim,
daß ich ihn auch wieder sicher von dannen bringen sollte.
Es ist nun Tag. Nacht war es, als
unter Umarmungen dein Kuß mir ihn wegnahm.«

4 ‚Swaz dir gevalle, 4,38 – 7 G
wahtaer, sinc und lâ den hie,
der minne brâht und minne enpfienc.
von dînem schalle
ist er und ich erschrocken ie,
sô nínder der mórgenstern ûf gienc
ûf in, der her nâch minne ist komen,
noch ninder lûhte tages lieht.
du hâst in dicke mir benomen
von blanken armen und ûz herzen niht.‘

5 Von den blicken, 5,6 – 8 G
die der tac tet durch diu glas,
und dô wahtaere warnen sanc,
si muose erschricken
durch den, der dâ bî ir was.
ir brüstlîn an brust si dwanc.
der rîter ellens niht vergaz:
des wold in wenden wahtaers dôn.
urloup nâh und nâher baz
mit kusse und anders gap in minne lôn.

## III

1 Der helden minne ir klage 5,34 – 4 BC
du sunge ie gên dem tage,
daz sûre nâch dem süezen.
swer minne und wîplîch grüezen
alsô enpfienc,
daz si sich muosen scheiden, –
swaz dû dô riete in beiden,
dô ûf gienc
der morgensterne, wahtaere, swîc,
dâ von niht gerne sinc!

4 »Was immer du magst,
Wächter, das singe und laß den hier,
der Liebe gab und Liebe empfing.
Von deinem Ruf
sind er und ich immer schon erschreckt worden,
wenn noch nirgends der Morgenstern aufgegangen war
über ihm, der hierher zu mir gekommen war,
noch irgendwo das Licht des Tages leuchtete.
Dann hast du ihn oft schon mir genommen
aus meinen nackten Armen, aber aus dem Herzen nicht.«

5 Von den Strahlen,
die der Tag durch die Fenster warf
und als der Wächter seine Warnung sang,
da fuhr schreckliche Angst in sie
um den, der da noch bei ihr war.
Ihre zarten Brüste drängte sie an seine Brust.
Der Ritter spürte noch einmal seine Kraft.
Daran wollte ihn der Sang des Wächters hindern.
Abschied, nah und immer näher,
gab ihnen unter Küssen und mit andrem Tun der Liebe Lohn.

## III

1 Die Klage der heimlichen Liebe
sangst du von jeher dem Tag entgegen,
das Bittere nach dem Süßen.
Wer immer Liebe und Zärtlichkeit der Geliebten
nur unter der Bedingung empfing,
daß sie sich schon bald wieder scheiden mußten –
was immer du den beiden rietst,
als aufging
der Morgenstern, Wächter, schweig,
davon sing von nun an nicht mehr.

2 Swer pflíget oder íe gepflac, 6,1 – 5 BC
daz er bî líeben wîben lac,
den merkaeren unverborgen,
der darf nicht durch den morgen
dannen streben.
er mac des tages erbeiten.
man darf in niht ûz leiten
ûf sîn leben.
ein offeniu süeze wirtes wîp
kan sölhe minne geben.

## IV

1 ‚Von der zinnen 6,10 – 6 BC
wil ich gên, in tagewîse
sanc verbern.
die sich minnen
tougenlîche, und obe si prîse
ir minne wern,
sô gedenken sêre
an sîne lêre,
dem lîp und êre
ergeben sîn.
der mich des baete,
deswâr ich taete
ime guote raete
und helfe schîn.
ritter, wache, hüete dîn!

2 Wer es aber so hält oder jemals zu halten pflegte,
daß er im Arm seiner Geliebten lag,
ohne es den Aufpassern zu verbergen,
der braucht nicht des Tages wegen
von dannen zu hasten.
Er kann den Tag ruhig abwarten.
Man braucht ihn auch nicht hinauszugeleiten
unter Gefahr für sein Leben.
Eine rechtmäßige zärtliche Ehefrau
kann solche Liebe gewähren.

## IV

1 »Von der Zinne
will ich jetzt gehen, und mit diesem Tagelied
meinen Sang lassen.
Und wenn auch die, die sich da
im Verborgenen lieben,
ihrer beider Zuneigung ehrt,
so sollen sie doch auch zu ihrem Schmerz
an dessen Mahnung denken,
dem sie Leben und Ansehen
anvertraut haben.
Wenn mich jemand darum ersuchte,
wahrlich ich gäbe ihm
guten Rat
und wirkliche Hilfe.
Ritter, wach auf, nimm dich in acht!

2 Niht verkrenken 6,25 – 7 CB
wil ich aller wahter triuwe
an werden man.
niht gedenken
solt du, frouwe, an scheidens riuwe
ûf kunfte wân.
ez waere unwaege,
swer minne pflaege,
daz ûf im laege
meldes last.
ein sumer bringet,
daz mîn munt singet:
durch wolken dringet
tágender glast.
hüete dîn, wache, süezer gast!‘

3 Er muos eht dannen, 6,40 – 8 BC
der si klagen ungerne hôrte.
dô sprach sîn munt:
‚allen mannen
trûren nie sô gar zerstôrte
ir fröiden vunt.‘
swie balde ez tagete,
der unverzagete.
an ir bejagete,
daz sorge in flôch.
unfrömedez rucken,
gar heinlîch smucken,
ir brüstel drucken
und mê dannoch
urloup gap, des prîs was hôch.

2 Nicht herabsetzen will ich bei diesem edlen Mann
die Treue aller Wächter.
Nicht denken
sollst du, Herrin, an den Schmerz des Abschieds
in der Hoffnung auf sein Wiederkommen.
Es wäre eine starke Belastung,
wenn auf dem, der sich der Liebe hingibt,
auch noch
die Aufgabe der Warnung läge.
Der Sommer bringt es mit sich,
daß ich singe:
durch Wolken dringt
der Schimmer des anbrechenden Tages.
Nimm dich in acht, wach auf, edler Gast.«

3 Er mußte jetzt wirklich fort,
dem ihre Klage ins Herz schnitt.
Da sagte er:
»Keinem Manne
zerstörte jemals Trauer so völlig
das erlebte Glück.«
Wie rasch es auch tagte,
der unerschrockene Mann
erlangte noch einmal durch sie,
daß aller Schmerz ihn verließ.
Inniges Zusammenrücken,
vertrautes Sichaneinanderschmiegen,
Streicheln ihrer Brüste
und mehr noch
gewährte der Abschied, der hoch bezahlt wurde.

# Neidhart von Reuental

## I

1 Ein altiu diu begunde springen Wi 3,2
hôhe alsam ein kitze enbor. sie wolde bluomen bringen. C 210
,tohter, reich mir mîn gewant!
ich muoz an eines knappen hant,
der ist von Riuwental genant.
traranuretun traranuriruntundeie.'

2 ,Muoter, ir hüetet iuwer sinne! Wi 3,8
erst ein knappe sô gemuot, er pfliget niht staeter minne.' C 211
,tohter, lâ mich âne nôt!
ich weiz wol, waz er mir enbôt.
nâch sîner minne bin ich tôt.
traranuretun traranuriruntundeie.'

3 Dô sprachs' ein alte in ir geile: Wi 3,15
,trûtgespil, wol dan mit mir! ja ergât ez uns ze heile. C 212
wir suln beid nâch bluomen gân.
war umbe solte ich hie bestân,
sît ich sô vil geverten hân?
traranuretun traranuriruntundeie.'

## II

1 Diu sunne und ouch die bluomen hânt ir hoehe hin geneiget. Wi 50,38 R 28,1; c 86,1; d 12,1
ir vil liehter schîn beginnet truoben alle tage.
des sint diu kleinen vogelîn ir sanges gar gesweiget
(deist vor allem leide mînes senden herzen klage)
und der walt
muoz von sûren winden ungevüegen schaden dulden.
ich hazze den winder kalt.
disiu nôt kumt gar von sînen schulden.
er unde ein wîp diu machent mich in kurzen tagen alt.

# Neidhart von Reuental

I

1 Eine alte Frau sprang
hoch wie ein Rehkitz in die Lüfte. Sie wollte Blumen bringen.
»Tochter, reich mir mein Kleid!
Ich muß an die Hand eines Knappen,
der ›von Riuwental‹ heißt.
Traranuretun traranuriruntundeie.«

2 »Mutter, verliert nicht völlig den Verstand!
Der Knappe gehört zu denen, die nicht treu sein können.«
»Tochter, laß mich in Ruhe!
Ich weiß, was er mir angeboten hat.
Nach seiner Minne bin ich ganz krank.
Traranuretun traranuriruntundeie.«

3 Da rief sie einer anderen Alten in ihrer Ausgelassenheit zu:
»Liebste, komm doch mit! Das tut uns beiden gut.
Wir werden uns beide der Sommerlust hingeben.
Weshalb sollte ich hier bleiben,
wo ich doch so viele Gespielen habe?
Traranuretun traranuriruntundeie.«

II

1 Die Sonne und die Blumen sind dahin gesunken.
Ihr heller Schein trübt sich von Tag zu Tag.
Dadurch wird der Sang der kleinen Vöglein völlig zum Schweigen gebracht
(das ist vor allem Schmerz der Kummer meines sehnsüchtigen Herzens)
und der Wald
wird von den harten Stürmen schlimm heimgesucht.
Ich hasse den kalten Winter.
An diesem Unheil ist er ganz allein schuld.
Er und eine Frau die bringen mich schon bald ins Grab.

2 Diu wil mit beiden ôren niht gehoeren, swaz ich singe. Wi 51,7
kunde ich sanfte rûnen, daz vernaeme sî mir gar. R 28,2; c 86,2;
unsaelic müeze er sîn, der mich von ir genâden dringe, d 12,2
swelhen ende er kêre, daz er nimmer wol gevar!
ich vergaz
ir mit triuwen nie, nu tuot si mir sô toubez ôre
ie lenger sô ie baz.
des bin ich mit guotem willen tôre.
mir schadent getelinge, waene ich, durch den alten haz.

3 Die wâren des gerüemic disen sumer an der strâzen, Wi 51,16
dô man sagete, daz ich singen wolde mêr verloben. R 28,3; c 86,3;
ir etelîcher möhte sîn gemüffe gerner lâzen. d 12,3
dem sîn gämelîche zimt als einem, der wil toben.
Ellenhart
treit an sînem buosem ein vil waehez vürgespenge.
er unde Regenwart
habent mit den wîben ir gerenge.
jâ sint si doch zewâre beide niht von hôher art.

4 Ich gevriesch bî mînen jâren nie gebûren alsô geile, Wi 51,25
sô die selben zwêne sint und etelîcher mêr. R 28,4; d 12,4
wie wol si noch verkoufent, daz si tôren vüerent veile!
got geb in den market, daz man sî mit vollen wer!
Beremuot
hât mit in vil mangen liehten vîretac geloufen.
wirt sîn gelücke guot,
er mac sînen merz vil wol verkoufen.
erst aber ungewunnen, treit er sînen hiubelhuot.

2 Die will mit beiden Ohren nicht hören, was ich singe.
Könnte ich leise wispern, das vernähme sie bis zum kleinsten Laut.
Verflucht sei, wer mich aus ihrer Huld verdrängt,
wohin er sich auch wendet, es soll ihm niemals gut gehen!
Treu wie ich bin
vergeß ich sie nie. Nun hat sie für mich jedoch nur taube Ohren,
je länger, je tauber.
Und deshalb bin ich in meiner Gutmütigkeit ein solcher Dummkopf.
Ich glaube, die Dörfler wollen aus alter Feindschaft mein Verderben.

3 Die rühmten sich dessen diesen Sommer auf der Straße,
als man erzählte, daß ich das Singen ein für allemal aufgeben wollte.
Mancher von ihnen, dem seine Ausgelassenheit so steht wie einem Verrückten,
sollte sein spöttisches Verhalten lieber unterlassen.
Ellenhart
trägt an seiner Brust eine kostbare Spange.
Er und Regenwart
haben mit den Frauen ihr Gerangel:
dabei sind sie doch beide wirklich nicht von hoher Abstammung.

4 Ich sah während meines Lebens nie so übermütige Bauern,
wie die beiden und noch einige andere mehr.
Wie die Toren das wohl noch preisgeben müssen, was sie feilbieten!
Gott schenke ihnen den Markt, auf dem man sie gänzlich ausbezahlt.
Beremuot
ist manchen hellen Feiertag mit ihnen gelaufen.
Wenn er Glück hat,
kann er seine Ware gut verkaufen.
Er ist aber unverwundbar, wenn er seinen Helm trägt.

5 Dar durch ist er mit swerten in sîn houbet unverschrôten. Wi 51,34 R 28,5
dar zuo treit er ouch ein hôhez collier umbe den kragen.
erst ûf und ûf gezieret wol mit einem tuoche rôten.
daz sol jungen mägden an dem tanze wol behagen.
Megengôz
brüttet sich gein in: er dünket sich sô ragehüffe.
des üppikeit ist grôz.
ich weiz niht, wes sich der tôre güffe.
vor im genaese niemen, würd joch im ein drüzzelstôz.

6 Ich hân von oeden ganzen alle wîle her gesungen, Wi 52,3
die mich nie sô sêre gemüeten, dâ ze Riuwental. R 28,6; d 12,9
er hât in disem sumer an einer mägde hant gesprungen,
diu sîn doch niht naeme, und hiet si aller manne wal.
afterreif
hât sîn langez swert mit einem schîbelohten knophe.
dô man die tänze sleif,
dô reit er daz houbet ûf dem krophe.
unverwendeclîchen, waen, er nâch ir hüffel greif.

7 Mich hât ein ungetriuwer tougenlîchen an gezündet, Wi 52,12
hât mir vil verbrant, des mîniu kindel solten leben. R 28,7; d 12,6
diu leit sîn unserm trehtîn und den friunden mîn gekündet!
ich hân nû dem rîchen noch dem armen niht ze geben.
mir ist nôt,
gebent mir die friunt mit guotem willen brandes stiuwer.
gewinne ich eigen brôt,
ich gesanc nie gerner danne ouch hiuwer.
jâ fürhte ich, daz ich ê vil dicke werde schamerôt.

5 Dadurch ist er für Schwertschläge auf den Kopf unempfindlich.
Überdies trägt er noch einen hohen Kragen um den Hals.
Er ist über und über geschmückt mit rotem Tuch.
Das soll den jungen Mädchen beim Tanz Eindruck machen.
Megengoz
hat rasendes Verlangen nach ihnen, seine steilen Hüften hält er für unwiderstehlich.
Sein Übermut ist ungeheuer.
Ich weiß nicht, worauf der Tor sich etwas einbildet.
Vor ihm könnte sich niemand retten, würde ihm ein Stoß aufs Maul zuteil.

6 Ich habe die ganze Zeit von widerwärtigen Gänserichen gesungen,
die mich nie so sehr bekümmert haben dort in Riuwental.
Er hat diesen Sommer an der Hand eines Mädchens getanzt,
die ihn doch nicht nähme, auch wenn sie alle Männer zu ihrer Wahl hätte.
Einen Ring
mit einem scheibenförmigen Knauf hat sein langes Schwert.
Als man beim Tanze schritt,
da drehte er auf seinem Hals den Kopf so geckenhaft zur Seite.
Ich glaube, er griff die ganze Zeit nach ihrer Hüfte.

7 Mir hat ein hinterhältiger Mensch heimlich das Haus angezündet,
und hat mir viel von dem verbrannt, wovon meine Kinder leben sollten.
Der Kummer sei unserem Herrn und meinen Freunden verkündet!
Ich habe nun weder dem Reichen noch dem Armen etwas zu geben.
Ich habe es nötig,
daß mir die Freunde aus freien Stücken die Brandsteuer schenken.
Komme ich aber selbst wieder zu eigenem Brot,
dann sänge ich mit größerer Lust, als ich in diesem Jahr singen würde.
Wahrlich, ich fürchte, zuvor werde ich noch oft vor Scham erröten.

## Trutzstrophe

8 ‚Nu hân ich snoeden schimpf gerochen, erküelet mîn gemüete c 86,3; d 12, 5
an mînem vînt von Riuwental', sprach jener Ellengôz.
‚ich hân im stadel unde korn gemachet zeiner glüete.
des muoz er disen winter sîn der liute hûsgenôz.
sô wê sîn,
daz er ie gesanc ûf mich, daz ich waer ragehüffe!
ein wazzer heizt der Rîn.
waz, ob ich mich al dâ hin verlüffe?
ich tet im doch ze Riuwental vil liehten funken schîn.'

## III

1 Kint, bereitet iuch der sliten ûf daz îs! Wi 38,9
da ist der leide winder kalt: R 27,1; C 139;
der hât uns der wünneclîchen bluomen vil benomen. c 106, 1
manger grüenen linden stênt ir tolden grîs,
unbesungen ist der walt.
daz ist allez von des rîfen ungenâden komen.
mugt ir schouwen, wie er hât die heide erzogen?
diust von sînen schulden val.
dar zuo sint die nahtigal
alle ir wec geflogen.

2 Wol bedörfte ich mîner wîsen friunde rât Wi 38,19
umbe ein dinc, als ich iu sage, R 27, 2; C 141;
daz si rieten, wâ diu kint ir freuden solten phlegen. c 106, 2
Megenwart der wîten stuben eine hât.
obz iu allen wol behage,
dar sul wir den gofenanz des vîretages legen.
ez ist sîner tohter wille, kom wir dar.
ir sultz alle ein ander sagen.
einen tanz alum die schragen
brüevet Engelmâr.

## Trutzstrophe

8 »Nun habe ich eine schnöde Beleidigung gerächt und mein Mütchen gekühlt
an meinem Feind von Reuental,« sagte jener Ellengoß.
»Ich habe ihm Scheune und Korn in Glut verwandelt,
darum muß er in diesem Winter bei den Leuten Unterschlupf suchen.
Wehe ihm,
daß er, mich verspottend, sang, ich hätte so steile Hüften.«
Es gibt ja den Fluß Rhein,
was, wenn ich mich dort versteckte?
Zu Reuental habe ich ihm jedenfalls gezeigt, was Funken sind.

## III

1 Ihr jungen Leute, macht euch die Schlitten fertig für das Eis!
Da ist nun der böse Winter kalt.
Der hat uns die vielen wunderschönen Blumen geraubt.
Die Kronen vieler grüner Linden stehen grau da.
Im Wald gibt es keinen Gesang mehr.
Das ist alles durch die Unerbittlichkeit des Frostes gekommen.
Wollt ihr sehen, wie er die Heide verwandelt hat?
Die ist durch ihn fahl geworden.
Überdies sind die Nachtigallen
alle schon weggeflogen.

2 Gut könnte ich den Rat meiner verständigen Freunde
gebrauchen in einer Sache, die ich euch jetzt nenne:
daß sie nämlich rieten, wo die jungen Leute
ihren Vergnügungen nachgehen könnten.
Megenwart hat eine weiträumige Stube.
Wenn ihr alle einverstanden seid,
werden wir den Gofenanz des Feiertages dorthin verlegen.
Es ist der Wunsch seiner Tochter, daß wir dorthin kommen.
Ihr sollt es alle einander weitersagen.
Einen Tanz rund um die Tische,
so etwas bereitet Engelmar vor.

3 Wer nâch Künegunde gê, des wert enein! Wi 38,29
der was ie nâch tanze wê. R 27,3; C 142;
ez wirt uns verwizzen, ist daz man ir niht enseit. c 106,3
Gîsel, ginc nâch Jiuten hin und sage in zwein,
sprich, daz Elle mit in gê!
ez ist zwischen mir und in ein starkiu sicherheit.
kint, vergiz durch niemen Hädewîgen dâ,
bit sie balde mit in gân!
einen site si sulen lân:
binden ûf die brâ.

4 Got gebiete den jungen wîben über al, Wi 38,39
die der mâze wellen sîn, R 27,4; C 143;
daz si hôchgemuoten mannen holdez herze tragen, c 106,4
ruckenz vorne hôher, hinden hin ze tal,
decken baz daz näckelîn!
war zuo sol ein tehtier âne ein collier umbe den kragen?
wîp sint sicher um daz houbet her gewesen,
daz et in daz niemand brach.
swaz in anderswâ geschach,
des sints ouch genesen.

5 Eppe zuhte Geppen Gumpen ab der hant, Wi 39,10
des half im sîn drischelstap. R 27,5; C 145;
doch geschiet ez mit der riutel meister Adelber. c 106,6
daz was allez umbe ein ei, daz Ruopreht vant.
jâ, waen, imz der tievel gap.
dâ mit drôte er im ze werfen allez jenenther.
Eppe der was beidiu zornic unde kal.
übellîchen sprach er: ‚tratz!'
Ruopreht warf imz an den glatz,
daz ez ran ze tal.

3 Wer zu Kunigunde gehen soll, darüber werdet euch einig!
Die war schon immer scharf aufs Tanzen.
Wir werden ausgescholten, wenn man ihr nichts davon sagt.
Gisel, geh zu Jiute und sage den beiden,
Daß Elle mit ihnen kommen soll!
Zwischen mir und ihnen besteht eine feste Verabredung.
Mädchen, vergiß auf gar keinen Fall Hedwig,
bitte sie, daß sie sofort mit ihnen kommen soll.
Einen Brauch sollen sie lieber lassen:
die Haube bis auf die Augenbrauen herabziehen.

4 Gott möge allen jungen Frauen,
die sich so verhalten,
daß sie edlen, stolzen Männern gewogen sind, gebieten,
die Hauben vorne etwas höher, hinten etwas tiefer zu ziehen,
und lieber den Nacken zu verdecken.
Wozu braucht man eine Sturmhaube, die den Hals freiläßt?
Um den Kopf herum sind Frauen bisher stets sicher gewesen,
daß niemand ihnen den zermalmt hat.
Was ihnen anderswo zustieß,
das haben sie auch überlebt.

5 Eppe zog dem Gumpe die Geppe aus der Hand,
dabei half ihm sein Dreschflegel.
Aber Meister Adelber brachte sie mit dem Stock auseinander.
Alles drehte sich um ein Ei, das Ruprecht gefunden hatte.
Wirklich, ich glaube, der Teufel hatte es ihm gegeben.
Damit drohte er ihm zu werfen durch die ganze Länge des Saales.
Eppe, der war beides: zornig und kahl.
Bösartig sagte er: »Feigling!«
Ruprecht warf es ihm an den Glatzkopf,
daß es herunterrann.

6 Frideliep bî Götelinde wolde gân. Wi 39,20
des het Engelmâr gedâht. R 27,7; C 144;
wils iuch niht verdriezen, ich sag iu daz ende gar: c 106, 5
Eberhart der meier muoste ez understân.
der wart zuo der suone brâht.
anders waere ir beider hende ein ander in daz hâr.
zwein vil oeden ganzen giengen sî gelîch
gein ein ander al den tac.
der des voresingens phlac,
daz was Friderîch.

7 Hie envor dô stuont sô schône mir mîn hâr, Wi 39,30
umbe und umbe gie der spân. R 27,6; C 140;
des vergaz ich, sît man mich ein hûs besorgen hiez. c 106, 7
salz und koren muoz ich koufen durch daz jâr.
wê, waz het ich im getân,
der mich tumben ie von êrste in disen kumber stiez?
mîne schulde wâren kleine wider in.
mîne flüeche sint niht smal,
swanne ich dâ ze Riuwental
unberâten bin.

6 Friedlieb wollte bei Gotelind tanzen,
das hatte Engelmar im Sinn gehabt.
Wenn es euch nicht langweilt, dann erzähle ich euch sogleich das Ende:
Eberhard, der Meier, mußte den Streit schlichten.
Der wurde zur Versöhnung herbeigeholt.
Sonst wären sie einander mit den Händen in die Haare gefahren.
Wie zwei widerwärtige Gänseriche fuhren sie
den ganzen Tag aufeinander los.
Wer übrigens Vorsänger war,
das war Friedrich.

7 Vor einiger Zeit noch stand mir das Haar so gepflegt,
rundherum waren Locken.
Das habe ich völlig aufgegeben, seit man mir auftrug, ein Haus zu versorgen.
Salz und Korn muß ich nun das ganze Jahr über kaufen.
Ach, was hatte ich dem getan,
der mich törichten Mann zuerst in dieses Unglück stieß?
Ich habe mir nichts gegen ihn zuschulden kommen lassen.
Meine Flüche sind nicht gerade zahm,
wenn ich dort in Riuwental
völlig hilflos sitze.

# Otto von Botenlauben

## I

1 ‚Wie sol ich den ritter nû gescheiden 19 C, Niune 29 A
und daz vil schœne wîp
die dicke bî ein ander wâren ê?
den rât ich an rehten triuwen beiden
und ûf ir selber lîp
daz sie sich scheiden und er dannen gê.
mâze ist zallen dingen guot.
lîp und êre ist unbehuot,
ob man iht langer lît.
ichn singe eht anders niht wan: es ist zît.
stant ûf, ritter!‘

2 ‚Dîn kuslîch munt, dîn lîp klâr unde süeze, 20 C, Niune 30 A
dîn drucken an die brust,
dîn umbevâhen tuont mich hie betagen.
daz ich noch bî dir betagen müeze
ân aller fröiden vlust!
sô daz geschiht, son dürfen wir niht klagen.
dîn minne ist gar ein zange mir,
si klemmet mich, ich muoz ze dir,
gienc ez mir an den lîp.‘
‚dichn lât der tac, daz klage ich, sendez wîp.‘
‚stant ûf, ritter!‘

3 ‚Hœrestu, friunt, den wahter an der zinnen 21 C, Niune 31 A, namenlos M nr. 48
wes uns sîn sanc vergiht?
wir müezen uns nu scheiden, lieber man.
alsus muost du leider von mir hinnen,
owê mir der geschiht
daz uns diu naht sô flühteclîche entran.
naht gît senfte, wê tuot tac.
owê, herzelieb, in mac
dîn wol vergezzen niet.
uns nimt der fröide gar des wahtaers liet.‘
‚stant ûf, ritter!‘

# Otto von Botenlauben

I

1 »Wie soll ich den Ritter
und die schöne Frau nun voneinander trennen,
die so oft schon beieinander waren?
Da rate ich beiden in rechter Treue
und auf eigene Gefahr,
daß sie sich trennen und er von dannen gehe.
Maßhalten ist bei allen Dingen richtig.
Leben und Ansehen stehen auf dem Spiel,
wenn sie länger liegen bleiben.
Ich singe also nichts anders als: es ist Zeit.
Steh auf, Ritter!«

2 »Dein begehrenswerter Mund, deine schöne, erregende Gestalt,
dein inniges Andrängen an meine Brust,
deine Umarmung – sie lassen mich den Tagesanbruch hier erleben.
All dies möchte ich noch mit dir erleben,
ohne alle Freude zu verlieren.
Wenn das sein wird, dann brauchen wir nicht mehr zu klagen.
Deine Liebe ist wie eine Zange für mich,
sie packt mich, ich muß zu dir,
kostete es auch mein Leben.«
»Der Tag läßt es nicht zu, das beklage ich, ich sehnsüchtige Frau.«
»Steh auf, Ritter!«

3 »Hörst du, Geliebter, den Wächter auf der Zinne,
was sein Sang uns verkündet?
Wir müssen uns trennen, lieber Freund.
So mußt du zu meinem Schmerz fort.
Ach, ich Arme,
daß uns die Nacht so schnell dahinrann.
Die Nacht gibt Ruhe, der Tag tut weh.
Ach, Herzliebster, ich werde
immer an dich denken.
Das Lied des Wächters nimmt uns unser ganzes Glück.«
»Steh auf, Ritter!«

# Ulrich von Singenberg

1 Sumer unde sumerwünne A 36
wünnent niht ze rehte sich,
noch die vogel in ir künne,
noch die liute, dunket mich.
nû waz sol ich danne singen,
obe ich gerne singen wil,
sît unvuoge wil verdringen
alliu fröidehaften spil?

2 Höveschlich tanzen, frœlich lachen A 37
was bî niuwen zîten wert.
daz wil wætlich widerswachen,
sô daz mans ze nihte gert.
rouben, brennen, übel râten,
daz ist nû ein gæber site.
doch die enz dâ gerne tâten
was do wæn ich baz dâ mite.

3 Waz kan wíbe unt wíbes êren A 38, C 47
unde ir güete sin gelîch,
diez ze guote wellen kêren?
dan ist niht sô sælden rîch.
obe daz iender wirt gekrenket,
daz liht einiu missetuot,
swer dâ krankes zuo gedenket
allen wîben, dast niht guot.

4 Ich weiz eine in hôhem muote, A 39
diust sô gar ein wîbîn wîp,
unde ir sin stât sô ze guote,
solde eht iemer wîbes lip
herze freun, daz sî wol solde
mannes herze machen frô.
erst niht man, der daz niht wolde:
alse ich bin, ich wolte ez sô.

# Ulrich von Singenberg

1 Sommer und Sommerfreude
kommen nicht recht zur Entfaltung,
auch nicht die Vögel in ihren Schwärmen
noch, so scheint mir, die Leute.
Nun, was soll ich denn noch singen
(wenn es mich drängt zu singen),
seit unhöfisches Verhalten
alle höfische Geselligkeit vertreiben will?

2 Höfisches Tanzen, fröhliches Lachen
das war vor kurzem noch etwas wert.
Es wird sicherlich so dahinschwinden,
daß man es überhaupt nicht mehr begehren wird.
Rauben, Brennen, üble Ratschläge,
das ist jetzt gang und gäbe.
Doch die, die das andere mit Vergnügen taten,
fühlten sich, so mein ich, wohler dabei.

3 Was kann Frauen, ihrem Ansehen
und ihrer Güte vergleichbar sein,
wenn sie lautere Absichten haben?
Dann gibt es überhaupt nichts Beglückenderes.
Wenn das irgendeinmal dadurch abgeschwächt wird,
daß vielleicht eine sich falsch verhält,
wer dann gleich schlecht denkt
von allen Frauen, der handelt falsch.

4 Ich kenne eine Frau von so edler Gesinnung,
die ist so ganz der Inbegriff einer Frau
und all ihr Sinnen ist so sehr auf das Gute gerichtet,
daß sie, wenn überhaupt eine Frau
ein Herz erfreuen kann, sehr wohl
das Herz eines Mannes froh zu machen vermag.
Der ist kein Mann, der das nicht möchte.
So wie ich bin, möchte ich es so.

5 Sun die alten vür die jungen A 40, C 48
freude gern, daz missezimt:
da ist des rehtes reht verdrungen,
swa'z unwæger für genimt.
doch wirt mit der wægern schanze
manic vil wætlîch spil verlorn
unde an trügelîchem glanze
dicke sûr für süeze erkorn.

Wenn die Älteren vor den Jungen
auf Glück aus sind, dann geziemt sich das nicht.
Da ist das Recht des Rechtes dahin,
wo das Unangemessene sich vordrängt.
Es wird aber mit dem vorteilhaften Glückswurf
so manches schöne Spiel verloren,
und bei trügerischem Schein wird
oft das Bittere für das Süße gehalten.

# Der Markgraf von Hohenburg

1 ‚Ich wache umb eines ritters lîp
und umb dîn êre, schœnez wîp.
wecke in, frouwe!
got gebe daz ez im wol ergê,
daz er erwache und nieman mê.
wecke in, frouwe!
niht langer bît,  est an der zît!
ich bite ouch niht wan dur den willen sîn.
wiltun bewarn,  sô heiz in varn.
verslâfet er sich, sô ist gar diu schulde dîn.
wecke in, frouwe!‘

10 C, Niune
32 A,
Eyn sanc 1 o
$43^{va}$

2 ‚Din lîp der müeze unsælic sîn,
wahtære, und al daz wecken dîn!
slâf geselle!
dîn wachen daz wær allez guot,
dîn wecken mir unsanfte tuot.
slâf geselle!
wahtære, in hân  dir niht getân
wan allez guot, daz mir wirt selten schîn.
du gerst des tages  dur daz du jages
vil sender fröiden von dem herzen mîn.
slâf geselle!‘

11 C, Niune
33 A,
Eyn sanc 2 o
$43^{vb}$

3 ‚Dîn zorn der sî dir gar vertragen:
der ritter sol niht hie betagen,
wecke in, frouwe!
er gap sich ûf die triuwe mîn.
do bevalch ich in den êren dîn.
wecke in, frouwe!
vil sælic wîp,  sol er den lîp
verliesen, sô sîn wir mit im verlorn.
ich singe, ich sage,  est an dem tage.
nu wecke in, wande in wecket doch mîn horn.
wecke in, frouwe!‘

12 C, Niune
34 A,
Eyn sanc 3 c
$43^{vb}$

# Der Markgraf von Hohenburg

1 »Ich wache um einen Ritter
und um deine Ehre, schöne Frau.
Wecke ihn auf, Herrin!
Gott gebe, daß es gut für ihn ausgeht
und er erwacht und niemand sonst.
Wecke ihn auf, Herrin!
Warte nicht länger, es ist an der Zeit!
Ich bitte auch nur um seinetwillen.
Willst du ihn beschützen, dann laß ihn ziehen.
Verschläft er, so bist ganz und gar du schuld.
Wecke ihn auf, Herrin!«

2 »Sei verflucht,
Wächter, und all dein Rufen!
Schlafe, Geliebter!
Dein Wachen wäre ja schön,
aber es tut mir weh, daß du geweckt wirst.
Schlafe, Geliebter!
Wächter, ich habe dir nichts anderes getan
als Gutes, aber davon habe ich selbst nichts.
Du wünschst den Tag herbei, damit du
mein Liebesglück aus meinem Herzen vertreibst.
Schlafe, Geliebter!«

3 »Dein Zorn sei dir verziehen.
Der Ritter darf hier nicht den Tag erleben.
Wecke ihn auf, Herrin!
Er hat sich völlig meiner Treue anvertraut.
Da habe ich ihn dann deiner Verantwortung übergeben.
Wecke ihn auf, Herrin!
Teure Frau, wenn er das Leben verliert,
so sind wir mit ihm verloren.
Ich singe, ich sage, der Tag ist da.
Nun wecke ihn, denn mein Horn weckt ihn doch.
Wecke ihn auf, Herrin!«

# Hiltbolt von Schwangau

## I

1 Ich wil aber der lieben singen, 11 C
der ich ie mit triuwen sanc,
ûf genâde und ûf gedingen,
daz mir trûren werde kranc.
bî der ich alsô schône
an eime tanze gie,
ir zæme wol diu krône.
sô schœne wîp wart nie.
Elle und Else tanzent wol,
des man in beiden danken sol.

2 Ine gesach sô tugentrîche 12 C
frouwen nie, des muoz ich jehen,
noch sô rehte minneclîche,
swaz ich frouwen hân gesehen.
des ist si vor in allen
gewaltic iemer mîn.
si muoz mir wol gevallen,
si süezer sælden schrîn.
Elle und Else tanzent wol,
des man in beiden danken sol.

3 Sælic sî diu süeze reine, 13 C
sælic sî ir rôter munt.
sælic sî die ich dâ meine,
sælic sî sô süezer funt,
sælic sî diu süeze stunde,
sælic sî daz ich si ersach,
sælic sî dô sî mich bunde:
diu bant si noch nie zerbrach.
Elle und Else tanzent wol,
des man in beiden danken sol.

# Hiltbolt von Schwangau

## I

1 Ich will wieder für die Geliebte singen,
für die ich immer in Treue sang,
um ihrer Huld und um der Hoffnung willen,
daß mein Kummer aufhöre.
Sie, mit der ich so schön
beim Tanze schritt,
könnte wohl eine Krone tragen.
Nie zuvor gab es eine so schöne Frau.
Elle und Else tanzen so niedlich,
dafür soll man beiden Beifall geben.

2 Wie viele Frauen ich auch gesehen habe,
niemals – das muß ich gestehen –
habe ich eine erblickt, die so vollkommen
und so liebreizend war.
Daher ist sie vor allen anderen
auf immer meine Herrin.
Sie muß mir gut gefallen,
Sie, ein Schatzkästlein süßer Glückseligkeit.
Elle und Else tanzen so niedlich,
dafür soll man beiden Beifall geben.

3 Gepriesen sei die süße Edle,
gepriesen sei ihr roter Mund,
gepriesen sei sie, die ich da lieb habe,
gepriesen sei ein so lieblicher Fund,
gepriesen sei die süße Stunde,
gepriesen, daß ich sie erblicken durfte,
gepriesen die Stunde, da sie mich in Fesseln schlug.
Die Fesseln hat sie noch nie gelöst.
Elle und Else tanzen so niedlich,
dafür soll man beiden Beifall geben.

# Burkhart von Hohenfels

## I

1 Sî gelîchet sich der sunnen, 42 C
diu den sternen nimt ir schîn,
die dâ vor sô liehte brunnen.
alsus nimt diu frouwe mîn
allen wîben gar ir glast.
si sint deste unschœner niht.
êre ist ir, si ist niht ir gast.
alle tugent sî gar zündet,
daz der werlte fröide kündet.
dâ von man ir prîses giht.

2 Dô mîn wilder muot vil tougen 43 C
streich nâch fröide in elliu lant,
dô lûhtèn ir liehten ougen.
er fuor dar, dâ von si in bant
mit ir stæten wîbes zuht.
ich viel mit im in den stric.
wir hân von ir keine fluht,
wir hân aber den gedingen,
daz ir spilnden ougen swingen
unde unṣ werfen einen blic.

3 Dô mîn muot sît wolde fliegen 44 C
alse ein valke in fröiden gir,
sô moht er si niht betriegen.
er muos aber wider zir,
von der er verstolne flouc.
er vórhtè, si næme es war,
ob er sî mit wandel trouc
unde er anders wolde denken.
dô dûhte in, si solde wenken.
alsô swanc er wider dar.

# Burkhart von Hohenfels

I

1 Sie gleicht der Sonne,
die die Sterne verblassen läßt,
die zuvor so hell schienen.
Ebenso nimmt meine Herrin
allen anderen Frauen völlig ihren Glanz.
Diese sind aber darum keineswegs weniger schön.
Ehre kommt ihr zu, sie ist ihr nicht fremd.
Alle Tugend bringt sie zum Entflammen,
so daß sie von der Freude der Welt kündet.
Deshalb rühmt man sie.

2 Da mein wilder Sinn heimlich
im Flug in allen Ländern nach Freude suchte,
da leuchteten ihre strahlenden Augen.
Er stieß darauf zu, so kam es, daß sie ihn fesselte
mit der feinen Sittsamkeit ihrer weiblichen Beständigkeit.
Zusammen mit dem ›Sinn‹ wurde auch ich verstrickt.
Wir können nicht fliehen vor ihr,
wir haben aber die Hoffnung,
daß ihre leuchtenden Augen sich umwenden
und uns einen Blick zuwerfen.

3 Da mein ›Sinn‹ später wieder davonfliegen wollte,
wie ein Falke in der Gier nach Lust,
da mochte er sie nicht hintergehen.
Er mußte immer wieder zu ihr hin,
von der er heimlich fortgeflogen war.
Er fürchtete, sie nähme es wahr,
wenn er sie mit Wankelmut betröge
und sich anders ausrichten wollte.
Da dachte er, sie könnte sich abwenden.
Also flog er wieder dorthin zurück.

## II

1 Wir sun den winder   in stuben enpfâhen,   1 C
wol ûf, ir kinder,   ze tanze sun wir gâhen!
volgent ir mir,
sô sun wir smieren   und zwinggen und zwieren   nâch liep-
lîcher gir

2 Schône umbeslîfen   und doch mit gedrange.   2 C
breste uns der pfîfen,   sô vâhen ze sange,
respen den swanz.
sô sun wir rucken   und zocken und zucken.   daz êret
den tanz.

3 Nieman verliese   sîner fröiden gewinne,   3 C
ie der man kiese   sîn trût daz er minne.
sanfte daz tuot.
swie si dâ wenke,   sô trefs anz gelenke,   daz kützelt
den muot.

4 Nieman sol stœren   die minne ûz dem muote!   4 C
er wil si tœren:   si wehset von huote.
liep âne wanc,
swie si doch smucket,   si luodert, si lucket   ir friundes
gedanc.

5 Fröide uns behuote   vor sorclîchen dingen.   5 C
slîchendem muote   'z gevider lânt swingen.
nieman sol toben.
wenket si dicke   die smierenden blicke,   daz reizet zem
kloben.

## II

1 Wir sollen den Winter in der Stube freundlich empfangen!
Wohlauf, ihr jungen Leute, wir wollen zum Tanze eilen!
Wenn ihr mir folgt,
dann werden wir lächeln und zwinkern und blinzeln nach ver-
liebter Begierde

2 und uns schön rundum drehen, hübsch dicht beieinander.
Fehlt es uns an Pfeifen, so werden wir singen,
die Schleppe raffen.
So sollen wir hin- und herschieben und zerren und drängen. Das
muß beim Tanz ja so sein.

3 Niemand soll seinen Lustgewinn einbüßen,
jeder soll sich das Mädchen wählen, das er gernhat.
Das tut gut!
Wenn sie mal stolpert, dann greif nach ihrer Taille! Das kitzelt die
Sinne.

4 Niemand soll die Minne aus seinem Sinn vertreiben.
Sucht er sie zu täuschen, dann wird sie durch Nachstellung nur
größer.
Beständige Liebe,
wie immer sie auch auftritt, sie reizt und lockt die Phantasie des
Geliebten.

5 Freude soll uns vor allem Schlimmen bewahren.
Laßt die Niedergeschlagenheit wieder die Flügel empor-
schwingen.
Niemand soll ein Narr sein.
Läßt sie die verheißungsvollen Blicke oft schweifen, dann verlockt
das zur Falle.

# Gottfried von Neifen

## I

1 Sælic sî diu heide! 16 C
sælic sî diu ouwe!
sælic sî der kleinen vogellîne süezer sanc!
bluomen, loup, diu heide
stânt in manger schouwe,
diu der kalte winter hiure mit sînem froste twanc.
dien ist an ir fröiden wol gelungen.
alsô möhte ouch ich an mînen fröiden widerjungen,
trôste mich ein rôter munt nâch dem mîn herze ie ranc.

2 Mir was, wie mîn swære 17 C
hæte ein lieplîch ende,
dô mir seite ein bote, ich solte in fröiden frœlîch sîn.
ich was fröidebære,
sorge was ellende
in mîm herzen, dô ich wânde, ir mundes rôter schîn
der wold in mîn herze lieplîch lachen.
alsô kan diu Minne ein wunder an uns beiden machen.
Minne, tuo mir swie du wellest. der gewalt ist dîn.

3 Rôter munt, nu lache, 18 C
daz mir sorge swinde.
rôter munt, nu lache, daz mir sendez leit zergê.
lachen du mir mache,
daz ich fröide vinde.
rôter munt, nu lache, daz mîn herze frô bestê.
sît dîn lachen mir gît hôchgemüete,
neinâ, rôter munt, sô lache mir durch dîne güete
lachelîche, rœselehte: wes bedörfte ich mê?

## Gottfried von Neifen

### I

1 Gepriesen sei die Heide!
Gepriesen sei die Aue!
Gepriesen sei der süße Gesang der kleinen Vögel!
Blumen, Laub, die Heide,
die der kalte Winter in diesem Jahr mit seiner Kälte bedrängte,
zeigen sich jetzt in vielfacher Gestalt.
Die haben alle neue Freuden gewonnen.
Ebenso möchte auch ich an meinen Freuden wieder jung werden,
wenn mich nämlich ein roter Mund tröstet,
nach dem immer schon mein Herz sich sehnte.

2 Mir war zumute, als ob meine Qual
doch noch ein freudenvolles Ende nähme,
als mir der Bote sagte, ich dürfte glücklich und froh sein.
Ich war auch voller Freude,
alle Sorge war fern
von meinem Herzen, als ich glaubte, der rote Glanz ihres Mundes
der würde lieblich in mein Herz hinein erstrahlen.
So kann die Minne an uns beiden ein Wunder vollbringen.
Minne, tu mit mir, wie immer du willst. Du hast die Gewalt.

3 Roter Mund, nun lache,
daß mir die Sorge schwindet.
Roter Mund, nun lache, daß sich meine Liebessehnsucht auflöst.
Mache auch, daß ich lache,
damit ich Freude finde.
Roter Mund, nun lache, daß mein Herz freudig bleibt.
Da dein Lachen mich froh und stolz macht,
wirklich, roter Mund, so schenke mir aus Güte ein Lachen
lachend, rosig – was bräuchte ich mehr?

4 Minnenclîch gedinge 19 C
fröit mich mange stunde,
daz mich trœste ein rôter munt des ich noch nie vergaz.
minnenclîch gelinge,
obe ich daz dâ funde,
sône kunde mir ûf erde niemer werden baz.
rôter munt, hilf mir von senden nœten!
âne got sô kan dich nieman alse wol gerœten;
got der was in fröiden dô er dich als ebene maz.

5 Wolde mir diu hêre 20 C
sende sorge ringen,
daz næm ich für vogel sanc und für der bluomen schîn,
und mir nâch ir lêre
ruochte fröide bringen,
seht, sô wær mîn trûren kranc und wolde in fröiden sîn.
hilf mir, helferîchiu süeze Minne!
twinc die lieben sam si hât betwungen mîne sinne,
unze sie bedenke mînen senelîchen pîn.

## II

1 ‚Sol ich disen sumer lanc 188 C
bekumbert sîn mit kinden,
sô wær ich vil lieber tôt.
des ist mir mîn fröide kranc,
sol ich niht zen linden
reigen. owê dirre nôt!
wigen wagen, gugen gagen,
wenne wil ez tagen?
minne minne, trûte minne, swîc, ich wil dich wagen.

4 Hoffnung in der Minne
gibt mir manche Stunde Freude,
daß mich ein roter Mund tröste, den ich noch nie vergessen konnte.
Gelingen in der Minne,
wenn ich das fände,
so könnte mir auf Erden nie Besseres geschehen.
Roter Mund, hilf mir aus Liebesqual!
Außer Gott kann dich niemand so schön röten.
Gott war in guter Laune, als er dich so ebenmäßig geschaffen hat.

5 Wenn mir die Edle
Liebesqual vermindern wollte,
so nähme ich das für Vogelsang und für den Glanz der Blumen;
und wenn sie geruhte,
mir Freude zu spenden,
seht, so schmölze meine Trauer dahin und ich würde in Freude leben.
Hilf mir, hilfreiche, süße Minne!
Zwing die Geliebte so wie sie meine Sinne bezwungen hat,
bis sie meiner Liebesqual inne werden mag.

## II

1 »Soll ich den ganzen Sommer lang
mit der Sorge um Kinder beschwert sein,
dann wäre ich lieber tot.
So ist mein Glück dahin,
wenn ich nicht bei den Linden
den Reihen tanzen darf. Ach, welch schlimme Aussicht!
Wigen wagen, gugen gagen,
wann will es nur tagen?
Liebe, Liebe, Liebe mein, sei still, ich will dich wiegen.

2 Amme, nim daz kindelîn, 189 C
daz ez niht enweine,
alse liep als ich dir sî.
ringe mir die swære mîn:
du maht mich aleine
mîner sorgen machen frî.
wigen wagen, gugen gagen,
wenne wil ez tagen?
minne minne, trûte minne, swîc, ich wil dich wagen.‘

2 Amme, damit es nicht weint,
nimm du doch das Kind,
wenn ich dir irgend lieb bin.
Lindere mir meine Bedrängnis:
du allein kannst mich
aus meiner Notlage befreien.
Wigen wagen, gugen gagen,
wann will es nur tagen?
Liebe, Liebe, Liebe mein, sei still, ich will dich wiegen.«

# Kristan von Hamle

1 Ich wolte daz der anger sprechen solte 4 C
als der sitich in dem glas
und er mir danne rehte sagen wolte
wie gar sanfte im hiure was,
dô mîn frouwe bluomen las
abe im und ir minnenclîchen füeze
ruorten ûf sîn grüenez gras.

2 Hêr Anger, waz ir iuch fröide muostet nieten, 5 C
dô mîn frouwe kom gegân
unde ir wîzen hende begonde bieten
nâch iuwern bluomen wolgetân.
erloubet mir, hêr grüener Plân,
daz ich mîne füeze setzen müeze
dâ mîn frouwe hât gestân.

3 Hêr Anger, bitet daz mir swære büeze 6 C
ein wîp nâch der mîn herze stê.
sô wünsche ich daz ir blôzen wîzen füeze
noch hiure müezen ûf iu gê.
sô geschadet iu niemer snê.
wirdet mir von ir ein lieplîch grüeze,
sô gruont mîn herze als iuwer klê.

# Kristan von Hamle

1 Ich wollte, der Anger könnte sprechen
so wie der Sittich im Glaskäfig,
und könnte mir dann genau sagen,
wie angenehm ihm heute zumute war,
als meine Herrin Blumen pflückte
in ihm und ihre lieblichen Füße
sein grünes Gras durchschritten.

2 Herr Anger, welches Glück mußte euch erregen,
als meine Herrin gegangen kam
und ihre weißen Hände
nach euren schönen Blumen ausstreckte.
Erlaubt mir, Edler vom Grünen Plan,
daß ich meine Füße dort niedersetzen darf,
wo meine Herrin gestanden hat.

3 Herr Anger, bittet, daß die Frau,
nach der mein Herz verlangt, mir mein Leid wendet.
So wünsche ich, daß sie mit bloßen Füßen
noch heute über euch hinschreite.
Dann tut euch der Schnee keinen Schaden mehr.
Wird mir von ihr ein lieblicher Gruß zuteil,
dann grünt mein Herz wie euer Klee.

# Markgraf Heinrich von Meißen

1 Nu sint die liehten langen sumertage 14 [15] C
mir aber âne fröide hin gescheiden.
waz hilfet daz ich senden kumber klage
der lieben diu mich lât in senden leiden?
doch muoz ir minneclîcher schîn
vor allen wîben
in mînem herzen hiute und iemer sîn.
owê, sol ich niht frô bî ir belîben!

2 Wil diu vil hêre daz ich frô bestê, 15 [16] C
sô sol ir rôter múnt gűetlich lachen
daz von getriuwes herzen grunde ûf gê.
sô wirt erlôst mîn herze ûz senden sachen.
geschiht des niht, owê der nôt,
sô muoz verswinden
mîn hôher muot und ist mîn fröide tôt.
daz niht ergât, sol ich genâde vinden.

3 Dô ich die minneclîchen êrst an sach, 16 [17] C
dô bran ir munt daz sich mîn herze enzunde.
dâ von sô lîde ich sendez ungemach.
daz hât gewert dâ her vil lange stunde,
und wirde ouch niemermê gesunt
von mînen wunden,
mich heile danne ir rôserôter munt.
des kus hilft mir, und anders niht, gesunden.

# Markgraf Heinrich von Meißen

1 Nun sind die hellen langen Sommertage
mir wieder ohne Glück dahingeschieden.
Was hilft es, daß ich meine Liebessehnsucht
der Liebsten klage, die mich im Liebesschmerz beläßt?
Dennoch soll ihr strahlender Liebreiz,
der sie über alle Frauen erhebt,
heute und immer in meinem Herzen sein.
Ach, darf ich denn nicht froh mit ihr bleiben.

2 Will sie, die hohe Frau, daß ich froh bleibe,
so soll ihr roter Mund mir ein freundliches Lächeln schenken,
daß es vom Grunde eines treuen Herzens aufsteigt.
Dann wird mein Herz aus seinem Liebesschmerz erlöst.
Geschieht das aber nicht, o weh der Qual,
dann wird vergehen
mein stolzer hoher Sinn und auch die Freude ist dann tot.
Was alles nicht geschieht, erlange ich nur ihre Huld.

3 Als ich die liebliche Frau zuerst erblickte,
da flammte ihr Mund, so daß sich mein Herz entzündete.
Dadurch erlitt ich Liebesnot,
die bis jetzt schon sehr lange Zeit angedauert hat.
Und ich werde auch niemals wieder
von meinen Wunden erlöst,
wenn nicht ihr rosenfarbener Mund mich heilt.
Sein Kuß und nichts sonst kann mir helfen zu gesunden.

# Ulrich von Lichtenstein

## I

1 In weiz wiech singe 5 C, 7$^{c}$ L
von der naht: diu gît mir fröide niht.
mîn hôhgedinge
der lît an dem tage, wan er ist liht.
ouch ist sîn schîn
der frouwen mîn
vil gelîch. des müeze er sælic sîn.

2 Er mac von schulden 6 C
loben die naht, der sæliclîchen lît.
sô muoz ich dulden
sendiu leit. dâ von trag ich ir nît
und lobe den tac,
swenn ich si mac
sehen, diu mir wol heilet sorgen slac.

3 Den tac ich êre, 7 C
dô ich die vil guoten êrste sach.
sît immer mêre
gab diu naht mir leit und ungemach.
si ist mir gram,
und ich ir sam.
wol dir tac, vil sælic sî dîn nam.

4 Sô mich besezzen 8 C
nahtes habent die sorge alsam diu mar,
des wirt vergezzen
sâ, sô mir der tac erschînet klâr.
sô kümt ein wân,
daz ich sül gân
die vil schœnen tougen sehen an.

# Ulrich von Lichtenstein

## I

1 Ich weiß nicht, wie ich singen soll
von der Nacht: die gewährt mir kein Glück.
Meine höchste Hoffnung
setze ich auf den Tag, denn der ist hell.
Auch ist sein Schein
meiner Herrin
sehr ähnlich. Daher sei er gesegnet.

2 Der mag mit Grund
die Nacht preisen, der freudenvoll ruht.
Dagegen muß aber ich
Liebessehnsucht erleiden. Deshalb bin ich der Nacht feind
und rühme den Tag,
immer wenn ich sie sehen
kann, die mich vom Druck der Sorgen befreit.

3 Den Tag halte ich in Ehren,
an dem ich die Edle zum ersten Mal erblickte.
Seither brachte mehr und mehr
die Nacht mir Kummer und Unglück.
Sie ist mir übel gesonnen
und ich ihr auch.
Preis dir, o Tag, selig sei dein Name.

4 Wenn nächtens die Sorgen
auf meiner Brust sitzen wie die Nachtmahre,
so schwinden sie dahin,
wenn mir dann der Tag hell erscheint.
Dann kommt mir der Gedanke,
zu gehen
und die Schöne heimlich anzuschauen.

5 Vil gerne ich wolde 9 C
loben die naht, ergienge ez immer sô
daz ich ir solde
nâhen ligen diu mich nu tuot unfrô.
wer wære ich dan,
ich sælic man!
wê daz mirs diu guote niht engan.

## II

1 Sumervar 139 C, 96$^{d}$ L
ist nu gar
beide velt
anger walt:
hie und dâ
wiz, rôt, blâ,
gel, brûn, grüen,
wol gestalt.
wünneclîch,
fröiden rîch
ist gar swaz diu erde treit.
sælic man,
swer sô kan
dienen daz sîn arebeit
im liebe leit.

2 Swem got gît 140 C
daz er lît
liebe, der
mac wol sîn
sunder leit.
imst bereit
zaller zît
meien schîn.
im ist wol,
swanne er sol
spiln der minne fröiden spil.
fröiden leben
kan wol geben
werdiu minne swem si wil:
si hât sîn vil.

5 Mit Freuden wollte ich
die Nacht preisen, wenn es immer so wäre,
daß ich nahe bei ihr
liegen dürfte, die mich jetzt so traurig macht.
Wer wäre ich dann,
ich seliger Mann!
Oweh, daß sie mir das nicht gewährt.

## II

1 Sommerfarben
überall
Feld
Anger und Wald:
hier und da
weiß, rot, blau,
gelb, braun, grün,
in schöner Form.
Wonniglich,
reich an Freuden
ist nun alles, was die Erde trägt.
Selig der,
der so
dienen kann, daß seine Anstrengung
ihm Glück bringt.

2 Wem Gott gibt,
daß er mit Freuden
gebettet ist, der
mag wohl
ohne Leid sein.
Ihm ist
zu allen Zeiten
Maienglanz bereitet.
Ihm ist wohl,
denn er darf
der Liebe Freudenspiel betreiben.
Ein Freudenleben
kann, wenn sie will,
die edle Minne geben.
Sie hat davon genug.

3 Swem ein wip 141 C
sînen lîp
minneclîch
umbevât,
ob der niht
sælden giht,
daz ist grôz
missetât.
imst geschehen,
wil ers jehen,
dâ von im wirt trûren kranc.
sunder meil
ist sîn heil,
swem von linden armen blanc
wirt umbevanc.

4 Sælden hort 142 C
ist ein wort
daz ein kus
in gegît,
sô ir spil
minne wil
spiln und liep
liebe lît.
ob dâ iht
ougen liht
lieplîch sehen ein ander an?
jâ für wâr,
dâ wirt gar
minneclîchen wol getân
swaz ieman kan.

3 Wem eine Frau
den Leib
lieblich
umfängt,
wenn der nicht
sich Seligkeit zuspricht,
so ist das eine große
Verfehlung.
Ihm ist etwas geschehen
– wenn er es zugibt –
wovon seine Trauer schwindet.
Ohne Makel
ist sein Glück,
wenn er von zarten weißen Armen
umfangen wird.

4 Hort des Glücks
ist ein Wort,
das ein Kuß
ihm gewährt,
wenn ihr Spiel
Liebe
spielen will und der Liebende
mit Freuden gebettet ist.
Ob da etwa
Augen vielleicht
einander freundlich ansehen?
Ja, wahrlich,
da wird sich jeder ganz
zärtlich verhalten,
wie er nur kann.

5 Minnen solt 143 C
wirt geholt
volleclîch
dâ ein man
unde ein wîp
umbe ir lîp
lâzent vier
arme gân,
decke blôz.
fröide grôz
wirt dâ beidenthalben kunt.
ob dâ niht
mêr geschiht,
kleinvelhitzerôter munt
wirt minnen wunt,
dar nâch gesunt.

5 Der Lohn der Minne
wird dort
vollkommen erlangt,
wo ein Mann
und eine Frau
um ihre Körper
vier Arme
legen,
hüllenlos.
Großes Glück
wird da von beiden erfahren.
Wenn da nicht
mehr geschieht,
der zarthäutige, brennend rote Mund
wird von der Liebe wund,
doch nachher wieder heil und gesund.

# Der Tannhäuser

1 Der winter ist zergangen, C 265 b – d
daz prüeve ich ûf der heide.
aldar kam ich gegangen;
guot wart mîn ougenweide

2 Von den bluomen wolgetân.
wer sach ie so schoenen plân?
der brach ich zeinem kranze,
den truoc ich mit tschoie zuo den frouwen an dem tanze.
welle ieman werden hôchgemuot, der hebe sich ûf die schanze!

3 Dâ stêt viol unde klê,
sumerlaten, gamandre,
die werden zîtelôsen,
ôstergloien vant ich dâ, die liljen und die rôsen.
dô wunschte ich, daz ich sant mîner frouwen solde kôsen.

4 Si gap mir an ir den pris,
daz ich waere ir dulz amis
mit dienste disen meien;
durch si sô wil ich reien.

5 Ein fores stuont dâ nâhen,
aldar begunde ich gâhen.
dâ hôrte ich mich enpfâhen
die vogel alsô suoze.
sô wol dem selben gruoze!

6 Ich hôrt dâ wol tschantieren,
die nachtegal toubieren.
aldâ muost ich parlieren
ze rehte, wie mir waere:
ich was ân alle swaere.

# Der Tannhäuser

1 Der Winter ist vorbei,
das sehe ich an der Heide.
Dorthin war ich gegangen;
was ich sah, gefiel mir.

2 Wer sah jemals einen so schönen Teppich
von prachtvollen Blumen?
Von denen pflückte ich welche zu einem Kranz,
den trug ich mit Lust zu den tanzenden Frauen.
Wenn jemand frohgemut werden will, der soll sein Glück probieren!

3 Da stehen Veilchen und Klee,
junge Sprößlinge, Gamander,
edle Narzissen,
Osterglocken sah ich dort, Lilien und Rosen.
Da wünschte ich mir, zusammen mit meiner Herrin zu plaudern.

4 Sie erwies mir die Ehre,
daß ich mit meinem Dienst
in diesem Frühling ihr süßer Freund sein durfte.
Für sie will ich dieses Tanzlied singen.

5 Ein Wald war da in der Nähe,
dorthin eilte ich.
Da hörte ich, daß mich die Vögel
herzlich empfingen.
Gesegnet sei ein solcher Gruß!

6 Ich hörte dort die Nachtigall
schön singen und flöten.
Da mußte ich dann reden
so recht nach meiner Stimmung:
ich war völlig unbeschwert.

7 Ein riviere ich dâ gesach:
durch den fores gienc ein bach
ze tal übr ein plâniure.
ich sleich ir nâch, unz ich si vant, die schoenen crêatiure:
bi dem fontâne saz diu klâre, süeze von faitiure.

8 Ir ougen lieht und wolgestalt,
si was an sprüchen niht ze balt,
man mehte si wol lîden;
ir munt ist rôt, ir kéle ist blanc,
ir hâr reitval, ze mâze lanc,
gevar alsam die sîden.
solde ich vor ir liegen tôt, in mehte ir niht vermîden.

9 Blanc alsam ein hermelîn
wâren ir diu ermelîn.
ir persône diu was smal.
wol geschaffen überal.

10 Ein lützel grande was si dâ,
smal geschaffen anderswâ.
an ir ist niht vergezzen:
lindiu diehel, slehtiu bein, ir füeze wol gemezzen.
schoener forme ich nie gesach, diu min côr hât besezzen.
an ir ist elliu volle.
dô ich die werden erest sach, dô huop sich min parolle.

11 Ich wart frô
und sprach dô:
‚frouwe mîn,
ich bin dîn, du bist mîn,
der strît der müeze iemer sîn!
du bist mir vor in allen.
iemer an dem herzen mîn muost du mir wol gevallen.
swâ man frouwen prüeven sol, dâ muoz ich für dich schallen,
an hübsch und ouch an güete.
du gîst aller contrate mit tschoie ein hôchgemüete.‘

7 Einen Fluß sah ich dort:
durch den Wald floß ein Bach
hinab über eine Lichtung.
Ich ging ihr nach, bis ich das schöne Wesen sah.
An der Quelle saß die strahlende, die süße Wohlgestalt.

8 Ihre Augen sind hell und schön geformt,
sie war in ihrer Rede nicht zu kühn,
man konnte sie wohl gernhaben.
Ihr Mund ist rot, ihr Hals ist weiß,
ihr Haar blondgelockt, von richtiger Länge,
von Aussehen wie Seide.
Sollte ich auch tot vor ihr liegen, ich kann sie nicht aufgeben.

9 Weiß wie Hermelin
waren ihre feinen Arme.
Ihre Gestalt war schlank,
überall wohlgeformt.

10 Hier war sie ein wenig üppig,
anderswo wieder ganz zart gebaut.
Nichts ist an ihr vergessen worden:
weiche Schenkel, gerade Beine, hübsch geformte Füße.
Eine schönere Figur, die mein Herz in Bann schlug, habe ich nie gesehen.
An ihr ist alles vollkommen.
Als ich die edle Frau zuerst sah, da wurde ich ganz beredt.

11 Ich wurde froh
und sagte da:
»Meine Herrin,
ich bin dein, du bist mein,
der Wettstreit möge nie aufhören!
Du stehst für mich über allen anderen Frauen.
Immer sollst du mir in meinem Herzen gefallen.
Wo immer man Frauen miteinander
vergleicht, da muß ich Zeugnis für dich ablegen
für deine Schönheit und Güte.
Du versetzt alle Länder in freudige Stimmung.«

12 Ich sprach der minneclîchen zuo:
‚got und anders nieman tuo,
der dich behüeten müeze!‘
ir parol der was süeze.

13 Sâ neic ich der schoenen dô.
ich wart an mînem libe frô
dâ von ir saluieren.
si bat mich ir tschantieren
von der linden esten
und von des meien glesten.

14 Dâ diu tavelrunde was,
dâ wir dô schône wâren,
daz was loup, dar under gras,
si kunde wol gebâren.

15 Da was niht massenie mê
wan wir zwei dort in einem klê.
si leiste, daz si solde,
und tet, daz ich dâ wolde.

16 Ich tet ir vil sanfte wê,
ich wünsche, daz ez noch ergê.
ir zimet wol daz lachen.
dô begunden wir beide dô ein gemellichez machen.
daz geschach von liebe und ouch von wunderlîchen sachen.

17 Von amûre seit ich ir,
daz vergalt si dulze mir.
si jach, si lite ez gerne,
daz ich ir taete, als man den frouwen tuot dort in Palerne.

18 Daz dâ geschach, dâ denke ich an.
si wart mîn trût und ich ir man.
wol mich der âventiure!
erst iemer saelic, der si siht,
sît daz man ir des besten giht.
si ist alsô gehiure.
elliu granze dâ geschach von uns ûf der plâniure.

12 Ich sagte zu der Lieblichen:
»Gott selbst und niemand sonst
soll dich beschützen.«
Ihre Antwort war einfach süß.

13 Da verneigte ich mich vor der Schönen.
Ich wurde ganz vergnügt
über ihren Gruß.
Sie bat mich, ihr
von den Ästen der Linde
und von dem Glanz des Frühlings zu singen.

14 Dort wo die Tafelrunde war,
und wo wir uns so wohl fühlten
da gab es Laub, darunter Gras.
Sie verstand es, sich reizend zu benehmen.

15 Da gab es keine anderen Leute
als wir zwei dort im Kleefeld.
Sie tat, was sie sollte
und erfüllte, was ich wollte.

16 Ich tat ihr auf eine sanfte Weise weh.
Ich wünschte, es könnte noch einmal geschehen.
Ihr steht das Lachen sehr gut.
Da trieben wir beide ein vergnügliches Spiel.
Das geschah aus Liebe und wegen anderer seltsamer Dinge.

17 Von Liebe sprach ich ihr,
das vergalt sie mir in süßer Weise.
Sie sagte, sie würde es gerne haben,
daß ich es so mit ihr triebe, wie man in Palermo mit den Frauen umgeht.

18 Was da geschah, daran denke ich noch.
Sie wurde meine Geliebte, ich ihr Mann.
Welch ein Erlebnis!
Der schätzt sich auf immer glücklich, der sie anschaut,
da man ihr nur das Beste nachrühmt.
Sie ist ja so reizend.
Dort auf der Lichtung erlaubten wir uns, alles zu tun, was wir wollten.

19 Ist iemen, dem gelinge baz,
daz lâze ich iemer âne haz.
si was sô hôhes muotes,
daz ich vergaz der sinne.
got lône ir alles guotes!
sô twinget mich ir minne.

20 Waz ist daz, daz si mir tuot?
allez guot, hôhen muot
habe ich von ir iemer.
in vergizze ir niemer.

21 Wol ûf, wol ûf, Adelheit!
du solt sant mir sîn gemeit.
wol ûf, wol ûf, Irmengart!
du muost aber an die vart.

22 Díu niht enspríngет, diu treit ein kint.
sich frőunt algemeíne, die dir sint.

23 Dort hoer ich die flöuten wegen,
hie hoer ich den sumber regen.
der uns helfe singen,
disen reien springen,
dem müeze wol gelingen
zallen sînen dingen!

24 Wâ sint nu diu jungen kint,
daz si bi uns niht ensint?

25 So saelic si mîn Künigunt!
solt ich si küssen tûsentstunt
an ir vil rôsevarwen munt,
sô waere ich iemer mê gesunt,
diu mir daz herze hât verwunt
vaste unz ûf der minne grunt.

26 Dâz ist enzwei.
heía nu heí!

27 Des vídelaeres seíte
dér ist enzwei.

19 Wenn es jemanden gibt, der es noch besser trifft,
dann habe ich nichts dagegen.
Sie begeisterte mich so,
daß mir meine Sinne schwanden
(Gott belohne sie für alles Gute!),
so sehr bringt ihre Minne mich um den Verstand.

20 Was macht sie mit mir?
Nur Gutes. Höchste Lebensfreude
habe ich immer durch sie,
ich kann sie nie mehr vergessen.

21 Wohlauf, Adelheid!
Du sollst zusammen mit mir fröhlich sein.
Auf, auf Irmgard!
Du mußt wieder mit.

22 Die nicht tanzt, die bekommt ein Kind.
Alle, die hier sind, die sind miteinander vergnügt.

23 Dort hör ich die Flöten einsetzen,
hier höre ich die Handtrommel schlagen.
Wer mit uns dieses Tanzlied
singen und tanzen will,
dem soll gelingen
bei allem, was er sich wünscht.

24 Wo sind jetzt die jungen Leute,
daß sie nicht hier bei uns sind?

25 Gepriesen sei meine Kunigunde!
Dürfte ich sie tausendfach
auf ihren rosigen Mund küssen,
sie, die mir das Herz
tief bis auf den Grund verwundet hat,
so wäre ich auf immer gesund.

26 Das Herz ist entzwei,
heia nun hei!

27 Des Fiedlers Saite
ist entzwei.

# Ulrich von Winterstetten

## I

1 Komen ist der winter kalt, 140 C
– wâfenâ der leide! –
der uns twinget bluomen unde klê.
loubes hât er vil gevalt.
ich was ûf der heide,
dâ siht man den rîfen und den snê.
wê mir, wê, wes fröiwe ich mich
daz ich aber singe?
hæte ich sinne, sô swig ich.
wan daz mich gedinge
fröiwet, son gesunge ich niemer mê.
hundert wundert wâ si sî.
in dem muote ist mir diu guote
stæteclîchen bî.

2 Wer gesach ie schœner wîp 141 C
alder baz geschaffen
danne als ich si zeinem mâle sach?
ir vil minneclîcher lîp
huop gen mir sîn klaffen.
hœret wie diu tugende rîche sprach.
‚ach und ach, wie tump ir sît,
welt irz iemer trîben?
iuwer dienst niht fröide gît
hôhgemuoten wîben.
gât, ir tuot uns michel ungemach.‘
hundert wundert wâ si sî.
in dem muote ist mir diu guote
stæteclîchen bî.

# Ulrich von Winterstetten

## I

1 Der kalte Winter ist gekommen
– weh über dieses Leid! –,
der uns mit Gewalt Blumen und Klee fortnimmt.
Viel Laub hat er herabfallen lassen.
Ich war auf der Heide,
da sieht man schon Reif und Schnee.
Ach, aber ach, worüber freue ich mich eigentlich,
daß ich wieder singe?
Wäre ich bei Verstand, so würde ich schweigen.
Wenn mich nicht die Hoffnung
nährte, so sänge ich niemals mehr.
Hundert wundert, wo sie denn sei:
in meinem Sinn ist die Edle
beständig bei mir.

2 Wer sah jemals eine Frau schöner
oder besser geschaffen
als so, wie ich sie einmal erblickte?
Lieblich wie sie war,
begann sie mich heftig zu schelten:
Hört, wie die Edle da sprach:
»Ach, aber ach, wie töricht ihr seid,
wollt ihr es immer so treiben?
Euer Minnedienst bereitet
hochgesinnten stolzen Frauen keine Freude.
Geht, ihr macht uns nur großen Verdruß.«
Hundert wundert, wo sie denn sei:
in meinem Sinn ist die Edle
beständig bei mir.

3 Dô diu rede ergienc alsus, 142 C
mir begunde leiden,
wan mir was ir hulde gar verseit.
ich sprach ‚solte ich âne kus
hinnân von iu scheiden?‘
sî sprach ‚lose, ern weiz, wes ars er treit!
mir ist leit daz iemer man
sol dar an gedenken
alder der niht fuoge kan.
jâ liez ich in henken
nû ê daz er ruorte an mîn kleit.‘
hundert wundert wâ si sî.
in dem muote ist mir diu guote
stæteclîchen bî.

## II

1 ‚Ist iht mêre schœnes‘ 11 C
sprach ein altez wîp,
‚dann des der schenke singet?
dast ein wunder grôz.
wê mir dis gedœnes
daz mir dur den lîp
und dur diu ôren dringet.
des mich ie verdrôz.
wan si gelfent sînen sanc tac unde naht
in dirre gazzen,
unde ist er doch hübschem sange niht geslaht:
man sol in hazzen.‘
daz erhôrte ich sâ:
‚alter hiute wagen, des bist dû sô grâ.‘

3 Als diese Rede so erging,
da wurde mir traurig zumute.
Denn sie sprach mir ihre Huld so gänzlich ab.
Ich sagte: »Sollte ich ohne Kuß
von euch hinweg gehen?«
Sie sagte: »Höre! Er kennt wohl seinen eigenen Arsch nicht!
Mir ist es unerträglich, daß jemals ein Mann
auch nur daran denken sollte,
noch dazu einer, der kein Benehmen hat.
In der Tat, ich ließe ihn auf der Stelle
hängen, bevor er auch nur mein Kleid anrührte.«
Hundert wundert, wo sie denn sei:
in meinem Sinn ist die Edle
beständig bei mir.

## II

1 »Gibt es sonst nichts Schöneres mehr«,
so sagte eine alte Frau,
»als das, was der Schenke singt?
Darüber muß man sich wundern.
Weh mir über dieses Getöse,
das mir durch den Leib
und durch die Ohren dringt.
Das hat mich schon immer geärgert.
Denn sie schreien seine Lieder Tag und Nacht
auf der Gasse,
und er ist doch zu einem feinen Lied gar nicht fähig.
Man muß ihn hassen.«
Das bekam ich da zu hören:
»Alter Ledersack, darum bist du so grau.«

2 ‚Hœrâ‘, sprach diu junge, 12 C
‚wes bist im gehaz?
dur got mich des bescheide,
liebez müeterlîn.
obe er iht guotes sunge,
wen beswæret daz?
jâ tuot er nieman leide.
er muoz frœlich sîn!‘
‚dâ wolt er dich vernent mir genomen hân
an mînem bette.
kumt der übel tiuvel her, ich wil dich lân,
ê deich dich rette.‘
daz erhôrte ich sâ:
‚alter hiute wagen, des bist dû sô grâ.‘

3 ‚Liebiu muoter schœne‘ 13 C
sprach daz megetîn,
‚du solt dich baz bedenken:
erst unschuldic dran.
niht sô rehte hœne,
liebe, lâz ez sîn.
du zürnest an den schenken
der dâ singen kan.
ûf mîn triuwe, ez was im ûz der mâze leit.
ez tet sîn bruoder.‘
din alte sprach: ‚ir keiner hât bescheidenheit,
und wære ein fuoder.‘
daz erhôrte ich sâ:
‚alter hiute wagen, des bist dû sô grâ.‘

2 »Hör zu«, sagte die Junge,
»weshalb bist du ihm feind?
Bei Gott, sage es mir,
liebes Mütterlein.
Wenn er nichts Schönes singt,
wem tut das weh?
Fürwahr, er tut niemandem etwas zu Leide.
Laß ihn doch in Ruhe!«
»Da wollte er dich mir letztes Jahr
auf meinem eigenen Bett gewaltsam nehmen.
Kommt dieser böse Teufel hierher, ich gebe dich preis,
bevor ich Anstalten mache, dich zu retten.«
Das bekam ich da zu hören:
»Alter Ledersack, darum bist du so grau.«

3 »Liebe, gute Mutter«,
sagte das Mädchen,
»du sollst es dir besser überlegen:
er ist ganz schuldlos daran.
Sei nicht so überaus zornig,
du Liebe, laß es doch gut sein.
Du zürnst dem Schenken,
der sich auf das Singen versteht.
Bei meiner Treue, es tat ihm ungeheuer leid.
Es tat nämlich sein Bruder.«
Die Alte sagte: »Keiner von ihnen weiß sich zu benehmen,
und wärens tausend.«
Das bekam ich da zu hören:
»Alter Ledersack, darum bist du so grau.«

4 ‚Dû gestant dien liuten 13a C
umbe ir tôrheit bî‘,
sô sprach der megde muoter,
‚dû bist missevarn.
waz sol ez betiuten?
dû bist alze frî.
du minnest niemen guoter,
vil unsælic barn.
wænest dir der schenke gebe sînen sanc
den er dâ singet?
dû bist niht diu schœnste diu in ie betwanc
ald noch betwinget.‘
daz erhôrte ich sâ:
‚alter hiute wagen, des bist dû sô grâ.‘

5 Sî begunde singen 14 C
hovelich ein liet
ûz rôserôtem munde,
diu vil stolze maget.
sî lie suoze erklingen,
daz von sorgen schiet,
ein liet daz sî wol kunde:
sî was unverzaget.
‚owê‘ sprach diu muoter, ‚wes hâst dû gedâht?
du wilt von hinnen.
schenken lieder hânt dich ûz dien sinnen brâht.
du wilt endrinnen.‘
sî sprach ‚muoter, jâ,
ich wil in die erne oder anderswâ.‘

4 »Du stehst diesen Menschen
noch in ihrer Torheit bei«,
so sagte die Mutter des Mädchens,
»du bist ja völlig aus der Bahn geworfen.
Was soll denn das heißen?
Du bist wirklich zu frech.
Du liebst keinen anständigen Mann,
du unglückseliges Kind!
Glaubst du, der Schenke beglückt dich mit seinem Lied,
das er da singt?
Du bist doch nicht die Schönste, die ihn je gewann
oder noch gewinnt.«
Das bekam ich da zu hören:
»Alter Ledersack, darum bist du so grau.«

5 Artig begann
aus rosenrotem Mund
das stolze Mädchen
ein Lied zu singen.
Sie ließ es süß erklingen,
das die Sorgen verscheuchte
und das sie gut kannte:
Sie hatte keine Angst.
»O weh«, sagte die Mutter, »was hast du vor?
Du willst von hier fort.
Die Lieder des Schenken haben dich um den Verstand gebracht.
Du willst entfliehen.«
Sie sagte: »Mutter, ja,
ich will zur Ernte oder anderswohin.«

# Gedrut – Geltar

Geltar 2 C, Gedrut 4 A

Man singet minnewîse dâ ze hove und inme schalle.
so ist mir sô nôt nâch alder wât deich niht von frouwen singe.
mir wæren viere kappen lieber danne ein krenzelîn.
mir gæbe ein herre lîhter sînen meidem ûz dem stalle
dann obe ich alse ein wæher Flæminc für die frouwen dringe.
ich wil bî dem wirte und bî dem ingesinde sîn.
ich fliuse des wirtes hulde niht, bit ich in sîner kleider.
sô wære im umbe ein überigez hübschen michel leider.
gît mir ein herre sîn gewant, diu êre ist unser beider!
slahen ûf die minnesenger die man rûnen siht!

## Gedrut – Geltar

Man singt dort am Hofe mit großem Lärm Minnelieder.
Ich aber brauche so nötig alte Kleider, daß ich nicht von edlen Frauen singe.
Mir wären vier Mäntel lieber als ein Kranz.
Mir sollte ein Herr eher seinen Hengst aus dem Stall geben,
als daß ich mich wie ein eleganter Flame an die Damen heranmachte.
Ich will beim Herrn und bei seinen Leuten sein.
Ich verliere die Huld des Herrn nicht, wenn ich ihn um seine Kleider bitte.
Dagegen wäre ihm ein übermäßiges Herumscharwenzeln viel mehr verhaßt.
Wenn mir ein Herr seine Kleider gibt, ist das für uns beide ehrenvoll!
Laßt uns doch die Minnesänger verprügeln, die man jetzt Süßholz raspeln hört.

# Der Kol von Niunzen

Ich saz bî miner frouwen biz mir begunde stân 4 C
mîn herze hôhe; daz kumt von mîm lieplîchen wân.
mir kunde von keinem wîbe gestân
sô sêre mîn gemüete;
daz kumt von dem trôste den ich hân
zir wîplîchen güete.

## Der Kol von Niunzen

Ich saß bei meiner Herrin, bis sich mir hoch aufzurichten begann
mein Herz; das kommt von meinen sehnsüchtigen Liebes-
gedanken.
Mir konnte sich noch durch keine Frau je so hoch aufrichten
mein Gemüt.
Das kommt von der freudigen Zuversicht, die ich setze
in ihre weibliche Güte.

# Konrad von Würzburg

Swâ tac er- schînen sol zwein liuten, C 83
die ver- borgen inne liebe stunde müezen tragen,
dâ mac ver- swînen wol ein triuten:
nie der morgen minne- diebe kunde büezen klagen.
er lêret ougen weinen trîben;
sinnen wil er wünne selten borgen.
swer mêret tougen reinen wîben
minnen spil, der künne schelten morgen.

# Konrad von Würzburg

Wo immer der Tag scheinen wird auf zwei Menschen,
die heimlich drinnen eine glückliche Zeit verbringen möchten,
da kann wohl jede Zärtlichkeit aufhören.
Noch niemals konnte der Morgen einen Minnedieb von der
Klage heilen.
Er lehrt vielmehr den Augen das Weinen.
Den Sinnen will er niemals Freude bereiten.
Wer immer heimlich edlen Frauen
das Liebesspiel mehrt, hat Grund, den Morgen zu schelten.

# König Konrad der Junge

1 Ich fröi mich manger bluomen rôt 3 C
die uns der meie bringen wil.
die stuonden ê in grôzer nôt.
der winter tet in leides vil.
der meie wils uns ergetzen wol
mit mangem wünneclîchen tage.
des ist diu welt gar fröiden vol.

2 Waz hilfet mich diu sumerzît 4 C
und die vil liehten langen tage?
mîn trôst an einer frouwen lît
von der ich grôzen kumber trage.
wil sî mir geben hôhen muot,
dâ tuot si tugentlîchen an,
und daz mîn fröide wirdet guot.

3 Swann ich mich von der lieben scheide, 5 C
sô muoz mîn fröide ein ende hân.
owê, sô stirbe ich lîht von leide
daz ich es ie mit ir began.
ichn weiz niht, frou, waz minne sint.
mich lât diu liebe engelten vil
daz ich der jâre bin ein kint.

# König Konrad der Junge

1 Ich freu mich über die vielen roten Blumen,
die uns der Mai bringen will.
Die standen bisher in großer Not.
Der Winter brachte ihnen viel Leid.
Der Mai will uns nun dafür entschädigen
mit vielen freudenreichen Tagen.
Darüber freut sich die ganze Welt.

2 Was nützt mir die Sommerzeit
und die sehr hellen, langen Tage?
All mein Hoffen hängt an einer Frau,
durch die ich großen Schmerz erleide.
Wenn sie mir stolzen hohen Mut verleiht,
so verhält sie sich vorbildlich
und vermehrt meine Freude.

3 Wenn ich mich von der Lieben trenne,
dann wird mein Glück dahin sein.
O weh, so sterbe ich sicher vor Schmerz,
daß ich je mit ihr zusammen kam.
Herrin, ich weiß noch nicht, was Minne ist.
Mich läßt die Liebe sehr entgelten,
daß ich an Jahren noch ein Kind bin.

# Namenlos

1 Möhte zerspringen mîn herze mir gar L 1
von leiden sachen, ich wær lange tôt,
daz diu vil reine mîn nimt keine war
unde ich unmære ir. daz ist ein nôt,
daz ich an ir armen sol niemer erwarmen.
sol ich an ir armen nie mêr ruowen niht,
owê, ruowen niht owê, ruowen niht,
ach, sendez herze, der leiden geschiht!

2 Tantalus geselle bin ich nu gesîn, L 1[2]
den türstet vil sêre unde tuot hunger wê.
doch sô fliehent obez vor dem munde sîn
grânât manger leie und ein tiefer sê.
alsô sên ich dicke lieplîche ougen blicke,
dâ von ich erschricke, ach die tuont mir wê,
ach daz tuot mir wê, ach die tuont mir wê.
rât, edele Minne, daz sorge zergê!

## Namenlos

1 Könnte mir das Herz zerbersten
durch das erfahrene Leid, wäre ich schon lange tot,
daß die edle Frau mich überhaupt nicht wahrnimmt
und ich ihr gleichgültig bin. Das ist eine Qual,
daß ich in ihren Armen niemals mehr erwarmen soll.
Soll ich in ihren Armen niemals mehr ruhen,
o weh, nicht ruhen, o weh, nicht ruhen,
liebeskrankes Herz, o weh über das schlimme Geschick!

2 Tantalus Geselle bin ich nun gewesen,
den dürstet sehr und quält rasender Hunger.
Aber es fliehen seinem Munde das Obst,
Granatäpfel vieler Art und ein tiefer See.
Ebenso sehe ich oft liebreizende Blicke,
wovon ich erschrecke, denn, ach, sie tun mir weh.
Ach, das tut mir weh, ach sie tun mir weh.
Rate, edle Frau Minne, auf daß die Qual vergeh!

# Steinmar

## I

1 Ein kneht der lac verborgen 29 C
bî einer dirne er slief
unz ûf den liehten morgen.
der hirte lûte rief:
‚wol ûf, lâz ûz die hert!‘
des erschrac diu dirne   und ir geselle wert.

2 Daz strou daz muost er rûmen 30 C
und von der lieben varn.
er torste sich niht sûmen,
er nam si an den arn.
daz höi daz ob im lac
daz ersach diu reine   ûf fliegen in den tac.

3 Dâ von si muoste erlachen, 31 C
ir sigen diu ougen zuo.
sô suoze kunde er machen
in deme morgen fruo
mit ir daz bettespil.
wer sach ân gerǣte   ie fröiden mê sô vil!

## II

1 Sît si mir niht lônen wil 1 C
der ich hân gesungen vil,
seht sô wil ich prîsen
den der mir tuot sorgen rât,
herbest, der des meien wât
vellet von den rîsen.
ich weiz wol, ez ist ein altez mære
daz ein armez minnerlîn ist rehte ein marterære.
seht, zuo den was ich geweten.
wâfen!   die wil ich lân und wil inz luoder treten.

# Steinmar

## I

1 Ein Bursche lag heimlich
bei einem Mädchen, er schlief
bis zum hellen Morgenstrahl.
Da rief der Hirte laut:
»Wohlauf, laß die Herde heraus!«
Davon erschraken das Mädchen und ihr lieber Freund.

2 Das Stroh mußte er verlassen
und von der Liebsten fortgehen.
Er durfte sich nicht länger aufhalten,
er nahm sie in die Arme.
Das Heu, das auf ihm lag,
das sah die Gute hoch aufwirbeln in den hellen Tag.

3 Davon mußte sie auflachen,
ihr sanken die Augen zu.
So süß konnte er
an diesem frühen Morgen
mit ihr das Liebesspiel treiben.
Größere Freuden, so ganz ohne Aufwand – wer sah sie je?

## II

1 Da sie mir nicht lohnen will,
der ich viele Lieder gesungen habe,
seht, so will ich den rühmen,
der mir meine Sorgen nimmt,
den Herbst, der das Kleid des Mai
von den Ästen abwirft.
Ich weiß wohl, es ist eine alte Geschichte,
daß ein armer Liebhaber ein rechter Märtyrer ist.
Seht, zu denen hatte ich mich gesellt.
Heißa! Die will ich verlassen und mich ins lockere Leben stürzen.

2 Herbest, underwint dich mîn, 2 C
wan ich wil dîn helfer sîn
gegen dem glanzen meien.
durh dich mîde ich sende nôt.
sît dir Gebewîn ist tôt,
nim mich tumben leien
vür in zeime stæten ingesinde.
‚Steimâr, sich daz wil ich tuon, swenn ich nu baz bevinde,
ob du mich kanst gebrüeven wol.‘
wâfen! ich singe daz wir alle werden vol.

3 Herbest, nu hœr an mîn leben. 3 C
wirt, du solt uns vische geben
mê dan zehen hande,
gense hüener vogel swîn,
dermel pfâwen sunt dâ sîn,
wîn von welschem lande.
des gib uns vil und heiz uns schüzzel schochen.
köpfe und schüzzel wirt von mir unz an den grunt erlochen.
wirt, du lâ dîn sorgen sîn.
wâfen! joch muoz ein riuwic herze trœsten wîn.

4 Swaz du uns gîst, daz würze uns wol 4 C
baz dan man ze mâze sol,
daz in uns werde ein hitze
daz gegen dem trunke gange ein dunst,
alse rouch von einer brunst,
und daz der man erswitze,
daz er wæne daz er vaste lecke.
schaffe daz der munt uns als ein apotêke smecke.
erstumme ich von des wînes kraft,
wâfen! sô giuz in mich, wirt, durh geselleschaft.

2 Herbst, stell dich auf meine Seite,
denn auch ich will für dich Partei nehmen
gegen den strahlenden Mai.
Um deinetwillen meide ich die Liebesnot.
Da dir Gebewin gestorben ist,
nimm mich törichten Neuling
an seiner Stelle zum treuen Diener.
»Steinmar, sieh, das will ich tun, wenn ich genauer herausfinde,
ob du mich richtig zu rühmen verstehst.«
Heißa! Ich singe so, daß wir alle davon betrunken werden.

3 Herbst, nun höre von meinem Leben.
Wirt, du sollst uns Fische geben
mehr als zehn verschiedene Arten,
Gänse, Hühner, Vögel, Schweine,
Würste, Pfauen sollen da sein,
Wein aus welschem Land.
Davon gib uns viel und laß uns die Schüssel auftürmen.
Becher und Schüsseln werden von mir bis auf den Grund geleert.
Wirt, laß deine Sorgen:
Heißa! Mit Wein läßt sich wirklich jedes trauernde Herz trösten.

4 Was immer du uns gibst, das würze uns wohl,
und mehr als man mit Maß tun soll,
damit uns so richtig heiß wird,
damit dem Trunk ein Dunst entgegenschlage
wie Rauch von einer Feuersbrunst
und damit jeder so zu schwitzen beginnt,
daß er glaubt, er schlage sich mit dem Badewedel.
Mach es so, daß uns der Mund wie eine Apotheke riecht.
Werde ich dann durch die Macht des Weines stumm,
heißa!, dann gieß in mich hinein, Wirt, bei unserer Freundschaft!

5 Wirt, durh mich ein strâze gât: 5 C
dar ûf schaffe uns allen rât,
manger hande spîse.
wînes der wol tribe ein rat
hœret ûf der strâze pfat.
mînen slunt ich prîse:
mich würget niht ein grôziu gans so ichs slinde.
herbest, trûtgeselle mîn, noch nim mich zingesinde.
mîn sêle ûf eime rippe stât,
wâfen! diu von dem wîne drûf gehüppet hât.

Wirt, durch mich geht eine Straße hindurch:
auf der laß uns heranschaffen, was du kannst,
vielerlei Art Speisen.
Wein, daß er ein Rad antreiben könnte,
gehört natürlich auf die Bahn dieser Straße.
Meinen Rachen kann ich nur rühmen:
Nicht einmal eine große Gans läßt mich würgen, wenn ich sie verschlinge.
Herbst, mein lieber Freund, nimm mich doch zum Diener.
Meine Seele steht auf einer Rippe,
heißa!, darauf ist sie vom Wein gehüpft.

# Johannes Hadlaub

## I

1 Winter hât vorbotten ûz gesendet, C 111
die hânt vogel süezen sanc erwendet.
sô velwent sî dem sumer sîne schœne var.
der botten heizet einer sûriu bîse,
diu lêrt mangen hiure ziterwise.
sô heizt einer twer, der trüebt die tage clâr.
dar nâch wirt man snêws und rîfen schier gewar.
winter bringt uns sorge her und anderswar:
wunnen bar werdent diu lant sô gar.

2 Sô sach man ouch dicke an schœnen frouwen C 112
wunnen mêr dan man nû müge geschouwen.
sî bergent nû kelen blanc und neckelîn
und ir houbet, wîze hende ouch dicke.
winter went uns süezer ougen blicke.
man sach dür klein ermel blanker arme schîn.
sô sach man in wîplîch stên ir kleinen lîn.
nû went sî sich ziehen in die stuben hin:
liechter schîn wil leider tiure sîn.

3 Doch muoz ich vor allen nœten klagen C 113
daz mich lât mîn frouwe jâmer tragen.
sî tuot glîch wies mîn nicht müge minne hân.
swaz ich dar nâch trôstes an sî muote,
gan sî mir nicht heils, diu reine guote,
sô ist gar verlorn daz ich mich an sî lân.
nû enmag ichs nicht, wan si ist sô wol getân.
doch ensol sî lîcht den muot nicht iemer hân:
ûf den wân ding ich noch sender man.

# Johannes Hadlaub

I

1 Der Winter hat seine Vorboten ausgeschickt,
die haben den Vögeln ihren süßen Gesang gestohlen.
Auch lassen sie des Sommers schöne Farben verblassen.
Von den Boten heißt einer: scharfer Nordwind,
der lehrt manchen in diesem Jahr den Schüttelfrost.
Einer wiederum heißt: Seitenwind, der macht die hellen Tage trübe.
Nach dem sieht man bald Schnee und Reif.
Überallhin bringt uns der Winter ein sorgenvolles Leben.
Die Länder werden so völlig von allen Freuden leer.

2 So sah man auch an schönen Frauen
oft schon viel Lustvolleres, als sich jetzt den Augen bietet:
Sie verstecken nun ihre weißen Hälse und Nacken
und ihren Kopf, und ebenso auch die weißen Hände.
Der Winter nimmt uns der süßen Augen Blicke.
Man sah durch kleine Ärmel hindurch den Schimmer glänzender Arme.
Auch sah man ihre zierlichen Leinenkleider sich fraulich bauschen.
Nun jedoch wollen sie sich in die Stuben zurückziehen.
Heller Glanz wird uns zu unserem Bedauern fehlen.

3 Doch muß ich vor allen Bedrängnissen darüber klagen,
daß meine Herrin mir Leid aufbürdet.
Sie verhält sich so, als ob sie keine Zuneigung zu mir empfindet.
Was immer ich an Trost von ihr begehre –
wenn die edle, reine Frau mir keine Erhörung schenkt,
so ist es ganz vergebens, daß ich meine Hoffnung auf sie setze.
Nun kann ich nichts dagegen tun, denn sie ist so vollkommen.
Dennoch wird sie vielleicht nicht immer dieselbe Einstellung haben:
Auf diese Hoffnung baue ich, ich sehnsüchtiger Mann.

II

1 Ach ich sach si triuten wol ein kindelîn, C 29
dâ von wart mîn muot liebs ermant.
sî umbvieng ez unde druhte ez nâhe an sich,
dâ von dâht ich lieplîch zehant.
si nam sîn antlüte in ir hende wîz
unde druhte ez an ir munt, ir wengel clâr.
owê sô gar wol kuste sîz.

2 Ez tet ouch zewâre, als ich hæt getân. C 30
ich sach umbvân ez ouch sî dô.
ez tet reht, als ez enstüende ir wunnen sich.
des dûhte mich, ez was sô frô.
don mohte ich ez nicht âne nît verlân.
ich gedâht: ‚owê, wær ich daz kindelîn,
unz daz si sîn wil minne hân.‘

3 Ich nam war, dôz kindelîn êrst kam von ir. C 31
ich namz zuo mir lieplîch ouch dô.
ez dûht mich sô guot, wan sîz ê druhte an sich.
dâ von wart ich sîn gar sô frô.
ich umbeviengz, wan sîz ê schône umbvie,
und kustz an die stat, swâ'z von ir kust ê was:
wie mir doch daz ze herzen gie!

4 Man giht, mir sî niht als ernstlich wê nâch ir, C 32
als sîz von mir vernomen hânt,
ich sî gesunt; ich wær vil siech und siechlich var,
tæt mir sô gar wê minne bant.
daz manz niht an mir siht – doch lîde ich nôt –
daz füegt guot geding, der hilft mir aldâ her:
und liez mich der, sô wære ich tôt.

II

1 Ach, ich sah sie ein Kindlein liebkosen,
davon kam mir eine freudige Erinnerung.
Sie umarmte es und drückte es eng an sich.
Das machte mir angenehme Empfindungen.
Sie nahm sein Gesicht in ihre weißen Hände
und drückte es an ihren Mund, ihre strahlenden Wangen.
Ach, sie küßte es so liebevoll.

2 Es verhielt sich genauso, wie ich mich auch verhalten hätte.
Ich sah, wie es auch sie umfing.
Es verhielt sich so, als ob es ihre freudigen Empfindungen begriffe.
Es schien mir, daß es darüber sehr froh war.
Da konnte ich es nicht ohne Eifersucht geschehen lassen.
Ich dachte: »Ach, wäre ich doch dieses Kindlein,
so lange wie sie ihm ihre Zuneigung schenkt.«

3 Ich stellte mich auf die Lauer, als das Kind zuerst von ihr kam.
Ich nahm es da auch liebevoll an mich.
Es schien mir so reizend, denn sie hatte es eben vorher an sich gedrückt.
Dadurch wurde ich ganz freudig erregt.
Ich umarmte es, denn sie hatte es zuvor liebevoll umarmt,
und ich küßte es dort, wo es gerade von ihr geküßt worden war.
Wie mir das doch das Herz erfüllte!

4 Man sagt, mir sei nicht wirklich nach ihr so weh,
wie sie es von mir gehört haben.
Ich sei gesund; und ich müßte krank sein und kränklich aussehen,
wenn mir die Fessel der Liebe so ins Herz schnitte.
Daß man es nicht an mir wahrnimmt – wahrlich, ich leide Schmerz –
das macht die gute Hoffnung, die mir bis jetzt geholfen hat.
Wenn mich die verließe, so wäre ich tot.

# Hugo von Montfort

1 Ich fragt ein wachter, ob es wer tag. cod. pal. germ. 329
er sprach zuo mir: ‚für war ich dir sag,
es nahet schir hinzuo.
wes sichst du nit dich selber an?
an dir ich zwar gemerkhet han:
du hast uff mitten tag
dînr zit gelept uff erden hie.
du bist doch noch, als ich dich lie –
wenn wilt du abe lan?
gen dir so gat die vinster nacht.
sich uff mit sinn, hab herberg acht!
all sach die muosz zergan!‘

2 Der wachter sprach: ‚uff erden hie
diu sach ist nit, des sag ich wie:
din sel muoss ewig sin.
schön und kraft muosz gar zergan,
bi sinnen macht du nit bestan,
der tod der nimptz dahin.
ruoff an den herren aller macht,
dabi siner muoter acht,
so hast du kluogen sin.
zwelf sternen si ze krone hât
und sitzt bi dem sun, ir majestat,
die muoter maget her.‘

# Hugo von Montfort

1 Ich fragte einen Wächter, ob es denn Tag sei.
Er antwortete mir: »Fürwahr ich sage dir,
er nahet bald heran.
Weshalb siehst du nicht dich selbst an?
An dir habe ich nämlich gemerkt,
daß du bis zum Mittag
deiner Zeit hier auf Erden gelebt hast.
Du bist doch noch genauso, wie ich dich verließ,
wann willst du davon ablassen?
Auf dich kommt die finstere Nacht zu.
Blick auf mit verständigem Sinn, denk an die Herberge!
Alles auf Erden muß vergehen!«

2 Der Wächter sagte: »Hier auf der Erde
ist alles ein nichts, ich sage dir, wieso:
Deine Seele wird ewig sein;
aber Schönheit und Stärke werden vollkommen vergehen,
auch deine Sinne kannst du nicht bewahren,
der Tod nimmt alles dahin.
Ruf an den Herrn aller Macht,
überdies sei seiner Mutter ergeben,
dann hast du klug gehandelt.
Zwölf Sterne hat sie als Krone
und sitzt beim Sohn, Ihrer Majestät,
die Mutter und Heilige Jungfrau.«

3 ‚Wachter, din straffen merkh ich wol,
davon ich grossen kumer dol,
und kan nit abelán.
durch gott wekh mich ze rechter zit,
wann all min sách an mich gewissen lit.
da muosz Crist helfen zuo,
sol ich bi keinem glimpf bestan,
damit ich mag sin hulde han.
gott geb uns seligen tag!
des helf mir, magt an alle meil,
das ich werd miner sünden heil!
von orient es tagt.‘

3 »Wächter, deinen Tadel vernehm ich wohl,
davon habe ich großen Kummer zu leiden
und kann doch nicht davon ablassen.
Um Gottes willen wecke mich zu rechter Zeit auf,
denn ich muß in allem für mich einstehen.
Da muß Christus dann dazu helfen,
soll ich auf irgendeine schonende Weise davonkommen,
daß ich seine Gnade erlange.
Gott gebe uns einen seligen Tag!
Dazu verhilf mir, du Jungfrau ohne alle Makel,
daß ich von meinen Sünden geheilt werde!
Von Osten her tagt es schon.«

# Oswald von Wolkenstein

B $6^v$ (A $6^v$ $7^r$, c $15^v$–$16^v$)

1 ‚Ich spür ain lufft aus külem tufft,
das mich wol dunckt in meiner vernunft
wie er genennet, kennet sei nordoste.
Ich, wachter, sag, mich prüfft, der tag
uns künftig sein aus vinsterm hag.
ich sich, vergich die morgenrot her glosten.
Die voglin klingen überal,
galander, lerchen, zeisel, droschel, nachtigal,
auf perg, in tal hat sich ir gesangk erschellet.
Leit iemant hie in güter acht,
der sich in freuden hat geniet die langen nacht,
derselb betracht, das er sich mer gesellet.‘
Die junckfrau hett verslaffen,
der knab wacht lützel bas.
si rüfften baide waffen
all über des tages hass.
das freulin schalt in sere:
‚her tag, ir künnt nicht ere
bewaren inn der mass.‘

2 Ain schlicklin weis si bot im fleiss
dem knaben hin mit hendlin gleiss:
‚ste auff und louff, erkies den grawen morgen.‘
Ain venster brett er fuder tett
der knab hin zu dem freulin rett:
‚ach got, an spot, er kompt da her mit sorgen.
Er dringet durch das firmament,
der lucifer hat den schein von im gesendt,
die nacht volendt all gen des tages greisen.‘
Er kusst si an den roten mund:
‚ach herzen lieb, nu ist sein nicht ain halbe stund,
das wir verwunt uns taten zesamen breisen.‘

# Oswald von Wolkenstein

1 »Ich spüre einen Hauch aus kühlem Morgennebel,
daß mir scheint in meiner Wahrnehmung,
er sei genannt und bekannt als Nordost.
Ich, Wächter, sage – gebet acht! –, daß der Tag
uns nun kommt aus dunklem Gebüsch.
Ich sehe und künde, wie die Morgenröte schon zu uns her glüht.
Die Vögel singen überall,
Galander, Lerchen, Zeisige, Drosseln, Nachtigallen,
in Berg und Tal erschallt ihr Gesang.
Wenn jemand hier in guter Hut liegt,
der die lange Nacht hindurch Freuden genossen hat,
der sehe sich vor, noch länger beizuliegen.«
Die Jungfrau hat verschlafen,
der junge Mann hat auch nicht besser aufgepaßt.
Beide riefen ›Wehe, weh!‹
über den feindlichen Tag.
Das Fräulein schalt ihn sehr:
»Herr Tag, ihr versteht euch nicht darauf, Ehre
zu bewahren, so wie es sich schickt.«

2 Ein weißes Morgengewand hielt sie achtsam
dem Jungen mit ihren schimmernden Händen hin.
»Steh auf und lauf, schau ob der Morgen schon heraufzieht!«
Einen Fensterladen stieß er auf.
Der Junge sagte zu dem Fräulein:
»Ach Gott, fürwahr, er kommt daher mit seinen Sorgen.
Er durchdringt das Firmament,
der Morgenstern hat seinen Schein abgegeben,
die Nacht mit dem Morgengrauen vollendet.«
Er küßte sie auf den roten Mund:
»Ach, Herzlieb, nun ist es keine halbe Stunde her,
daß wir verwundet uns ineinander schlangen.«

Si wurden seufften und klagen,
mit beslossen mündlein vein,
das si nu wolt verjagen
des liechten tages schein.
si sprach: ‚mein traut geselle,
es gee recht, wie es welle,
du bist gewaltig mein.‘

3 Der wachter rürt, ain stimm er fürt,
jal durch ain horn, das man in hort,
er kunnt ain gast mit gelast von oriente.
Das freulin tacht in lieber acht:
‚ach sunne, was hat dich fürher bracht?
ich wolt an solt, du werst zu occidente.
Ich traut deins scheines wol emberen,
mir wër vil lieb, der uns kündet den aubent stern,
den sëh ich gern, möcht mir der wunsch geräten!‘
Gar laut so lacht der knabe vein:
‚mein höchster hort, so mag es laider nicht gesein,
in senden pein so müss ich von dir watten.
Mein freudenmacherinne,
meins herzen zucker nar,
du hast mir herz und sinne
benomen sunder gar.‘
si fiengen sich zesamen
mit armen blanck umbvangen.
‚mein lieb, dahin ich far.‘

Sie fingen an zu seufzen und zu klagen
mit fein geschlossenen Mündern,
daß der helle Schein des Tages
sie nun verjagen wollte.
Sie sagte: »Mein Liebster,
es geschehe, wie es wolle.
Mein Schicksal liegt in deiner Hand.

3 Der Wächter regte sich, er erhob seine Stimme,
und tönte in ein Horn, so daß man ihn vernahm,
er kündete einen glanzvollen Gast aus dem Orient an.
Das Fräulein dachte in liebevoller Besorgnis:
»Ach, Sonne, was hat dich hierher gebracht?
Ich wünschte von Herzen, du wärst im Osten.
Ich könnte auf deinen Schein wohl verzichten.
Mir wäre der lieber, der uns den Abendstern verkündete,
den säh ich mit Vergnügen. Möchte mir der Wunsch in Erfüllung gehen.«
Da lachte der schöne Junge ganz ungehemmt:
»Mein höchster Schatz, so kann es aber leider nicht sein,
in schmerzvoller Liebessehnsucht werde ich von dir gehen.
Meine Freudenbringerin!
Meines Herzens Süßspeise!
Du hast mir Herz und Sinn
so ganz und gar genommen.«
Sie umfingen einander
und umschlangen sich mit ihren weißen Armen:
»Ach, Liebste, nun muß ich fort.«

# *Nachwort*

Jene Form der adligen Minnelyrik, die wir deutschen Minnesang nennen und deren geschichtliche Entwicklung sich von der Mitte des 12. bis zum Beginn des 15. Jahrhunderts erstreckt, läßt sich, nimmt man um der Herausarbeitung des Charakteristischen willen einige idealtypische Verzeichnungen des einzelnen in Kauf, in den wesentlichen Zügen ihres Erscheinungsbildes relativ gut beschreiben: Minnesang ist nicht im Sinne neuzeitlicher Liebeslyrik Erlebnisdichtung, sondern adlige Hofkunst, feudale Standesdichtung, wird von Mitgliedern der höfisch-ritterlichen Gesellschaft für diese Gesellschaft verfaßt. Minnesang ist kein rein deutsches, vielmehr ein übernationales Phänomen; wenige Jahrzehnte vor dem deutschen Sang verfassen die südfranzösischen Troubadours und nach ihnen die nordfranzösischen Trouvères Gesänge von gleicher oder doch ähnlicher Art. Minnesang ist nicht Leselyrik in dem uns vertrauten Sinne, sondern Vortragskunst; die Dichter selbst verfassen den *dôn*, d.h. die Einheit von Text und Melodie, und tragen diesen *dôn*, sei es als adlige Vertreter dieser Gesellschaft, sei es als deren bestallte oder bestellte Berufsdichter in der Regel auch selber im höfischen Bereich vor. Und auch darin ist Minnesang Gesellschaftskunst, daß diese Kunstübung nicht nur bei den Dichtern, sondern auch bei den Aufnehmenden Kennerschaft und gleiche Vorstellungen voraussetzt. Dies wird erleichtert durch die starke Formelhaftigkeit und Stereotypie der Bilder, Formen und Motive sowie durch die Gleichheit der dargestellten Szenen und der Rollenträger.

Seinem Inhalt nach ist Minnesang, nimmt man den Begriff im weitesten Sinne, Liebeslyrik; doch ist das Verhältnis von Mann und Frau hier in einer stark ritualisierten und im Grundsätzlichen wenig veränderbaren Weise vorgeprägt: die besungene Frau, meist wohl eine hochgestellte Dame und in der Regel wohl die Herrin des Hofes, ist und bleibt für den Sänger die Unerreichbare, Vollkommene, mit allen nur möglichen Vorzügen Versehene, aus der Distanz Verehrte, die dem Minnedienst des Mannes jedoch weder größere Beachtung noch Lohn zuteil werden läßt;

der Mann wirbt um sie und versucht, durch Beweise seiner Beständigkeit und Aufrichtigkeit die Huld der Herrin zu erlangen; da sie ihm jedoch nicht geschenkt wird, er sich also in die Distanz verwiesen sieht, ohne doch den Dienst aufgeben zu können, bescheidet er sich mit der zumeist klagereichen, sehnsuchtsvollen Anbetung der hoch über ihn erhobenen *frouwe*; die Minne bleibt jedoch ein Wert, der Minnesang und Minnedienst ein Weg, auf dem der ritterliche Mann zu individueller und gesellschaftlicher Vollkommenheit zu gelangen vermag.
Minnesang nennen wir die literarischen Aussagen und Formen, die auf das so beschriebene Phänomen bezogen sind, sei es, daß sie, wie der Hohe Sang, direkter und genauer Ausdruck des Beschriebenen sind; sei es, daß sie, wie etwa schon Hartmann und Walther von der Vogelweide und zunehmend dann der Minnesang der späteren Zeit, das Vorgegebene weiterentwikkeln oder kritisieren oder gar parodieren; sei es, daß sie, wie etwa der frühe Sang, Elemente des späteren im Ansatz enthalten oder, wie etwa das Tagelied, die spezifischen Spannungsmomente aus dem Kontrast zum Hohen Sang erzeugen.
Schwieriger als die Beschreibung des Phänomens Minnesang, die in den ›Anmerkungen‹ historisch genauer und detaillierter entfaltet wird, stellt sich die Frage nach Ursprung und Herkunft. Hier sind im Laufe der Forschungsgeschichte eine Reihe von Antworten gegeben worden, die ganz differente Aspekte der Genese hervorheben und denen, je nach Forschungslage und Forschungsinteressen, zu verschiedenen Zeiten ganz unterschiedlicher Erklärungswert beigemessen wurde.
Sehen wir vorerst von den besonderen Entstehungsbedingungen des deutschen Minnesangs ab und fragen wir nach der Herkunft des generellen, der provenzalischen wie französischen wie deutschen Dichtung gemeinsamen Phänomens, so lassen sich mehrere Erklärungsmöglichkeiten angeben:

1. Die Herleitung aus literarischen Traditionen, wobei sowohl die mittellateinische Briefkultur und Vagantenlyrik als auch die antik-lateinische Literatur und die arabische Liebeslyrik herangezogen worden sind. Schon lange vor dem Auftreten des Minnesangs gibt es, vornehmlich in nordfranzösischen Klöstern, lateinische Briefwechsel zwischen Klerikern und Nonnen, in denen wie im Minnesang die jeweilige Liebesbeziehung stark spiritualisiert erscheint; aber es handelt sich hierbei um Prosa und überdies um wirklich überbrachte, nicht nur fiktive Briefe.

Die Vagantenlyrik wiederum bringt lyrische Formen hervor, die z. T. durchaus denen des Minnesangs entsprechen, nur stellt sie inhaltlich mit ihrer spielerischen und nicht selten auch derben Sinnlichkeit einen Gegensatz zum Minnesang dar. Was nun die antike lateinische Literatur und hier besonders Ovid angeht, so finden sich in deren erotischen Dichtungen zwar durchaus vergleichbare Einzelzüge, aber für das konstitutive Merkmal des Minnesangs, für die entsinnlichte Form der Überhöhung, die die Frau hier erfährt, sucht man vergeblich nach Entsprechungen.
Die arabische Lyrik mit ihrer reich ausgebildeten Formensprache, mit ihrem ausgesprochen höfischen Kunstcharakter und ihrer Darstellung der Frau als überhöhter Herrin bietet eine Reihe von frappierenden Übereinstimmungen und würde auch dadurch gut in ein genetisches Modell passen, als sich das frühe Auftreten des Minnesangs in der Provence aus der Beeinflussung durch die benachbarte arabische Hofkultur Spaniens relativ einfach erklären ließe. Bei genauerem Vergleich der beiden Sangesweisen ergeben sich jedoch auch Unterschiede im einzelnen, so daß es sich zum mindesten als unmöglich erweist, das eine Phänomen direkt aus dem anderen abzuleiten.

2. Sehr früh schon hat man versucht, den Minnesang mit dem Marienkult in Beziehung zu bringen, und in der Tat scheint hier, in der Verehrung der Frau als Gottesmutter, ein Vorbild gegeben für die hohe Stellung der *frouwe* im Minnesang. Tatsächlich finden sich in den Liedern sprachliche Anklänge an die Marienlyrik. Doch sind sie, im Vergleich etwa mit den Bildvorstellungen aus dem Bereich des Lehensdienstes, relativ gering, so daß es auch hier schwerfällt, die Herkunft auf diese einzige Wurzel zurückzuführen.

3. Bleibt schließlich die Herleitung aus der Wirklichkeit sozialer Verhältnisse, auf die in späterem Zusammenhang noch genauer eingegangen werden soll und die hier nur in ihren allgemeinsten Umrissen referiert werden kann. Nach diesem Argumentationsansatz setzt Minnesang als feudale Standesdichtung die wirtschaftliche, soziale und politische Ordnung des mittelalterlichen Lehenswesens voraus, also eine Gesellschaftsform, in der die Treuebeziehung zwischen einem Feudalherrn und seinem Lehnsmann, die den Feudalherrn zu Schutz und Unterhalt, den Lehnsmann zu Gehorsam und Dienst verpflichtet, in der Übergabe eines Lehens, also eines Landbesitzes an den Lehnsmann,

konkret wird. Die Entstehung des Minnesangs wäre dann so zu denken, daß die feudalen Lehnsbeziehungen auf das Verhältnis von preisendem Sänger und gepriesener Dame übertragen wurden, sei es, daß sich diese Dame tatsächlich selbst in lehnsherrlicher Stellung befand und der Sänger konkret von ihr abhängig war; sei es, daß der Sänger, womöglich aus materiellen Gründen, diese Übertragung nur fiktiv vornahm, indem er die Dame in seinen Liedern zu seiner Herrin erhob.

Wie wir noch sehen werden, zeigen sich die Probleme, die diese These aufwirft, sobald man sie historisch zu konkretisieren sucht, d. h. wenn man sie auf die spezifischen feudalhöfischen Verhältnisse in Frankreich und Deutschland bezieht und, was besonders wichtig ist, die Unterschiede in den Erscheinungs- und Darstellungsformen der Minnekultur hüben wie drüben genauer ins Auge faßt.

Man hat schon früh die Frage aufgeworfen, ob denn nicht die provenzalische Troubadourlyrik einerseits, der deutsche Minnesang anderseits auch aus heimischen Traditionen hergeleitet werden könnten, und man hat für die deutschen Verhältnisse auf volkssprachliche Beispiele, auf die frühe donauländische Ritterlyrik etwa des Kürenbergers, auf die Erwähnung von Liebesliedern *(trûtliet)* bei dem geistlichen Satiriker Heinrich von Melk (um 1160) oder auf die namenlosen Lieder verwiesen, die noch nicht im engeren Sinne Minnesang zu nennen sind, wenn sie auch durchaus schon Elemente dessen enthalten, was dann später im Hohen Sang wiederkehrt *(frouwe, ritter, dienst, lôn, huote, merkaere)*. Doch die signifikanten Merkmale der neuen lyrischen Kunstform, die aufopferungsvolle Verehrung der in der Distanz bleibenden *frouwe* durch den Ritter, lassen sich aus diesen heimischen Vorbildern, in denen die *frouwe* meist noch durchaus aktiv am Liebesgeschehen teilnimmt, nicht herleiten, so daß auch diese These – wie alle übrigen – einen Anspruch auf monokausale Beantwortung der Herkunftsfrage nicht erheben und lediglich eine Teilerklärung liefern kann.

Die eigentlich entscheidende Frage, die das Phänomen Minnesang dem heutigen Betrachter stellt, ist jedoch die nach seiner Bedeutung und Funktion im höfischen Leben der Zeit. Die Auffassung, daß er lediglich eine literarische Modeerscheinung war und nur auf literarischer Ebene rezipiert wurde, verbietet sich nach allem Gesagten. Aber was war er dann? Welche Rolle spielte er? Welchen Bedürfnissen trug es Rechnung, daß sich kampferprobte ritterliche Männer der höfischen Gesellschaft in den entsagungsvollen, unbelohnten und, was die Liebeserfüllung betraf, von vornherein aussichtslosen Minnedienst begaben und, trotz spürbarer und auch formulierter Frustrationserfahrungen, die unnahbare und herzlose *frouwe* als Objekt der Verehrung und Sehnsucht immer wieder in ihren Liedern besangen?

Wenden wir unseren Blick zurück zu den Theorien über die Entstehung des Minnesangs, so wird offensichtlich, daß nur eine – im weitesten Sinne – sozialgeschichtliche bzw. sozialpsychologische Erklärung zugleich auch eine Antwort zu geben vermag auf die hier aufgeworfene Frage. Während sämtliche Ableitungen aus den literarischen Traditionen, so wichtig sie für die Erklärung des einzelnen sind und bleiben, das Problem auf eine andere – auch wieder nur literarische – Entwicklungsstufe zurückschieben, stellt sie das Phänomen zugleich in einen außerliterarischen, und das heißt hier: gesellschaftlichen Zusammenhang, aus dem heraus es offenbar allein zu erklären ist. Die Frage bleibt nur, ob die bisher angebotenen Lösungen tatsächlich befriedigende Deutungen geben.

Norbert Elias geht in seiner »Soziogenese des Minnesangs und der courtoisen Umgangsformen« davon aus, daß sich, infolge zunehmender wirtschaftlicher und sozialer Verflechtungen, im Laufe des 11. und 12. Jahrhunderts an den Höfen der großen französischen Feudalherren ein Reichtum ansammelte, der dem Gros der kleinen Grundherren fehlte. Diese Höfe werden im Konkurrenzkampf zu Repräsentationsstätten für die Macht und den Reichtum ihrer Gebieter. Und hier, wo viele Menschen auf kleinem Raum zusammenlebten und die alten rauhen, ja brutalen Verhaltensweisen einer Kriegergesellschaft mehr und mehr disfunktional wurden, entwickelten sich höhere, verfeinerte Formen des kulturellen Umgangs, entwickelte sich das Verhaltenssystem der *courtoisie*. Im beschränkten Kreis des Hofes und gefördert durch die Gegenwart der Herren werden friedlichere Umgangsformen zur Pflicht. Für den Herrn des Hofes stand noch immer seine Funktion als Ritter- und Kriegsführer allen anderen voran; die in der Regel gebildeteren, feiner kultivierten Frauen nutzten dagegen die Mittel ihrer Höfe für die Schaffung von Zirkeln friedlicher, geistiger Regsamkeit und Gesellung. Zwar wird es in der täglichen Lebensführung der Ritter, gerade auch in ihrem Umgang mit ihren Frauen, auch weiterhin rauh und oft genug brutal zugegangen sein; in den Geselligkeitsformen des Hofes hatten eben diese selben Männer, und das gilt vor allem für die Beziehung der sozial niedrigerstehenden und abhängigen Männer zu den sozial höherstehenden Frauen, den Forderungen nach Sublimierung der Triebe und Verfeinerung der Affekte zu gehorchen. »Hier entstehen ... Kontakte zwischen Mann und Frau, die es auch dem stärkeren Mann unmöglich machen, sich die Frau einfach zu nehmen, wenn er Lust hat, die dem Mann die Frau unerreichbar oder schwer erreichbar machen, und zugleich, weil sie höher steht, weil sie schwer erreichbar ist, vielleicht besonders begehrenswert. Dies ist die Situation, dies die Gefühlslage des Minnesangs, in dem von nun an immer wieder durch die Jahrhunderte hin die Liebenden etwas von ihren eigenen Empfindungen wiedererkennen.« (Elias II, S. 111).

Erich Köhler (und vor ihm schon Herbert Moller) hat bei den Beziehungen der sozial niedrigerstehenden Männer zur sozial höherstehenden Frau angesetzt und die ritterliche Standesideologie mit dem Zentralbegriff der höfischen Liebe interpretiert als Ausdruck der sozialen Aufstiegsbestrebungen des niederen Rittertums. Das Verhältnis des Liebenden, so Köhler, zur hoch über ihm stehenden Herrin des Hofes entspreche dem Verhältnis zwischen dem Kleinadel und den mächtigen Feudalherren. Die Liebessehnsucht des Sängers bilde die Integrationssehnsüchte des niederen Rittertums ab. Der Verzicht auf sexuelle Erfüllung sei zu verstehen als sublimierte Projektion der Besitzlosigkeit des Kleinen Adels und seines trotzdem und deshalb aufrechterhaltenen Geltungsanspruches.

Köhler sieht durchaus Unterschiede zwischen den französischen und den deutschen Verhältnissen. In Deutschland seien die *Sirventes* (aktualitätsgebundene Streitgedichte) und das *Partimen* (dialogische, oft heiter gesellige Gedichte über Fragen der höfischen Liebe) und die *Chansons du change* (Empörung gegen die Hartherzigkeit der Minnedame und Aufkündigung des Dienstes) nicht literarisch aufgegriffen worden; in Deutschland erscheine auch der Lehnsherr nie als eifersüchtiger Feind der Liebenden. Dies alles sowie das Fehlen jeglicher Versecknamen und das starke Zurücktreten von aggressiven Momenten in den Liedern zugunsten der Dienst- und Leidensthematik lassen darauf schließen, daß eine noch weniger integrierte und gesellschaftlich unsichere Schicht hier Träger des Minnesangs war, die Ministerialen, also jene Schicht ehemals unfreier Männer, die im Zuge der Vermehrung von Verwaltungsaufgaben in den Terri-

torien gesellschaftliche Bedeutung gewannen und langsam auf die unterste Stufe des Adels rückten. Erst Walther von der Vogelweide habe dann, zumal in seinem Streit mit Reinmar, als Vertreter eines armen, freien, niederen Rittertums diese Ministerialen-Ideologie zurückgewiesen.
Ursula Peters und Ursula Liebertz-Grün haben gewichtige Einwände gegen diese soziologischen Thesen formuliert: Zum einen wissen wir über Walthers Standesverhältnisse so gut wie gar nichts; zum anderen hält die Auffassung, daß die Minnesänger ihrem Stande nach Ministerialen waren, der Nachprüfung nicht stand, da die Vertreter des Hochadels seit den frühesten Anfängen den Minnesang als Sänger und Gönner mitgetragen haben und im übrigen sehr wenige der Minnesänger sich nach den Urkunden eindeutig als Ministerialen nachweisen lassen (Bumke); schließlich wissen wir nicht einmal, ob denn die ministerialischen Unterschichten überhaupt zum höfischen Publikum gehörten.
Nach Ursula Peters war es gerade der Hochadel, der das neue ritterlich-höfische Verhaltensideal entscheidend geprägt hat. Sie stützt sich in ihrer Argumentation vor allem auf George Duby, der die Verdrängung des *nobilis*-Titels durch den *miles*-Begriff aus weitläufigen historischen Entwicklungen erklärt hat: Parallel mit dem Niedergang der Karolingischen Königsmacht in den Provinzen bauen die *chatelains*, die Vasallen der Herzöge, zusammen mit ihren berittenen Kriegern, den *milites*, ihre Machtstellung aus. Die milites werden ökonomisch und rechtlich von ihren Herren befreit, heben sich also von der übrigen zinspflichtigen Bevölkerung ab. Kirche und hoher Adel suchen der für sie gefährlichen Entwicklung zu begegnen: die Kirche, indem sie die *chatelains* und *milites* als *milites Christi* in die Gottesfriedensbewegung einfügt und durch kirchlich sanktionierte militärische Aktivitäten an sich bindet; der Adel, indem er den *miles*-Begriff in seiner durch die Kirche idealisierten und spiritualisierten Form auf sich überträgt und indem er den ritterlichen Berufsstand zu einem erblichen Adelsstand, der *chevalery*, macht. Um *chatelains* und *milites* zu integrieren und die Macht auf die Höfe zu konzentrieren, habe dann der hohe Adel, analog zum *miles-Dei*-Ideal, ein Ideal des höfisch-ritterlichen Verhaltens propagiert.
Es spricht für die Vorsicht von Ursula Peters, daß sie die Ableitung über solche relativ allgemein bleibenden Feststellungen hinaus nicht weiter präzisiert oder durch Spekulationen auffüllt. Doch bleiben sie, vielleicht deshalb, genau an dem

Punkt unbefriedigend, an dem die Köhlersche Theorie die Genese der höfischen Liebesauffassung soziologisch und psychologisch aus der Perspektive der unteren Schichten der höfischen Gesellschaft begreiflich zu machen sucht.

Auch Ursula Liebertz-Grün ist an dieser entscheidenden Stelle kaum weitergekommen. Ihre Deutungsangebote, deren Wortlaut (s. 113ff.) ich hier wiederholt aufgreife, bleiben gegenüber dem bestechenden kritisch-analytischen Teil ihrer Arbeit vager und spekulativ, vor allem wenn sie sich der Frage zuwendet, weshalb denn eine Stilisierung, die eigentlich den Interessen unterer Gruppen diente, auch – und völlig unverändert – vom Hochadel übernommen werden konnte. Denn was ist, in der entscheidenden Streitfrage, durch die Vermutung gewonnen, das höfische Minnedienstideal sei in Analogie und im Kontrast zu christlich-orthodoxen Wertvorstellungen entstanden; was durch die Annahme, die höfische Minnekultur sei nicht zuletzt eine Reaktion gegen die repressive Sexualmoral und Weltfeindlichkeit der Kirche; was schließlich durch die Feststellung, das attraktive Identifikationsangebot der höfischen Lyrik sei jedenfalls untrennbar mit der Forderung verbunden gewesen, den Hof als normsetzende und adlig-ritterliche Vorbildlichkeit erst ermöglichende Instanz zu akzeptieren, was zweifellos den Interessen der Feudalherren entsprochen haben mag? Alles dies wird sogar richtig sein, und es ist auch durchaus plausibel, daß die höfische Minneideologie den *vilains* (den bäurisch-unhöfischen Schichten) gegenüber ein Gefühl der kulturellen Überlegenheit vermittelt haben wird, doch dies alles sind im Grunde keine Erklärungen, sondern schon Folgerungen. Sie geben über die Grundfrage, wie denn diese spezifische Form des gesellschaftlichen Minnerituals sich konstituierte und wie sich in dieser spezifischen Form des Selbstausdrucks die Konstitutionsbedingungen der ritterlich-höfischen Gesellschaft abbilden, keine rechte Antwort. Das gilt übrigens auch für die Annahme, die zum Teil gravierenden Unterschiede zwischen den verschiedenen sozialen Gruppierungen seien auf der ideologischen Ebene durch die für alle geltende Dienstverpflichtung gegenüber der *domna* und die Allgemeinverbindlichkeit der höfischen Standards neutralisiert worden. Denn gerade die egalisierenden Tendenzen der höfischen Ideologie, die hier vorausgesetzt und kommentiert werden, bedürfen in ihrer gesellschaftlichen Funktionalität der Erklärung. Wie kommt es denn, daß solche Neutralisierung als nötig und sinnvoll angesehen wurde, und

weshalb war Allgemeinverbindlichkeit in einer so hierarchisch geordneten Gesellschaft ein Wert?
Liebertz-Grün hat in diesem Zusammenhang, wie vor ihr schon Ursula Peters, auf die *miles-Dei*-Propaganda der Gottesfriedensbewegung verwiesen und auf ihre integrierende Bedeutung: durch die Kirche sei nicht nur der waffenlose, sondern auch der bewaffnete Glaubensritter als Ritter Gottes anerkannt worden, und diese ideologische Aufwertung habe den *miles*-Titel so attraktiv gemacht, daß er auch vom Hochadel übernommen worden sei (Duby). Nach ihrer Auffassung beweise dieser Erfolg, daß die Vorstellung, wahrer Adel bewähre bzw. legitimiere sich erst im entsagungsvollen Dienst an einem Höheren, von der Herrenschicht als attraktive Möglichkeit gesellschaftlicher Selbstdeutung akzeptiert wurde. Demnach sei die Annahme, die Herren hätten die Idee der Minne mit dem Dienstgedanken kombiniert und die adlige Frau zur überlegenen Herrin stilisiert, um sich durch eine – von ihnen selbst geschaffene und manipulierbare – ›Autorität‹ ihre eigene Vorbildlichkeit und die Idealität ihrer neuen diesseitigen Wertvorstellungen bestätigen zu lassen, nicht leicht zu entkräften. Das mag sein. Doch bleibt sie, auch unentkräftet und unentkräftbar, dennoch Hypothese und gewinnt nicht an Beweiskraft. Die Erklärungen für die Übertragung des ritterlichen Gottesdienstes auf den Minnebereich und die Dienststilisierung des Hohen Adels sind damit lediglich um eine bedenkenswerte Vermutung bereichert, wobei ich auch meine, daß, nachdem sich der Minnedienst in seinen Grundzügen herausgebildet hatte, vor allem post festum auch dieses Moment in der Selbststilisierung der hochadligen Kreise eine bedeutsame Rolle gespielt haben kann.
Wie wenig die Köhlersche These trotz alledem bereits als endgültig widerlegt abgetan werden darf, erhellt schon daraus, daß Ulrich Mölk, einer der besten Kenner der provenzalischen Troubadourlyrik, sie in seiner 1982 erschienenen Einführung noch einmal bekräftigt hat und die Spezifik dieses Liebesverhältnisses, das das inferiore Ich und die sozial überlegene Herrin in einem persönlichen Treueverhältnis und in einem auf Leistung und Gegenleistung beruhenden Rechtsverhältnis aneinander bindet, aus den realen Lebensverhältnissen der unteren Schicht der höfischen Gesellschaft erklärt. »In der Symbolsprache der Trobadors spiegeln sich Selbstverständnis und Führungsanspruch der ganzen höfischen Gesellschaft. Die Trobadorlyrik ist Standeslyrik. Alle Angehörigen der höfischen Gesellschaft ha-

ben an ihr teil, als Autoren und als Publikum. Selbst der Fürst tritt als Trobador auf, verteidigt die Ideale der Höfischkeit und nimmt die Attitüde des inferioren Liebhabers an, der die sozial überlegene Dame preist. Aus unseren Ausführungen ergibt sich indessen, daß die Genese der höfischen Liebesauffassung soziologisch und psychologisch nur aus der Perspektive der unteren Schicht der höfischen Gesellschaft begreiflich ist, daß also, um auf die Frage nach dem ›ersten‹ Trobador zurückzukommen, nicht ein Herzog von Aquitanien, sondern die *vaslet* und *paubre cavalier* seiner Umgebung die Minnedoktrin entwickelt haben, es sei denn, man wolle dem sensiblen und begabten Dichterfürsten zutrauen, nicht seine, sondern ihre realen Lebensverhältnisse in eine neue lyrische Symbolsprache transponiert zu haben. Wie dem auch sei, für die Trobadorlyrik bleibt charakteristisch, daß sie von Marcabru bis Guiraut Riquier die Überzeugung hält, daß nur die Mittellosen und Abhängigen die rechten Verfechter der höfischen Liebes- und Tugendlehre seien, daß nur der ein edler Liebender genannt werden könne, der der Sehnsucht fähig sei.« (S. 43f).

In der Darstellung von Ursula Liebertz-Grün begegnet ein Argument, das auch deshalb so interessant ist, weil es, wie mir scheint, den Unterschied zwischen dem französischen *amour courtois* und dem deutschen Minnesang sehr gut verdeutlicht. Dieses Argument bezieht sich auf den Anteil hochadliger Damen an der Ausbildung der höfischen Liebe. Demnach könnten diese Frauen, deren sexuelle Freiheit durch die feudale Ehe- und Sexualpraxis, die konventionellen feudalethischen Normen und repressive Sexualmoral der Kirche empfindlich behindert wurde, die »aufklärerischen« und »emanzipatorischen« Tendenzen der höfischen Minneideologie deshalb besonders geschätzt haben, weil das höfische Liebeskonzept die illegitimen sexuellen Beziehungen positiv wertete (S. 118f.)

Wenn dies für Frankreich zutrifft – und es spricht neben dem Traktat des Andreas Capellanus »De amore« sehr vieles dafür –, dann erweisen sich gerade hier Differenzen. Denn die französischen Formen der höfischen Geselligkeit, in denen das Thema »Liebe« heiter und locker, aber auch aggressiv, bissig, witzig, ironisch, ja frivol in fiktiver und oft wohl auch in direkter Rede und Gegenrede behandelt wurde, sind in Deutschland so nicht rezipiert worden. Eine höfische Spielwelt, in der adlige Frauen und adlige Männer im galanten, eleganten, nuanciert-witzigen, spannungsvollen erotischen gesellschaftlichen Diskurs der höfischen Liebe tatsächlich untereinander verkehrten, hat es hier, wenigstens zur Zeit der primären Rezeption, offensichtlich nicht gegeben. Minnedienst wurde vielmehr rezipiert als Minne*sang*, d. h. nicht so sehr als adlige Hofkultur, sondern als Kunstübung, in der von Anfang an das Motiv des unerwiderten und unbelohnten Dienstes im Vordergrund stand und die aggressiven Forderungen des Minnenden weitgehend zugunsten einer Leidensthematik zurückgedrängt waren.

Liebertz-Grün hat sehr einleuchtend angenommen, daß die deutsche Adelsgesellschaft die avantgardistischen provenzalischen Ideen zu entschärfen suchte und es aus diesem Grund für sinnvoll hielt, Grenzen zwischen Spiel und Realität möglichst deutlich zu markieren (S. 120). Diese geringere Fortschrittlichkeit sei vermutlich auf die konservative Denkungsart der deutschen adligen Frauen zurückzuführen sowie auf die Tatsache, daß sie im allgemeinen viel seltener Gelegenheit zu selbständigem politischem Handeln gehabt hätten und ihre Bereitschaft, sich von traditionellen Wertvorstellungen zu lösen und emanzipatorische Impulse aufzunehmen, sehr viel geringer gewesen sei. Ich glaube, daß es sich lohnt, in der Richtung dieser Annahme weiter zu denken, wenn mir die Begründung auch etwas zu allgemein und tautologisch scheint, um den Sachverhalt wirklich erklären zu können.

Der Grund für die Ausbildung freierer, spielerischer Formen des Verhaltens an den provenzalischen und französischen Höfen lag sicherlich auch daran, daß sich in Frankreich, bedingt durch die relative Schwäche des Königtums, schon früh große, fast autonome Territorialherrschaften ausbildeten, deren Höfe zu wichtigen Zentren der Repräsentation wurden. In Deutschland dagegen bildete, trotz aller zentrifugalen Bewegungen, das Königtum bzw. Kaisertum den zentralen Bezugspunkt, wobei eine entscheidende Differenz auch darin lag, daß es hier einen festen, lokalisierten Hof im Sinne der aufwendigen provenzalischen Hofhaltungen nicht gab, daß die kulturelle Kontinuität durch ständige Kriegszüge unterbrochen wurde und daß andererseits die regionalen Territorialhöfe, die im Laufe des 13. Jahrhunderts immer mehr Macht auf sich konzentrieren, noch nicht den Grad von Kultivierung erreicht hatten, der nötig gewesen wäre, um die provenzalischen Formen einer freieren Minne-Geselligkeit zu übernehmen.

Hinzu kommt, daß die Troubadourlyrik, als sie zur Zeit Barbarossas in Deutschland rezipiert wurde, auf völlig andere ideologische Bedingungen traf. Zwar gab es vor Friedrich von Hausen und Rudolf von Fenis, durch deren Vermittlung der provenzalische Minnesang nach Deutschland gelangte, im donauländischen Bereich eine heimische Minnelyrik. Doch in ihr fehlten bis auf Ansätze gerade jene Züge, die dem neuen Sang eigen waren: die absolute Idolisierung der Frau und die totale Dienstunterwerfung des Mannes. Statt dessen waren hier *frouwe* wie *ritter* emotional noch unmittelbarer und selbstbewußter am Liebesgeschehen beteiligt, während die Gesellschaft in der Gestalt von *merkaeren* und *huote* als mehr oder weniger feindlich erlebt wurde. Hausen und Fenis knüpfen an diese Tradition offenbar nicht an, eher haben sie mit ihrer Umformung und Selektion ideologische Muster der frühmittelhochdeutschen Dichtung aufgenommen, worauf Horst Wenzel aufmerksam gemacht hat: da ist zum einen das in der frühmittelhochdeutschen Literatur entwickelte Leitbild des *miles spiritualis*, also des Ritters, der im Namen einer spirituellen Kriegerethik den Kampf des inspirierten Geistes gegen die Sünde führt; da ist weiter die frühmittelhochdeutsche Minnekonzeption, in der die *frouwe* zur vollkommenen Repräsentantin der Tugend stilisiert erscheint; da ist schließlich der – dieser christlichen Idolisierung der Frau als sittlich überlegener Herrin entsprechende und in der angeblich stärkeren Triebhaftigkeit des Mannes begründete – Disziplinierungs- und Dienstgedanke, der den Ritter dazu bringt, sich im Frauen- wie Gottesdienst kontinuierlich in seiner Tugend zu vervollkommnen.

Bis sich gegen Ende des 12. und zunehmend dann im 13. Jahrhundert mit sensualistischeren Formen wie Tagelied und Pastourelle sowie im Gegengesang gegenläufige Tendenzen durchzusetzen beginnen, bleibt dem deutschen Minnesang, gerade wenn man ihn mit der Troubadourdichtung vergleicht, eine restriktive Spiritualisierung eigen, die er wohl nicht nur der stärkeren Konservativität der deutschen Frauen verdankt. Sie wird vielmehr auch damit zusammenhängen, daß es in Deutschland aufgrund differenter Feudal- und Herrschaftsverhältnisse sowie aufgrund differenter politischer Entwicklungen weniger gut gelungen war, Disziplinierungszwängen, wie sie von Kirche und Feudalgewalt ausgingen, wirkungsvoll zu begegnen. Wenn Bosl recht hat, daß Triebunterdrückung und Herrschaftssicherung einander entsprechen, so bietet der deutsche Hohe Sang offenbar ein gutes Beispiel für einen solchen Zusammenhang. Die durchgreifende Ethisierung, die er bei seinem Auftreten in

Deutschland erfährt, ist offensichtlich der Ausdruck von geradezu automatisch vorgenommenen Selbstdisziplinierungen, mit denen der deutsche Sänger auf die freieren Angebote der fremden Muster reagierte.
Gerade die sexuelle Freizügigkeit, auf die der provenzalische Minnedienst wenigstens tendenziell zielte, mußte hier auf Widerstand stoßen, und nicht nur auf den Widerstand hierarchischer Gewalten, die an Disziplinierung interessiert waren, sondern Widerstand aufgrund von überkommenen Ängsten und Tabuierungen. Anders gesagt: dem deutschen Sang fehlten jene Jahrzehnte der Kultivierung, die in der Provence das Verhaltensideal des *amour courtois* entwickelt hatten. Die höfischen Formen wurden hier auf der in Deutschland damals erreichten und d. h. wesentlich niedrigeren Kultivierungsstufe rezipiert. Daraus erklärt sich m. E. das höhere Maß sowohl an Ritualisierung, an Ethisierung als auch an Spiritualisierung, mit dem die deutschen Vermittler die fremde Kunstform in ihre eigene Lebenswelt übersetzten, wobei die Umformung und selektive Aufnahme mit den tatsächlich am Hofe lebenden Frauen und ihrer, gegenüber den provenzalischen Verhältnissen offenbar geringeren gesellschaftlichen Bedeutung nur mittelbar zu tun gehabt haben dürfte.
Wenn man davon ausgeht, daß sich die Minnesänger, in der Regel wohl verheiratete Männer, in dem Minneverhältnis zur angebeteten und gepriesenen Dame sexuell nicht auslebten, dann findet offenbar ein Spaltungsprozeß statt, indem diese Männer die Triebunterdrückung und Askese, die sich als gesellschaftliche Disziplinierungsforderung an sie stellte, mit dem im Sang verherrlichten Frauenidol verbanden. Es fand hier auf der Ebene der säkularen Selbstrepräsentation offenbar etwas statt, dem auf der religiös kirchlichen Ebene die Enthaltsamkeit und Askese der Priester entsprach. »Triebunterdrückung und Askese dienen in einer Gesellschaft dazu, die Herrschaft zu stützen. Wenn Triebbefriedigung zu gleicher Zeit abgewertet wird, dann gewährt sie [d. h. die Triebunterdrückung und Askese, H. B.] hohes Sozialprestige und Selbstbewußtsein auf der Basis der Aktualisierung von Schuldgefühl. Wenn natürliche Lustbefriedigung der Menschen mit der Wirksamkeit organisierter Herrschaft unvereinbar ist, dann ist die kirchliche Forderung der Ehelosigkeit der Priester, die das Reformpapsttum aufstellte und die römische Kirche bis heute festhielt, offenbar ein Fundament hierarchischer Herrschaft. Das mobilisierte Schuldgefühl macht

gehorsamer, die Diffamierung des Sexus drückt psychische Energie auf die anale Stufe, die mit Zwang und hierarchischer Unterordnung verwandt ist.« (Bosl, S. 346)
Es mag sein, daß sich solche Triebunterdrückung und Askese, konstitutive Merkmale gerade des deutschen Minnesangs, trotz der gewichtigen Vorbehalte von Bumke, Peters und Liebertz-Grün letztlich auch auf die Tatsache zurückführen lassen, daß in Deutschland die Träger des Minnesangs, ob sie nun Ministeriale waren oder Adlige, im Bereich des Hofes in größerer Abhängigkeit lebten oder sich, was vielleicht in diesem Fall wichtiger gewesen sein könnte, aufgrund ideologischer Verinnerlichungen in größerer Abhängigkeit fühlten. Es mag jedoch hinzukommen, daß die deutschen Sänger mit ihrer Idolisierung der *frouwe* und der eigenen Dienstdisziplinierung stärker als die provenzalischen Dichter ein Abhängigkeitsverhältnis produzierten, das konstitutiv gewesen sein könnte für den Minnesang schlechthin: Ignace Feuerlicht sieht, da die Knaben der höfischen Gesellschaft weit über die Pubertät hinaus von hochstehenden Damen der Gesellschaft erzogen und unterwiesen worden sind, in der seelischen Ausrichtung des Knaben auf die Herrin »eine überraschende, aber unverkennbare Analogie zu der dominanten Stellung der Frau im Leben des Minnesängers und zu ihrer in so vielen Liedern immer wieder betonten sittigenden und veredelnden Rolle. Aber es scheint sich um mehr als um eine bloße Parallele zu handeln. Der Knabe lebte am Beginne der Reifezeit, da sich in ihm neue Triebe, neue Sehnsüchte zu regen begannen, im Bannkreis einer reichen, mächtigen, angesehenen, stolzen, gebildeten und ›höfischen Frau‹.« (S. 270) Feuerlicht hat seine These dadurch zu erhärten versucht, daß Wendungen wie *der ich gedient von kinde* im Minnesang häufig zu treffen sind. Wäre das richtig, so wäre im Minnesang in dem besonderen Verhältnis von Ritter und *frouwe* auch ein Mutter-Sohn-Verhältnis reproduziert, wobei die vollkommene Mutter dem um Vollkommenheit bemühten Sohn gegenübersteht. »Je bewußter das geschah, um so vordringlicher wurde das matriarchale Inzesttabu, das eine Sublimierung des Verlangens erzwang« (Bosl, S. 348).
Man muß dies deutlich sehen: für die Männer, die im Minnesang die Frau als ihre Herrin und Königin feiern und sich selbst in oft masochistischer Weise in ihren Dienst begeben, die sich demütig unterordnen und entsagungsvoll unterwerfen, bedeutet ein solches Verhalten – gleichviel ob sie dem hohen oder dem niederen Adel oder der Ministerialität angehören – auf jeden Fall eine

Umkehrung ihrer herkömmlichen Lebens- und Denkformen. Die körperlich schwächere, üblicherweise dem Manne dienende, vielfach von der Tradition als minderwertig und verführerisch verachtete Frau tritt in den Rang einer Herrscherin im Bereich von Tugend und Minne.

Doch diese Umkehrung der realen Verhältnisse erfüllte offenbar wichtige sozialpsychologische Funktionen. Zum einen entlasten sich die primär von patriarchalen Verhaltens- und Selbstverständigungsmustern, das heißt konkret: vom destruktiven Machtkampf, von Aggression und agonalen Prestigezwängen bestimmten Männer von den tiefen Schuldgefühlen, die sie den weicheren, empfindsamen und geistigeren Frauen, den Vertreterinnen anderer, widerstreitender Daseinsorientierungen gegenüber zu empfinden beginnen, seit sie selbst im Zuge des neuen Zivilisierungsschubes das Spektrum ihrer eigenen psychischen Empfindungs- und Ausdrucksmöglichkeiten zu erweitern und bereichern lernen.

Zum anderen treten offenbar, je mehr die Männer ihren ›weiblichen‹ Anteil, ihre Gefühle und Empfindungen entdecken und zulassen, Ängste zutage, die sich auf die durch die Tradition behauptete stärkere Triebnatur der Frau beziehen und nun durch die spezifische Form der minnesängerischen Ideologiebildung beschwichtigt und bewältigt werden sollen: durch Projektionen von Tugendidealität auf die in ihrer emotional-sinnlichen Überlegenheit als bedrohlich erlebte und dadurch als reale Person gerade negierte und neutralisierte Frau. Die Männer bestrafen sich, und damit natürlich auch die Frau, für ihre – offenbar als illegitim empfundenen – Triebregungen.

Versteht man so die minnesängerische Selbstdarstellung unter anderem auch als eine Form spezifisch männlicher masochistischer Reaktionen auf die bereits weiter und reicher entwickelten weiblichen Gegenmuster und Ansprüche, dann wird die eigenartige Umkehr der Machtverhältnisse ebenso erklärlich wie die Tatsache, daß sowohl der hohe wie der niedrige Adel wie die Ministerialität den Unterwürfigkeits- und Dienstgedanken auf sich beziehen konnten.

Erregend am Minnesang, und dies auch will der vorliegende Band durch Texte und Anmerkungen dokumentieren, ist daneben vor allem der Prozeß der Ablösung von den hier beschriebenen, mehr oder weniger rigiden Mustern der Selbstrepräsentation: schon in vielen frühen Strophen, die Frauen in den Mund gelegt werden, aber auch in frühen Männerstrophen, dann bei

Albrecht von Johansdorf, Reinmar und Heinrich von Morungen, in Hartmanns und Walthers Abwendung vom Hohen Sang, in Wolframs Tageliedern und in Neidharts provokativen Liedern werden emotionale Bereiche entdeckt, sprachliche Sensibilitäten entwickelt und psychische Differenzierungen erreicht, die es bis dahin so im deutschsprachigen Raum nicht gab, wobei allerdings auch festzuhalten ist, daß sich neben den freieren, offeneren, direkteren Formen der Verständigung offenbar auch die rigiden Norm- und Tugendvorstellungen als internalisierte Überich-Strukturen zu stabilisieren vermochten.
Allerdings, die Schwierigkeiten, die Feststellungen wie diese enthalten, lassen sich hier nicht einmal andeuten, geschweige denn behandeln und diskutieren. Die Probleme, oft sogar Aporien, in die gerät, wer sich intensiver mit diesen Phänomenen beschäftigt und für diese nach Genese wie Konstitution gleichermaßen dunklen Phänomene sucht, lassen sich nicht auflösen, sondern allenfalls benennen. Die Forschung hat, wie an vielen der hier erörterten Positionen deutlich wird, auf manches größeres Licht werfen können, hat aber nicht selten zugleich auch wieder Schatten gebreitet auf Stellen, die schon klar vor Augen zu liegen schienen.
Eins wird man gleichwohl zum Schluß festhalten dürfen: die deutsche Minnelyrik des Mittelalters mit ihren frühen Anfängen im donauländischen Sang, mit ihren Höhepunkten bei Albrecht von Johansdorf, Heinrich von Morungen, Reinmar von Hagenau, Walther von der Vogelweide und Wolfram von Eschenbach, mit den parodistischen Formen des Gegengesangs, mit den im Laufe des 13. Jahrhunderts entwickelten Tanzformen und sensualistischeren wie manieriert-formalistischen Liedern hat nicht nur für die Ausbildung und Entwicklung einer genuinen weltlichen lyrischen Sprache Entscheidendes geleistet, sondern auch für die, trotz aller Einengung im Gesellschaftlich-Rituellen und Disziplinierung im einzelnen, erkennbare Entfaltung von subjektiveren und individuelleren Formen der Selbstpräsentation sowie für die übergreifenden Entwicklungsvorgänge, die Norbert Elias als »Prozeß der Zivilisation« beschrieben hat. Daß Gefühle verinnerlicht, daß Schmerz und Trauer, Entsagung und Leid und, seltener und weniger emphatisch, Freude und Glück nach »innen« verlagert und dadurch in ihrer Intensität gesteigert werden können, daß dieser ›Innenraum‹ als Kontrast zum Außen erlebt werden kann und sich vielfältige differenzierte Wechselwirkungen zwischen außen und innen ergeben, all dies ist durch

die neue Sage- und Singweise überhaupt erst erfahrbar geworden.

Hält man sich vor Augen, daß noch um 1190 in Herborts von Fritslar epischer Darstellung des Trojanerkrieges der liebesbegierige Jason der als schön und edel beschriebenen Medea bei ihrer ersten Begegnung unters Kleid greift, hält man sich vor Augen, als wie gewalttätig die historische Wirklichkeit in den Annalen und Chroniken gezeichnet wird, dann erkennt man, welche zivilisatorische Leistung mit der Aufrichtung der höfischen Ideale und speziell mit der Tabuierung der Gewaltanwendung gegen die körperlich schwächere Frau und mit den dadurch bedingten Triebsublimierungen auch erbracht worden ist. Daß dabei in Deutschland die Tugendideale so vehement und unironisch-ernst eingefordert werden, ja offenbar werden müssen, unterstreicht auch den kulturellen Abstand, der gegenüber Frankreich einzuholen war. Es scheint mir deutlich, daß der Minnesang in der Festlegung wie in der zunehmenden Überwindung und Zersetzung der durch die deutschen Verhältnisse bedingten Muster hier einen entscheidenden Beitrag geleistet hat. In den ›Anmerkungen zu Dichtern und Liedern‹ ist diese Entwicklung ausführlicher dargelegt.

Das dem Band vorangestellte Zitat, der Anfang eines Liebesgedichtes von B. Brecht ›Seht jene Kraniche . . .‹, zitiert das Beispiel eines völlig anderen Minne-Diskurses. Im wiegenden Gleichmaß dahinziehende Vögel, im Neben- und Beieinander gemeinsam schwingend und ›einander ganz verfallen‹, so stellt Brecht seine Liebenden dar, von denen es gleichwohl am Schluß heißt:

›Wann werden sie sich trennen? Bald.
So scheint die Liebe Liebenden ein Halt.‹

Brecht thematisiert damit eine Erfahrung der Moderne, deren Differenz zum Hohen Minnesang offensichtlich ist. Tatsächlich kann man sich kaum Unterschiedeneres vorstellen als die Darstellungsrituale einer unlösbar scheinenden selbstquälerisch-einseitigen Beziehung zwischen Sänger und Dame einerseits, die totale Verfallenheit der Liebenden aneinander und deren damit korrespondierende Bedrohtheit andererseits.

Gerade an der Divergenz der beiden extremen Diskurse läßt sich aber auch die geschichtliche Bewegung des Minnesangs und das durch sie hervorgetriebene emphatische Moment verdeutlichen. Aus dem zunehmend als quälend und zerstörerisch empfundenen minnesängerischen Rollenspiel hat sich, zunächst kaum merklich, dann immer zwingender, die Forderung nach einer neuen, auf Wechselseitigkeit und Gemeinsamkeit beruhenden Beziehungsform entwickelt, in der sich die Liebenden nicht nur einander zugetan fühlen, sondern aus der Intensität ihrer Gefühle auch eine neue Form der gegenseitigen Verpflichtung herleiten. Diese Forderung bricht, bevor sie dann im Gegengesang und in den manierierten Formen der Spätzeit wieder untergeht, immer wieder auf, etwa bei Hartmann, bei Walther und besonders bei Wolfram. Das biblische »und werden die zwei ein Fleisch sein« spiritualisierend, hat Albrecht von Johansdorf die neue Erfahrung, daß Liebende ihr Verhältnis als ein auf Liebe *und* Vertrauen gegründetes Miteinander begreifen können, auf die prägnante Formel gebracht: *ir beider minne ein triuwe*. In ihr ist der Hohe Sang mit seinen ritualisierten Formen und Zwängen und der konstitutiven Differenz zwischen Sänger und Dame aufgehoben. Härter und aggressiver sagt es Walther von der Vogelweide:

*minne entouc niht eine.*

# *Anhang*

# Anmerkungen zu den Dichtern und Liedern

## Verwendete Siglen und Abkürzungen

(Zu den Handschriftensiglen vgl. oben S. 336. Die in Klammern gesetzten Jahreszahlen hinter den Dichternamen beziehen sich, soweit nicht die genauen Lebensdaten zu ermitteln sind, in der Regel auf die vermutliche Zeitspanne des Dichtens).

| | |
|---|---|
| abh. | abhängig |
| Akk. | Akkusativ |
| Ba | s. SM und LD |
| Beitr. | Beiträge zur Geschichte der deutschen Sprache und Literatur |
| DtVjs. | Deutsche Vierteljahrsschrift für Literaturwissenschaft und Geistesgeschichte |
| erg. | ergänzt von |
| Fem. | Femininum. Weibl. Geschlecht |
| Gen. | Genitiv |
| GRM | Germanisch-Romanische Monatsschrift |
| Hs(s) | Handschrift(en), hs=handschriftlich |
| Jhd. | Jahrhundert |
| K | v. Kraus; bezieht sich a) auf die Kraussche Ausgabe von MF, b) auf KLD) |
| KLD | Carl von Kraus, Deutsche Liederdichter des 13. Jahrhunderts |
| Konj. | Konjektur (=Textvorschlag) |
| LD | K. Bartsch, Deutsche Liederdichter des 12. bis 14. Jhds. |
| Mask. | Maskulinum |
| MF | Des Minnesangs Frühling. (MF Vogt=Des Minnesangs Frühling, bearb. von F. Vogt. 1911). |
| MT | Des Minnesangs Frühling, bearb. von H. Moser und H. Tervooren. |
| neutr. | neutralen, sächlichen Geschlechts |
| Pl. | Plural |
| s. | siehe |
| schw. | schwach flektiert |
| Schw. | Günther Schweikle, Die mittelhochdeutsche Minnelyrik I. |
| Sg. | Singular |
| SM | Die Schweizer Minnesänger. Hrsg. von K. Bartsch. |
| Subst. | Substantiv |
| swv. | schwach flektiertes Verb |
| V. | Vers |
| Verf.-Lex. | Die deutsche Literatur des Mittelalters. Verfasserlexikon. |
| vgl. | vergleiche |

WiWo Wirkendes Wort
ZfdPh Zeitschrift für deutsche Philologie
ZfdA Zeitschrift für deutsches Altertum
Zs. Zeitschrift

## Namenlose Lieder, S. 8.

I In einer Tegernseer Handschrift aus dem Ende des 12. Jhds. ist der lateinische Liebesbrief eines Mädchens an einen Kleriker erhalten, der mit den Worten schließt: *semper inherere statuit tibi mens mea vere. esto securus, successor nemo futurus est tibi, sed nec erit; mihi ni tu nemo placebit. scripsissem plura: dixi non esse necesse. Du bist min, ih bin din* usw. Die Schreibende schiebt am Ende des Briefes das gelehrte Latein beiseite und greift, ihre Gefühle unmittelbar auszudrücken, zum vertrauten muttersprachlichen Ausdruck. Vgl. dazu F. Ohly, in: Kritische Bewahrung. Festschrift W. Schröder. Berlin 1974, S. 371–415.

II In der Handschrift unter Walter von Mezze (um 1270 gest.) überliefert, aber von der Forschung schon früh als anonymes frühes Dichtgut erwiesen. Kennt schon fast durchgängig reine Reime, gehört daher wohl nicht in die früheste Zeit. Das Naturbild ist hier Bild für die Empfindungen und Erfahrungen der als sprechend gedachten liebenden Frau, die über die *unstaeten wîp* klagt.

4 *ime = ich ime.*

## Der von Kürenberg (um 1150/1160), S. 10.

Mehrere Familien dieses Namens sind im bayrisch-österreichischen Raum bezeugt. Es bleibt aber nicht weiter bestimmbar, ob der Dichter der Strophen, die in der Handschrift C dem *von Kürenberg* zugewiesen werden, einem dieser Geschlechter angehörte. Möglich scheint auch, daß der Schreiber der Handschrift aus der Wendung *in Kürenberges wîse* den Namen erst ableitete. Aber auch dann wäre ein *von Kürenberg* vorauszusetzen, der auf diese Weise zitierbar war. Ob dieser jedoch aus einer Freiherren- (wie früher in der Forschung angenommen wurde) oder etwa aus einer Ministerialenfamilie stammte, läßt sich nicht ermitteln. Eine neuere Arbeit (Jansen) sieht in ihm einen Ministerialen einer Ita von Burghausen.

*In Kürenberges wîse* bezieht sich auf den Ton und auf die Strophenform, die der Nibelungenstrophe sehr ähnlich ist, wenngleich sie noch größere Freiheiten zeigt wie z. B. unreinen Reim; Kadenzwechsel, d. h. volle Kadenz (x́) am Ende der Anverse (wo eigentlich klingende Kadenz zu erwarten ist: –́/x̀), klingende Kadenz am Ende der Abverse (wo in der Regel die volle Kadenz erscheint).

Der *von Kürenberg* genannte Dichter repräsentiert jene frühe Form der (wohl in den donauländischen Raum gehörenden) Minnelyrik, die, durchaus bodenständig, noch nicht bestimmend vom französischen Minnesang beeinflußt scheint, aber durchaus schon ritterlich-adlige Poesie ist. Sie handelt von Menschen dieses Standesbereichs, die im Raum der Burg in vielfältigen Lebens- und Liebesbeziehungen vorgestellt werden: die selbstbewußte Burgherrin, die die Minne des Ritters fordert oder seine Unentschiedenheit tadelt; das traurige Mädchen in sehnsüchtigen Minnegedanken; die verlassene Geliebte, die, im Bilde des Falken, den entschwundenen Geliebten wieder herbeiwünscht; den selbstsicheren Ritter, der lieber außer Landes geht, als daß er sich zur Minne zwingen läßt; den heimlich Liebenden, der seine Geliebte zu gleicher Heimlichkeit auffordert; den herrisch-hochmütigen Mann, der die Frauen mit den leicht zähmbaren Falken gleichsetzt. Derbes, Großsprecherisch-Prahlerisches steht so neben Versen von äußerster Zartheit; das direkte Ansprechen von Wünschen und Bedürfnissen, das keineswegs auf den Mann beschränkt ist, neben dem behutsamen, innigen, oftmals symbolisch-objektivierten Bild.
Dem entspricht, daß die Strophen als Männer- und Frauenstrophen jeweils Rollenträgern zugewiesen sind, am deutlichsten vielleicht in der (in der Frühzeit so häufigen) Form des ›Wechsels‹, in dem Frau und Ritter an verschiedenem Ort wie zueinander, aber nicht miteinander über denselben Gegenstand sprechen.

I,1 Die Strophe bildet mit der in der Handschrift von ihr getrennten Strophe 9, 29 einen Wechsel. In allen Ausgaben von »Minnesangs Frühling« und noch in Schweikles Ausgabe werden die beiden Strophen getrennt gedruckt, ein Verfahren, von dem ich hier abweiche.

3 Unklar bleibt, ob damit gesagt ist, daß der Kürenberger selbst singt oder daß ein anderer seine Weise adaptiert.

4 Übers. nach Frings, Frauenstrophe, S. 15.

2 Daß der Mann sich entschieden und brüsk der Werbung widersetzt, ist in dieser frühen Minnelyrik noch möglich, später im Hohen Minnesang jedoch undenkbar. Man hat daher das Verhalten des Mannes als eine implizite Kritik am neuen Ideal der Minne aufgefaßt. Vgl. dazu Agler-Beck, S. 152 ff.

II Die Strophe galt früher als unecht, dürfte aber wohl eher als Parodie auf Str. I, 1 entstanden sein (Schweikle).

2 *niwet* = *niht*.

3 zäsurloser Vers. Um ihn zu bessern, schreibt v. Kraus: *gehazze iemer*.

4 Die Konjekturen von Lachmann *(ein bêr wilde)* und v. Kraus (*wilde bere* = wilder Bär) erscheinen unnötig im Hinblick auf den sinnvoll überlieferten Wortlaut, der auch formal nicht die Grenzen des Möglichen überschreitet. Der Wildeber galt in der Tat als ein furchterregendes Tier.

Vgl. K. Speckenbach, Der Eber in der deutschen Literatur des Mittelalters, in: Verbum et Signum (Festschrift F. Ohly) Bd. I, 1975, S. 425–76.

III 3 Moser/Tervooren haben die unnötige Konjektur von v. Kraus (*rôse in touwe*) nicht übernommen. Das Überlieferte gibt den besseren Sinn: *rôse an dem dorne* entspricht dem *erblüet – trûrigen muot.*

IV Die beiden auch formal durch Parallelisierung als zusammengehörig erkennbaren Strophen bilden ein Lied, das zu den am meisten interpretierten Gedichten der mittelhochdeutschen Literatur gehört. Schweikle hat die Deutungsmöglichkeiten systematisiert, die ich hier nach seinen Angaben kurz zusammenstelle:

1. *falke* meint nichts anderes als einen Beizvogel. Oder aber der Falke ist ein Symbol 1. für einen Liebesboten, 2. für einen Ritter, 3. für einen ungetreuen Geliebten, 4. für ein junges Mädchen. –

Die Frage ist auch, wer spricht? 1. *Eine* Frau oder
2. in der ersten Strophe ein Mann, in der zweiten eine Frau (= Wechsel), oder
3. ob die letzte Zeile überhaupt zur (Wechsel)rede gehört.
Fraglich bleibt auch, ob der Schmuck in Str. 1 und 2 derselbe ist oder ob der Falke in Str. 2 einen anderen, reicheren Schmuck trägt.

1 4 Zur Interpretation und besonders zur Falknersprache vgl. jetzt vor allem die Zusammenfassung bei Agler-Beck, S. 114 ff.

2 4 MT haben mit Recht die frühere Umstellung des handschriftlichen Wortlauts *(die gerne geliep wellen s.)* nicht übernommen.

Zum Falkenlied vgl. P. Wapnewski, Des Kürenbergers Falkenlied, in: Euphorion 53, 1959, S. 1–19. –
R. K. Jansen, Das Falkenlied Kürenbergs, in: DtVjs. 44, 1970, S. 585–594.

V 1 *vonme = von deme*

2 die Hs. liest *leit*. – *samt = sament* = zusammen mit.

VII 1 Ob nun der *tunkel sterne (tunkel* = Genitiv eines Subst., abhängig von *sterne)* als der Abendstern verstanden wird, der in der Nacht selbst nicht sichtbar ist, oder als Morgenstern, »der in der Dämmerung tagverkündend leuchtet« (H. Schwarz, WiWo 3, 1952/53, S. 129 ff.), in beiden Fällen will das Gleichnis nicht so recht einleuchten. Denn beide Male handelt es sich um ein allmähliches Verblassen, während es bei dem anempfohlenen Verhalten um ein schnelles Sich-Abwenden geht. Möglicherweise steht doch noch etwas anderes hinter den Versen, und möglicherweise haben MT recht, wenn sie vorerst ein Fragezeichen setzen. – 1f. anders interpungieren MT und Schw. –

| | |
|---|---|
| | 4 *sôn* = *so ne.* – *wiez* = *wie ez.* |
| VIII | 1 *vederspil* = zur Jagd abgerichteter Vogel |

Lit.: Gayle Agler-Beck, Der von Kürenberg, 1978 (mit umfangreicher Bibliographie). – Zur ›Poetik des frühen Minnesangs‹ (und bes. auch zum Kürenberger) vgl. die Arbeit von R. Grimminger, 1969.

## Der Burggraf von Regensburg
(um 1160/1170), S. 16.

Burggrafen von Regensburg waren bis etwa 1185 die Grafen von Stevening und Rietenburg. Ob Friedrich, der älteste von den drei Brüdern dieses Geschlechts (das mit ihnen ausstirbt), der Dichter ist, dürfte ebensowenig zu ermitteln sein wie die Frage, in welchem verwandtschaftlichen Verhältnis er zu dem Burggrafen von Rietenburg stand (s. d.). Formal steht der Dichter dem Kürenberger nahe, mit dem er die paarreimigen Langzeilenverse und die vielen unreinen Reime gemein hat, nur daß hier in den ersten beiden Strophen der dritte Vers jeweils ein unzäsurierter gereimter Kurzvers ist. Der Dichter ist auch darin ein Vertreter der so spärlich überlieferten frühen Minnelyrik, daß hier, wie beim Kürenberger, die Frau noch unbefangen ihre Wünsche und Sehnsüchte ausspricht: Sie fühlt sich einem *guoten manne undertân,* freut sich an seiner Umarmung, will ihn trotz der *merkaere,* der gesellschaftlichen Aufpasser, nicht meiden. All dies ist schon wenige Zeit später in Frauenstrophen nicht mehr zu finden.

| | |
|---|---|
| I | Beide Strophen sind in A Leuthold von Seven zugeschrieben. |
| I, 2 | 2 *went* von *wenen* = an etwas gewöhnen. |
| | 4 wörtlich etwa: sie sind unnötigerweise bedrängt = es ist ganz unnötig, ihre Angriffe zurückzuschlagen. |

Lit.: G. Jungbluth, GRM 34, 1953, S. 345–48.

## Meinloh von Sevelingen (um 1160–1180), S. 18.

Er wird allgemein den urkundlich erst im 13. Jhd. als Truchsesse der Grafen von Dillingen nachgewiesenen, bei Ulm ansässigen Sevelingern zugerechnet. Formal verwendet er, wie auch der Kürenberger, die paarreimige, zäsurierte Langzeile, die allerdings bei ihm im Anvers wie Abvers meist vierhebig gefüllt ist; allerdings ist die Strophe durch den in den dritten Paarreim eingeschobenen ungereimten Halbvers schon reicher entwickelt. Die Reime sind reiner, es kommen aber immer noch Verbindungen vor wie *liep/niet.* Ebenso wie durch die schon ausgeprägtere, auf den späteren eigentlichen Minnesang vorverweisende formale Entwicklung erweist sich Meinloh auch durch die Thematik und Gestaltung (z. B. Frauenpreis, erzieherische Kraft der Minne, Dienst-Motivik) als ein Dichter, bei dem sich Altes mit Neuem vermischt.

I 2 Schweikle entscheidet sich für die Lesart der Hs. C *wallende*. Es scheint aber doch wohl eher gemeint zu sein, daß der vielleicht weither durch den Ruf der Dame angelockte Bewerber auf seiner Reise die *tugende* anderer Frauen vergleicht. Nur so kann er in Vers 5 sagen: »Du bist die allerbeste, das muß man dir mit Recht zuerkennen.«

4 *haben in pflicht* C.

7 *vil tougenlichen an sehen* C.

II Zu denken ist bei dieser Strophe an die Übermittlung des Dienstangebots durch einen Boten. Der Redende spricht in der 3. Person, nur in V. 4 wählt er die 1. Person, was frühere Bearbeiter zum Anlaß genommen haben, hier *im* statt *mir* einzusetzen. Aber beide Handschriften lesen *mir*, was zweifellos die Lectio difficilior ist.

3 *niena* B.

6 *durr* = *durch*

III 1 Die Konjektur *sumeres,* die sich bis in die neueste Auflage von MF gehalten hat, steht aus metrischen Gründen. Da aber in dieser frühen Zeit auch andere Verse diese Kadenzfreiheit aufweisen, ist die handschriftliche Lesung vorzuziehen.

3 *verholne* von *verhelen* = ›verhehlen, verheimlichen‹.

7 Ein so unverhüllter Wunsch käme einem Sänger des späteren Hohen Minnesangs wohl kaum über die Lippen. – *gelît* =*geligit.*

Lit.: K. H. Schirmer, Die höfische Minnetheorie und Meinloh von Sevelingen, in: Zeiten und Formen in Sprache und Dichtung. Festschrift F. Tschirch. Hrsg. K. H. Schirmer und B. Sowinski. 1972, S. 52–73.

## Der Burggraf von Rietenburg

(wohl drittes Viertel des 12. Jhds.), S. 22.

Vermutlich stammt er wie der Burggraf von Regensburg (s. d.) aus dem Geschlecht der Grafen von Stevening und Rietenburg. Es ist jedoch nicht zu ermitteln, ob er ein Bruder des Regensburgers war oder ein jüngerer entfernterer Verwandter oder, wie einige Forscher erwogen haben, ob die beiden ein und dieselbe Person sind, nur in verschiedenen zeitlichen Phasen. Daß dieser Dichter in eine spätere Entwicklung gehört als der Regensburger, erhellt schon daraus, daß er nicht mehr in Langzeilen dichtet. Seine Strophen verwenden in der Regel auch nicht mehr durchgängig den Reimpaarvers, sondern sind schon, wenn auch sehr einfach, stollig gebaut (wie Nr. II mit dem Reimschema: ab/ab/cc dd ee). Das Neue, auf den Hohen Minnesang Vorbereitende liegt darin, daß der veredelnde Wert des Singens und Dienens betont wird und damit die *frouwe* als Herrin in eine entschiedene Distanz zum Sänger gesetzt wird.

I 3 Gemeint ist: damals im Sommer.
4 Beide Hss. lesen *gedingen,* das Schw. in den Text setzt (= schw. Subst. neutr., hier Pl. mit unreflektiertem Attribut *guot*): dann macht jedoch der Sg. *den* Schwierigkeiten.
II 1 *mich v. w.* B. – Eigentlich: da sie mich prüfen will.
9 *gluotes* = *gluote si.*

Zu den beiden Burggrafen vgl. Bertau, I, S. 369 f., der romanischen Einfluß aus formalen Gründen für wahrscheinlich hält.

## Dietmar von Aist (zweite Hälfte des 12. Jhds.), S. 24.

Die oberösterreichischen Freiherren von Aist haben ihren Namen nach einem kleinen Nebenfluß der Donau, der kurz unterhalb der Enns mündet. Seit 1139 bis 1171 urkunden Träger des Namens Dietmar, die möglicherweise ein und dieselbe Person meinen. Aber auch dann wäre noch fraglich, ob dies der genannte Dichter war, ob er nicht vielleicht ein gleichnamiger Ministeriale jenes Herrn von Aist war oder ob nicht unter dem Namen Dietmar von Aist später ganz unterschiedliche Textbestände zusammengefaßt worden sind. Darauf verwiese etwa das Nebeneinander unterschiedlicher Formen: neben unrein reimenden, paarreimigen, überaus einfachen und durch die Unmittelbarkeit der Aussage als sehr altertümlich gekennzeichneten Strophen wie *Ez stuont ein frouwe alleine* (Nr. IV) stehen viele die Kürenberger- und Meinloh-Tradition aufgreifende und variierende Langzeilen- bzw. Langzeilen/Kurzzeilenstrophen; schließlich finden sich auch schon in die Zukunft weisende paargereimte bzw. kreuzgereimte oder bereits stollige Kurzzeilenstrophen. Es ließe sich diese Vielfalt jedoch auch (mit Schweikle) so erklären, daß diese Sammlung das Werk eines über einen längeren Zeitraum hin dichtenden Autors darstellt.
Die Vielfalt der Strophen wie auch die Tatsache, daß die Reime noch oft unrein sind, verweisen Dietmar bzw. das unter dem Namen Dietmar gesammelte Corpus in die Zeit des Übergangs zwischen vermutlich bodenständiger Minnelyrik und neuem beginnenden Minnesang, wobei unklar bleibt, wieweit er bereits Anregungen von früheren französischen oder deutschen Autoren (etwa der Hausenschule) aufgegriffen hat.
Nehmen wir Dietmar als eine Person, so dürften wir ihn als einen für diese Frühzeit schon bemerkenswert sensiblen und ebenso nuanciert wie vielfältig-gestaltungsfreudig singenden Dichter ansehen. Für ihn sind bemerkenswert eine Reihe von Neuerungen: deutlicher als bei den Vorläufern sind hier schon Strophen zu Liedern zusammengefaßt, wobei in der Regel noch Frauen- und Männerstrophen kombiniert erscheinen; der alte Wechsel wird aufgehoben durch die Einführung einer direkten Redesituation (*also redeten zwei geliebe* Nr. I, 2) oder eines Boten (Nr. II);

der Natureingang wird reicher entfaltet und stellt schon relativ deutlich eine Beziehung her zum empfindenden Subjekt; schließlich verdanken wir Dietmar das (vielleicht erste, auf jeden Fall:) erstüberlieferte deutsche Tagelied.

I, 2 Interpunktion ganz parallel zur ähnlich strukturierten ersten Strophe. Schw. faßt nur v. 2, MT nur v. 1 und 2 als direkte Rede auf.

3 V. 1 und 3 weichen in Hs. C ab.

II, 1 5 *schaiden* B. – C bringt anderen Wortlaut.

2 5 MT: Leid, das man mir ansieht; Schw.: Leid, das sie anblickt. – wörtlich wohl: des mich ansehenden Leides . . .

III, 1 Die Hs. A bringt einen völlig anderen Wortlaut.

4 *zeiner* = *Ze einer.*

2 2 *sunder âne* = doppelte Verneinung verstärkt die Verneinung, hebt sie nicht auf.

IV 2 *warte* = *wartete.*

14 *engerte* + Gen. *deh. trutes,* davon abhängig der Gen. Pl. *ir* (= der andern Frauen).

V, 1 6 *irs* = *ir es*

3 4 *treit* = *tragit.*

6 *wirz* = *wir ez.*

4 4 *ir* = Gen. Pl., abh. von *dek.* – *sin* = *si en.*

VI, 1 2 *wan* C.

2 2 möglich wäre auch: *nu rüefestu: ›Kint, wapen!‹*

4 MT stellen um: *vriundin mîn.*

3 2 *einen* C.

4 *sant.* C.

Zum erstenmal in der für uns greifbaren deutschen Tradition findet sich hier die Tageliedsituation, die später im weiter ausgeformten Tagelied des Hohen Minnesangs immer wieder aufgegriffen wird: die Liebenden müssen sich bei Anbruch des Morgens voneinander trennen.

Lit.: G. Jungbluth, Zu Dietmars Tagelied, in: Festschrift Pretzel. 1963, 118–127.

## Kaiser Heinrich (letztes Drittel des 12. Jhds.), S. 32.

In der neueren Forschung überwiegen die Stimmen, die die acht Strophen, die in den Handschriften B und C Kaiser Heinrich zugeschrieben werden, dem Staufer Heinrich VI. (1165–1197) zuweisen. Letzte Klarheit ist hier allerdings nicht zu gewinnen; denn es könnte sehr wohl erst von einem späteren Schreiber oder Sammler, ganz äußerlich das in den Strophen immer wieder aufgegriffene Thema des Verhältnisses von Macht und Minne (vielleicht durch den Vornamen Heinrich veranlaßt) auf diesen Fürsten bezogen worden sein.

Wahrscheinlich hat jedoch Schweikle recht, der für die Rechtmäßigkeit der Zuweisung an den Kaiser geltend macht, daß die von diesem Dichter eröffnete Handschrift B vorwiegend Minnesang des 12. Jhds aus dem Umkreis des staufischen Hofes versammelt. Und sicherlich, wenngleich dies nicht zu belegen ist, ließe sich vorstellen, daß der spätere Kaiser diese Gedichte in der Zeit des prächtigen Mainzer Festes seiner Schwertleite verfaßt hat.
Die beiden hier aufgenommenen Lieder, von denen das erste noch die traditionelle Form des Wechsels aufgreift, während das zweite schon die aus Frankreich stammende Kanzonenform (die Verbindung eines Aufgesangs von zwei gleichgebauten Stollen mit einem freien Abgesang, hier mit dem Reimschema ab/ab/ccc) in stürmischen, oft daktylisch (x́uu) gefüllten Versen (Nachbildung der romanischen Zehn- bzw. Elfsilbler?) präsentiert, zeigen auch Heinrich als einen Dichter des Übergangs, wiewohl bei ihm schon stärker als bei seinen Vorgängern die neuen Töne anklingen: etwa die Motive des beständigen Ausharrens im ungelohnten Dienst oder der höchsten denkbaren Wertsteigerung der *frouwe (ich verzige mich ê der krône)*. Ganz eigen ist diesen Versen ein durch sie hindurchziehender Glücks- und Jubelton, der durchaus für die These vom dichtenden, und das hieße hier: selbstbewußt-herrscherlichen Kaiser sprechen könnte.

I, 1 1 Im allgemeinen wird dieser Vers, der in der handschriftlichen Lesung durchaus Sinn ergibt (= höher, mehr als mächtig), verbessert: *wol hoeher dannez = (danne daz) riche* = höher als der Kaiser. Eine Konjektur, zu der wohl die Tatsache verleitet hat, daß diese Strophe eben einem Kaiser zugewiesen wird.

7 Auch dieser Vers ist unterschiedlich verändert worden, vgl. MT zur Stelle. Ich folge hier der überzeugenderen Strophenanordnung von Schweikle.

2 7 Wenn Schweikle recht hat, daß die anderen Damen den Geliebten nicht kennen, so könnte die Pointe in dem hohen Rang des kaiserlichen Autors liegen, den die anderen Damen kennenzulernen drängen, obwohl sie ihn doch kennen.

II, 1 7 Es ist interessant, daß hier von Mann und Frau als möglichen Sängern die Rede ist.

2 1 ff. Von dieser Strophe her gewinnt die Konjektur in Lied I, 1 *(hoeher dannez rîche)* an Plausibilität.

6 Das Glücksrad, auf das hier angespielt wird, spielt gerade in der Fürstenlehre eine große Rolle.

3 Hier scheint die B-Überlieferung deutlich gestört zu sein. Vgl. die Lesarten bei MT.

1 Kraus bessert den überfüllten Vers in: *sît deich si.*

2 *zallen = ze allen.*

7 Wenn hier tatsächlich der Kaiser spricht, ein schönes Beispiel poetischer Hyperbolik!

4 2 *mohte* B.
6 *weder W.* C.
7 *troste* B.

Lit.: P. Wapnewski, Kaiserlied und Kaisertopos. Zu Kaiser Heinrich 5, 16; in: P. W., Waz ist minne. Studien zur mittelhochdeutschen Lyrik. 1975, S. 47–64. – H. de Boor, Kaiser Heinrich 4, 17; in: Beitr. 77, 1955 (Tübingen), S. 366–74.

## Friedrich von Hausen (wohl 1170–1190), S. 36.

Mit größter Wahrscheinlichkeit handelt es sich bei diesem Dichter um eine historisch greifbare Persönlichkeit, nämlich um Friedrich, den Sohn des bedeutsamen Freiherrn Walther von Hausen. Friedrich von Hausen urkundet seit 1171 in Urkunden aus dem Rhein-Main-Gebiet, später aus der Umgebung Heinrichs VI. Er stirbt 1190 auf dem 3. Kreuzzug; sein Tod ist von mehreren Chronisten als ein wichtiges Ereignis notiert und beklagt worden. Friedrich von Hausen war Ministeriale des Reiches, ein mächtiger und politisch einflußreicher Mann, wenn er auch aus einer rechtlich unfreien adligen Familie stammte, die, wie neuerdings aus einer Urkunde hervorzugehen scheint, auf der nördlich von Mannheim gelegenen Burg Rheinhausen saß.
Friedrich von Hausen ist der erste als historische Gestalt für uns greifbarere Dichter des Minnesangs. Er ist zugleich auch der erste, bei dem der provenzalische Einfluß deutlich nachweisbar ist: in der immer wieder sichtbaren Bemühung, den romanischen Zehn- bzw. Elfsilber im Deutschen nachzubilden; in Kontrafakturen, mit denen er romanische Vorbilder in die eigene Sprache und Dichtwelt überträgt; in der großen Anzahl durchgereimter Strophen, sog. Reimbänder-Strophen (wie z. B. Nr. IV *Ich denke underwîlen),* in denen gleichwohl die freieren Reimformen der vorhöfischen Zeit noch zu finden sind.
Friedrich von Hausen ist schließlich auch der erste, bei dem sich nicht nur einzelne Motive des Hohen Minnesangs finden, sondern bei dem das gesamte System minnesängerischer Selbstdarstellung in den wesentlichen Zügen ausgebildet vorliegt: das unerwiderte, ungelohnte Dienen; die Erziehung des Ritters zu Beständigkeit und zum Maßhalten; die Spiritualisierung der Herrin als einer in der Distanz angebeteten, bewunderten und geliebten Frau, die ihm das Herz raubt und sich ihm entzieht; das bejahte wie beklagte Minneleid, das im *trûren* und *sorgen* und in *kumberlicher nôt* seinen Ausdruck findet.
Die Gedichte dieses Dichters greifen nicht mehr nur Rollen auf, sondern sind, wenigstens im höheren Maße als die der Dichter vor ihm, Selbstausdruck und Selbstpräsentation. Es überwiegen daher bei ihm auch die gedanklichen Momente. Das dichterische Subjekt reflektiert, und dies in komplizierteren syntaktischen Konstruktionen als bei den Dichtern der Frühzeit, immer wieder die eigene Situation, freilich ständig im Rückgriff auf die durch die provenzalische Liebesdichtung vorgeformten

Muster und Ausdrucksformen. Aber diese Reflexion führt noch nicht wie bei Späteren in wirkliche Aporien; der durchaus schon tief empfundene Widerspruch zwischen den Ansprüchen der Herrin und denen des Kreuzzugs ist immer noch auflösbar. Hausen setzt und akzeptiert, wie besonders am Kreuzlied *Mîn herze und mîn lîp* (Nr. II) zu erkennen ist, ganz eindeutige Hierarchien: der ritterliche Dienst für Gott steht ihm dann letztlich doch höher als der Anspruch der (hier sogar als hartherzig gescholtenen) Frau.

Das Kreuzlied des Minnesangs, wie es bei F. v. Hausen zum ersten Mal in deutscher Sprache erscheint, hat seine Vorbilder in der lateinischen und provenzalischen Dichtung (Hausen schließt sich hier z. B. an ein provenzalisches Lied des Conon de Béthune an). Es thematisiert den Abschied von der Geliebten und damit den Zwiespalt des Sängers zwischen zwei an ihn gestellten Forderungen. Seine gesellschaftliche Funktion ist erst dann besser einzuschätzen, wenn die im Nachwort dargelegten Probleme einer soziologischen Interpretation des Minnesangs befriedigender gelöst sind (vgl. S. 262ff.).

I, 1 3 ff. Anspielung auf die Begegnung von Aeneas und Dido. Als der antike Held nach Karthago kommt, entbrennt Dido in heißer Liebe, aber Aeneas weist ihre Werbung zurück. Die verlassene und gekränkte Königin begeht Selbstmord.

2 Die Strophe thematisiert die neue Minneerfahrung als einen Lernprozeß.

3 3 *muosen* B. – *sô* = adversativ.

4 6 *beginnen* kann mit dem Gen. konstruiert werden *(ichs = ich es)*. – Das ganze Lied handelt von der neuen Minneerfahrung, die das alte Rollenschema (Dido verzehrt sich nach Aeneas, der jedoch unbeirrbar bleibt) umkehrt. Traditionellen Mustern folgend umkreist das Lied das Verhältnis von Kreuzzug und Minne, indem es Leib und Herz einem der beiden Bereiche zuordnet. In der ersten Strophe formuliert der Ritter die Aporie, in die er durch die Trennung von Herz und Leib gerät und ruft Gott als Schlichter an. In Strophe 2 wird beschrieben, wie es dem Herzen ergehen wird, wenn es einen eigenen Weg geht. Str. 3 stellt die *staete* des törichten Herzens der Kreuzzugsbereitschaft gegenüber. Str. 4 wendet den Unmut gegen eine Dame, deren Unverständnis den ganzen Streit verschuldet hat. In den früheren Ausgaben von MF sind die Strophen zur Erzielung einer angeblich besseren Abfolge umgestellt (1, 3, 2, 4) und erwogen worden, ob die etwas rauhe vierte Strophe überhaupt zum Lied gehört.

II, 1 1 *die* BC.

4 *ie doch dem herzen ein wib so nahen lit* C. – *erwellet* B.

5 *muot* B.

2 4 *wol* B, *wol welle* C.

6 *getorstest* von *turren* = wagen, sich getrauen. *ernenden* = Mut zu etwas fassen. Die Verwendung von zwei bedeutungsgleichen Verben hebt das Wagnis kräftig hervor.

8 Der kurze Vers ist verschieden aufgefüllt worden. Vgl. MT zur Stelle.

3 2 *nan* = *nam*.

3 f. Die Lesung *min st.* in beiden Hss. wirft für heutige, logisch lesende Leser ein Problem auf, das wahrscheinlich für damalige Hörer nicht bestand, die *staetekeit* sofort auf die beschriebene *staetekeit* des Herzens bezogen. Der Vers ist vielfach konjiziert worden. Vgl. MT zur Stelle.

5 *lebendic man* = lebendig im Sinne des wahren ewigen Lebens. Sonst ist das Folgende kaum verständlich.

4 3 *gevlehet* B.

4 *sis* = *si es* (Gen. abh. von *iht*).

5 f. Der Sinn dieser umstrittenen Stelle ist vermutlich, daß die Dame von dem bewegenden Streit zwischen Herz und Leib nicht oder nicht gebührend Notiz nimmt. Viele Interpretationsvorschläge sind hier gemacht worden. Ich fasse *sumer von triere* = mit Kienast als *sumber von triele* (= Maultrommel) auf. Andere Vorschläge sind aufgelistet bei Schw., S. 494 f.

III, 1 3 ff. Die Hs. C bietet einen völlig anderen Wortlaut.

5 *valschen*, in beiden Hss. überliefert, wird aus metrischen Gründen von MT ausgelassen. Dagegen erwägt Schw., der es in den Text setzt, ob nicht die beiden Strophen von vornherein auf Variation desselben Schemas angelegt gewesen sein könnten.

2 2 *die si* B, *die sin* C.

3 beide Hss. lesen *tuon*.

4 *vervat* C. – *verhat* von *verhaben* in B (= zurückhalten, wobei *si* = die Herrin) ist sicherlich die schwierigere Lesart. Die Dame spricht, wie in 2, 2 von sich in der 3. Person. Hier übersetzt in der 1. Person.

IV, 1 Str. 1 und 3 in C. z. T. ein völlig anderer Wortlaut.

3 1 *sint grossiu wunden* C.

6 schließt an *kumber* an.

9 f. Der Liebende ist (vgl. 1, 1) fern von der Geliebten, vielleicht auf dem Kreuzzug.

Lit.: D. G. Mowatt, Friedrich von Hûsen. Introduction, Text, Commentary and Glossary. Cambridge 1971. – H. Bekker, Friedrich von Hausen. Inquiries into his poetry. Chapel Hill 1977. – R. Kienast, Hausens *scheltliet* (MF 47,33) und *der sumer von triere*. Sitzungsberichte der deutsch. Akad. d. Wiss. Klasse f. Sprachen, Lit. und Kunst 1961, 3. Berlin 1961.

## Heinrich von Veldeke (letztes Drittel des 12. Jhds.), S. 46.

Der Dichter des Aeneasromans *(Eneit)* gehörte wahrscheinlich einer (Ministerialen-?) Familie an, die sich nach dem Dorf Veldeke westlich von Maastricht nannte. Träger des Namens *de Veldeke* finden sich in lateinischen Urkunden des Grafen von Loon, in dessen Herrschaftsbereich das genannte Dorf lag. Von Heinrich wissen wir aus Angaben in der *Eneit*, daß er an dem bedeutsamen Hoffest von 1184, einem der glanzvollsten Ereignisse der staufischen Zeit, zugegen war, wo er möglicherweise mit den Dichtern der Hausen-Schule zusammengetroffen ist.

Der formale Bau seiner Strophen, die in der Regel schon stollig gebaut sind, sowie die schon fast durchgängige Reinheit der Reime könnte für solch eine Annahme sprechen, zumal wenn man sich vorstellt, daß gewisse altertümlichere Momente wie Langzeilenverse oder die besonders auffällige Häufigkeit einstrophiger Formen sich auch durch die geographische Abgeschiedenheit in der Frühzeit des Veldekeschen Schaffens erklären ließen.

Was diesen Dichter vornehmlich auszeichnet und was sich beim Lesen seiner Verse als erster Eindruck aufdrängt, ist die Kraft seiner zum Teil durchaus schon individueller gesehenen Naturbilder, in denen meist Details über die traditionellen Bildmuster hinausweisen. Aber es sind nicht nur die Naturbilder, es ist auch die Behandlung der Minne, die diesen Dichter von anderen vor und nach ihm deutlich unterscheidet: ein harmloses, heiteres, oft humorvolles, oft auch in Grenzen ironisches Spiel mit der Minne, die hier ohne allzuviel Tiefsinn auf die Grundstimmung von Freude *(blîscap)*, oft gerade auch sommerlich-unbeschwerter Sinnenfreude abgetönt ist. Daneben stehen aber auch andere Äußerungsformen, wie die Verfallsklagen der ironischen Selbstdarstellung, in denen deutlich wird, daß unter der oft heiteren Oberfläche auch Spannungen liegen, die sich ihren gelegentlichen dunkler gefärbten Ausdruck suchen.

Moser und Tervooren haben sich in der neuen Ausgabe von ›Minnesangs Frühling‹ für eine synoptische Ausgabe entschieden: einerseits den überlieferten, an einigen Stellen mit nichtmittelhochdeutschen Einsprengseln durchsetzten oberdeutschen Text; anderseits den von Frings und Schieb rekonstruierten limburgischen Text. Der wissenschaftlich interessierte Leser wird dies dort nachlesen können. In dieser Ausgabe, in der es um einen möglichst lesbaren Text geht, habe ich mich für die überlieferte Textfassung in der beschriebenen normalisierten Form entschieden.

I, 1 — 1 Angespielt wird auf den Minnetrank in der Tristan-Geschichte, und zwar auf eine Fassung, die nicht die volle magische Bedeutung des Trankes voraussetzt.
2 *künnegin* B, *künneginne* AC.
3 *der poysun* C. – 5 *sagen danc* B.
8 gemeint ist Tristan.

2 Die Strophe wirkt wie ein nachgestellter Natureingang, der jedoch schwer auf die Stimmung von Str. 1 zu beziehen ist.
10 *erbl. g.* C, *ir bliken g.* B, *Erbleichet gar owe* A.
II, 1 3 *loubet* B.
2 4 eigtl. = da waren sie mächtig.
7 *huoben und sungen* B.
III Eher ein Spruch über die Minne, bes. die *huote,* als ein Minnelied.
7 *wîse fruote* = Verstärkung durch zwei bedeutungsanaloge Wörter.
IV 2 *alrew.* B.
6 *verwan* von *verwinnen.*

Lit.: G. Schieb, Henric van Veldeken. Heinrich von Veldeke. Stuttgart 1965 (= Sammlung Metzler 42, mit Bibliographie).

## Rudolf von Fenis (letztes Viertel des 12. Jhs.), S. 52.

Der Dichter stammt aus dem Geschlecht der Grafen von Neuenburg, die sich auch nach ihrer Burg Fenis in der Nordwestschweiz, nahe der französischen Sprachgrenze, nannten. Es handelt sich mit höchster Wahrscheinlichkeit um Rudolf II., der zwischen 1158 und 1192 urkundet und vor 1196 gestorben ist; denn sein Neffe, der zweite in Frage kommende Rudolf, wird erst zwischen 1201 und 1251 in Urkunden erwähnt und dürfte für die vorliegenden Gedichte, die ihrer Form nach zwischen frühem und hohem Minnesang stehen, zu spät gelebt haben.
Rudolf von Fenis stand offenbar von allen Dichtern des frühen Minnesangs am unmittelbarsten in Verbindung mit der romanischen Literatur, was sich formal darin zeigt, daß die Mehrzahl der zumeist stolligen Strophen und daktylischen Verse seiner neun Lieder nach romanischen Vorbildern gedichtet sind, sowohl was den Ton als auch was die Thematik angeht. Schweikle vermutet neuerdings, daß Rudolf nicht immer nur der Nehmende war, allerdings aufgrund der letztlich nicht beweisbaren, wenn auch nicht unwahrscheinlichen Annahme, daß Fenis seine Dichtungen nicht als verheirateter Mann, sondern als noch jugendlicher Liebhaber der Poesie verfaßt habe, also um 1180/85. Wäre das richtig, so wäre in einem Falle, in dem sich die romanische Entsprechung, ein Lied des Dichters Folquet de Marseille, auf kurz vor 1190/91 datieren läßt, Fenis der Gebende.
Die Lieder bewegen sich in antithetischen Bögen um die Themen von *gewalt* und *genâde,* von beständigem Dienst und unerfülltem Werben, von Leiderfahrung und deren Sinn. Rudolf weiß diese Oppositionen in eindrückliche Bilder und Vergleiche zu fassen, etwa das vom gefährlichen Besteigen des Baumes, das den Klagenden in der Mitte läßt zwischen drohendem Absturz und unerreichbarem Aufstieg oder das vom zu spät aufgegebenen Spiel. Es überwiegen allerdings die unfrohen

Töne; Rudolf gewinnt aus dem Dienst keine freudige Stimmung, und man meint, deutlicher als bei anderen, immer auch ein Zähneknirschen mitzuhören.

I — Das Lied hat in der Auseinandersetzung um die Ministerialenthese (die gestoppte Aufwärtsbewegung als charakteristisch für die gesellschaftliche Verunsicherung und Frustration der Ministerialen) eine Rolle gespielt. Vgl. Köhler, 1970, der indessen übergeht, daß dieses Lied einem Gedicht des Kaufmannssohnes Folquet de Marseille nachgebildet ist und daß Graf Rudolf von Fenis als Mitglied eines mächtigen Schweizer Adelsgeschlechts nicht zur Gruppe der Ministerialen gehört.

I, 2 3 *verliuset* B.

7 *also* B. – Diese zweite Strophe findet ein neues Bild für die frustrierende Erfahrung der Liebenden, der Herrin ausgeliefert zu sein und zwischen Versprechen und Nichterfüllung, Hoffnung und Hingehaltenwerden zu stagnieren.

3 1 *lan* aus *han* B.

3 *siz = si ez*.

6 *von ir lîbe* = Umschreibung für: von ihr.

II, 1 4 stünde das *unde* nicht, bezöge sich das *daz* auf *gedinge;* es soll aber der durch *daz* eingeleitete Nebensatz, gleichgeordnet neben *trôst* und *gedinge,* auf *hân* bezogen werden.

2 7 *unde* = hier konzessiv = wenn auch. – *kleine* = eigtl. wenig, als mhd. Ironie = nichts.

3 6/7 nimmt das *kleine* von 2, 7 wieder auf.

III, 1 3 *zerwerbenne = ze erwerbenne*.

5 *mirs = mir es* (Gen. abh. von *niht*).

6 *ouch* = adversativ. – *bormaere* = eigtl. sehr lieb, hier ironisch verwendet. – Der Vers fehlt in B.

2 4 *ir* = Gen., bezogen auf die *minne,* abhängig von *niht.*

Lit.: H. Stadler, Rudolf von Fenis and his sources, in: Oxford German Studies 8, 1973, S. 19. – E. Baldinger, Der Minnesänger Rudolf von Fenis-Neuenburg. Bern 1923.

## Albrecht von Johansdorf (letztes Viertel des 12. Jhs.), S. 58.

Der Dichter wird allgemein mit dem Ministerialen des Bischofs von Passau gleichgesetzt, der zwischen 1185 und 1209 urkundet. Eine sehr wahrscheinliche Annahme, die gleichwohl letztlich unbeweisbar bleiben muß, wie die Behauptung, er habe am dritten Kreuzzug teilgenommen.

Die Thematik der Kreuzfahrt nimmt in seinen – zum ersten Mal die französische Kanzonenform in der gegensätzlichen Anlage von Stollen und Abgesang voll nach- und ausbildenden Liedern – eine zentrale

Stellung ein. Doch im Unterschied etwa zu Friedrich von Hausen wird die Kreuzzugverpflichtung der Minnebindung nicht nach- oder übergeordnet. Beide bleiben mit- und ineinander verflochten. Wenn der Ritter auf den Kreuzzug zieht, hat die Geliebte teil an der Fahrt; um ihretwillen kann er die als unerläßlich erkannte und akzeptierte Fahrt nicht aufgeben, aber emotional bleibt er ihr verbunden. Ein Zwiespalt, den er selbst nicht aufzulösen vermag und den er Gott aufzuheben bittet.

Albrecht von Johansdorf ist ein Dichter, der unter den Minnesängern hervorragt durch die innige, schlichte Wärme seines Grundtons. Zwar kennt auch er die unerwiderte Minne und die sonst für den strengen Minnesang bezeichnenden Sprach- und Denkmuster; aber er vermag vieles stärker zu beseelen, das Verhältnis zwischen den Liebenden wünscht er sich an einer Stelle so, daß es eine echte und tiefe Beziehung wird, die er in die Worte faßt: *daz ir beider minne ein triuwe wirt* (Nr. IV, 2). Freilich daneben steht wiederum das Lied, in dem der Sänger vergeblich versucht, die etwas schnippische distanzierte Dame zu mehr Freundlichkeit zu veranlassen, und das in die die Leidensdidaktik des Hohen Minnesangs quasi exemplarisch ausdrückende Grundmaxime ausläuft: *daz ir dest werder sint unde dâ bi hôchgemuot* (Nr. V).

Aufs Ganze gesehen vermeidet dieser Dichter jedoch eher den für den Hohen Sang charakteristischen Gestus. Weder scheint er sich im Leiden wohl zu fühlen und eher entschieden zur Freude und zu einem glücklichen Wohlbefinden zu streben, noch kennt er die zergrübelten antithetischen reflexiven Denkoperationen eines Reinmar. Albrecht ist nicht eingeschworen auf das Aushalten der für den Minnedienst bezeichnenden Situation der Unerfüllbarkeit; sondern scheint von Herzen den anderen Zustand zu suchen.

I, 1 2 *die boeste* A, *diu liebeste* BC. Die BC-Lesart wird gestützt durch MF 123, 10: *Min liebeste und ouch min erste vreude was ein wip*. Vgl. Sudermann, S. 91 f.

3/4 Durch diese Interpunktion (so schon Schw.) erhält das *iedoch* von v. 4 einen Sinn: es bezeichnet den Gegensatz von v. 3 und 4.

2 1 = »bei meinem Seelenheil« in religiösem Sinn?

3 4 *wenne* A. – *gelît* = *geligit*. – *noch harte* A, *ouch me* BC.

7 *wan daz min leben* A, *von wenne ist das min leben* B (C).

4 Zur Frage der Einheit des Liedes vgl. Ingebrand, S. 79 f. und 102 f. Die Strophe scheint abrupt ein anderes Thema einzuführen und sogar im Widerspruch zum vorigen zu stehen. Geht es jedoch im Minnesang um eine ritualisierte Minnedienst-Haltung, deren Rituale für den Ritter wie für die Herrin wichtig sind, dann muß seine Kreuzzugs-Entscheidung für sie einen großen *kumber* bedeuten.

II, 1 3 *ern* = *er ne* (= Verneinung).

2 1 f. *gesach dz cruce an mine cleide. do sprach diu guote. gie* A.

5 *si spr. wold geborn umbe si* A.

6 ff. Setzt man als Reimschema für die erste und für diese

lückenhafte Strophe voraus: abab baba, so wird man die folgende (Reimschema: abab acwc) nur mit größten Bedenken zu diesem Lied stellen können. Schw. löst die Schwierigkeit, indem er Strophe 1 verselbständigt und Str. 2 und 3 zu einem Lied zusammenzieht. Die älteren Ausgaben von MF lösen das Problem durch Wortumstellungen in 3.

3 2 *zeinem* = *ze einem*.

5 *swer daz* A.

7 *so so die s.* A.

III, 1 1 in beiden Hss. stehen die Konjunktivformen *varn* und *sagen*. Von v. 4 her ist aber eine indikativische Aussage eher wahrscheinlich. So könnten die beiden hss. Formen auf Hörfehler (*nt* vor folgendem *d*) zurückgehen.

4 *tumber* B.

5 *unseren ande* B.

9 wegen des Sündenfalls.

3 5 *belîben* kann beides meinen: Zu Hause bleiben und fallen im Kampf. Mir scheint nach den beiden vorhergehenden Strophen das zweite wahrscheinlicher, weil mit der *êhaften nôt* der 2. Strophe kaum die Minnebindung gemeint sein dürfte. Wenn man v. 3 so auffaßt, daß der Sänger bisher nicht frei war, eine Entscheidung zu treffen *(kranker muot)*, so geht es jetzt darum zu ergründen, welche Sünden ihn auch als Kreuzfahrer weiterhin belasten. Wenn er bliebe, so wäre das eine so große Versündigung, daß die Verse 7 ff. nicht gerechtfertigt wären. Anders Sudermann, S. 228 ff., der eine ausführliche Interpretation des Liedes gibt.

IV, 1 1 *ichs* = *ich es* (Gen. abh. von *inne w.*).

4 *herzen* fehlt C. – 5 *bescheiden* C.

2 Schw. faßt die Strophen 1 und 2, die nur in C überliefert sind, zu einem Wechsel zusammen: Frauenstrophe, Männerstrophe. Ich folge hier der üblichen Reihung, da der Beginn der folgenden Strophe nicht, wie Schw. ansetzt, den Beginn eines eigenen Liedes bilden kann, da das *ir* von v. 2 völlig in der Luft hinge.

3 3 wörtlich: *da* = dort wo.

V, 2 1 *senden k.* = *senenden k.* (zum Verb *senen* = sich sehnen). – 2 *iuch* statt *iu* in C (umgekehrt in v. 5).

5 4 *boln* = werfen, schleudern. Offensichtlich abfällig.

6 Das Lied läuft auf diese das Wesen des Minnesangs sehr präzise bestimmende Wendung hinaus. Bergmann, S. 188, schreibt über *hôchgemüete:* »die hochdenkende, edle Gesinnung und zugleich das freudige Selbstgefühl«.

Lit.: D. P. Sudermann, The Minnelieder of Albrecht von Johansdorf. Edition, Commentary, Interpretation. Göppingen 1976. – R. Bergmann, Untersuchungen zu den Liedern Albrechts von Johansdorf. Diss. Freiburg 1963. – H. Bekker, The poetry of Albrecht von Johansdorf. Leiden 1978. – H. Ingebrand, Interpretationen zur Kreuzzugslyrik Albrechts von Johansdorf u. a. Diss. Frankfurt 1966.

## Heinrich von Rugge (letztes Viertel des 12. Jhds.), S. 70.

Der Dichter gilt allgemein als Ministeriale des Pfalzgrafen von Tübingen. Allerdings lassen die beiden Urkunden, auf die sich solche Zuweisung bezieht, keine Sicherheit zu, da es offenbar mehrere Familien des gleichen Namens gegeben hat, die sich nach der Burg Ruck bei Blaubeuren nannten. Immerhin läßt sich sagen, daß alles für eine oberschwäbische Herkunft des Dichters spricht, wenngleich nicht zu ermitteln ist, wie er ständisch einzuordnen ist. Wie bei Dietmar von Aist, dessen Name offenbar als Sammelbecken sehr unterschiedlicher Überlieferungen gedient hat, scheint auch bei Heinrich von Rugge manches später Gedichtete ihm zugeteilt worden zu sein. Sicher ist jedoch sein Kreuzleich ein echtes Werk, ein religiöser Aufruf zur Kreuzfahrt, Aufruf für die anderen und für sich selbst, *den tumben man von Rugge*. Für ihn gibt es keine Selbstzweifel, ob die Entscheidung richtig ist; denn selbst die *frouwe*, so Rugge, sagt sich von dem Mann los, der in der Heimat bleiben will, um sich bei den Frauen die Zeit zu vertreiben. Die tiefe Problematik des Verhältnisses von Gottesfahrt und Minnedienst, wie wir sie bei Friedrich von Hausen oder etwa bei Albrecht von Johansdorf finden, ist ganz außerhalb des Ruggeschen Gesichtskreises, so daß immer wieder erwogen worden ist, ob dieser Leich, der nach Denken und Sprache auch sonst archaische Züge aufweist, nicht doch wesentlich früher, vielleicht sogar in die Frühzeit des donauländischen Sangs, zu rücken ist.
Der Leich (dazu s. auch S. 327), »eine Sequenz mit Gruppenwiederholungen, die in sich jedoch leichte formale Variationen zeigen können« (MT Anm.), ist nur in der Hs. N überliefert. Ich habe hier die nach MT geordneten Gruppen neu durchnumeriert, um den Leser nicht zu verwirren. Die Gleichheiten entfernter stehender Gruppen werden im Folgenden bezeichnet.

2 5 *minen* N.
3 4 *gereit* = Part. des swv. *gereiten* (zurechtmachen, bereiten).
6 *treit* = *tragit*.
8 *seit* = *sagit*.
4 5 f. Die Verse beziehen sich auf den Kreuzzug des Staufers Friedrich Barbarossa 1189 bis 1192 und besonders auf den Tod des Kaisers 1190.
5 *süeze marke* = Der Kreuzfahrer wird quasi mit heiligen Gebieten im Jenseits belehnt.
11 *gereit* s. oben zu 3, 4.
6 5 *hile* N.
7 *spile* N.

7 1 *derst* = *der ist*.

5 *sîn* = Konjunktiv, also etwa: wir dürften ... blind sein. –

8 Formale Variation (Binnenreime in 8) von 7.

5 gemeint ist: seinen Platz unter den Seligen.

6 *gît* = *gibit*.

10 5 *si* fehlt in N. – *zit* N.

11 2 Der kurze Vers ist verschiedentlich ergänzt worden: *mannes h.* K, *heldes h.* Ba. – Das Thema Minne wird hier zum erstenmal, und nur kurz, angespielt. Es erscheint, im Unterschied etwa zu Hausen oder Johansdorf, nur in negativer Färbung.

12 12 und 13 variieren 11. – Ich fasse diese Strophe auf als ein Gespräch zwischen zwei Freundinnen über den *boesen man* von str. 11.

3 *mir* bereits in der ersten Ausgabe von MF hergestellt aus dem handschriftlichen *minnen*.

14 14 variiert 7.

2 *erst* = *er ist*. – 3 *do erwarf daz heile* N.

15 15 und 16 variieren 9.

2 *git* N. *gebet* Konj. K.

6 *dahine* N.

16 Der Schluß lenkt mit der Opposition *tumpwîse* wieder zum Anfang zurück. Doch nun, nachdem der *rât* entfaltet worden ist, kann der Hörer ihn, wie die rhetorische Frage meint, richtig verstehen.

## Bernger von Horheim (letztes Drittel des 12. Jhds.), S. 78.

Dieser Dichter wird im allgemeinen mit einem *Berengerius de Orehem* bzw. *Berlengerius de Oreim* identifiziert, der 1196 in zwei italienischen Urkunden Philipps von Schwaben urkundet. Ob zu Recht, steht dahin. Die unterschiedlichen landschaftlichen Zuordnungen – Raum Aachen, Waldshut, Frankfurt, Vaihingen an der Enz – unterstreichen die Unklarheit, die über diesen Dichter herrscht.

Dabei wüßten wir gern mehr von ihm. Denn die stollig gebauten Strophen seiner nur sechs Lieder zeigen ihn als einen Meister der Form, der virtuos und leicht das Thema Minne in immer neue Spiegelungen zu bringen weiß. Freilich, der Gefahr eines formalen Manierismus ist er nicht immer entgangen, wie das überaus gekonnte, aber auch etwas leerbleibende Reimspiel zeigt, das schon auf spätere Entwicklungen des Minnesangs im 13. Jahrhundert verweist. Es ist überreich an Binnenreimen und an verbalen Verknüpfungen durch unterschiedliche Wortformen semantisch zusammengehöriger Wörter.

3 *gît* = *gibit*.

4 *michs* = *mich es*.

## Hartwig von Raute (letztes Drittel des 12. Jhds.), S. 80.

Die urkundlichen Zeugnisse für Träger dieses Namens liegen zu früh, als daß wir sie auf diesen Dichter, der sicherlich ins letzte Drittel des 12. Jahrhunderts gehört (das erste Lied zeigt ihn im Dienste des Kaisers, also wohl Heinrichs VI.), beziehen dürften. Seine wenigen in Einzelstrophen verfaßten Gedichte erlauben nicht, seine Stellung im Minnesang näher zu bestimmen. Doch es scheint sich, wenn wir das wenige Erhaltene als charakteristisch für das Ganze nehmen dürfen, um einen originellen, kraftvollen und unkonventionellen Dichter gehandelt zu haben, der durchaus einige Leidenschaft in die meist so sedierten Töne des Minnesangs zu bringen wußte. Jedenfalls sucht eine Strophe wie *Als ich sihe daz beste wîp,* die beherrscht ist vom *minnenden unsin,* in dieser Zeit und in diesem Bereich ihresgleichen.

7 *war nemen* mit Gen. (= *sîn,* bezogen auf *unsin* und *sprunc*).
11 *truwet* = *truwete.*

## Heinrich von Morungen (um 1200 bis ca. 1220), S. 82.

Er gilt als staufischer Ministeriale, weil die Burg Morungen bei Sangershausen im Mansfeldischen (Thüringen) 1157 von Kaiser Friedrich I. gekauft wurde; aber es bleibt unsicher, ob er aus einer Familie stammt, die auf dieser Burg saß, wenngleich gewisse ostmitteldeutsche Sprachspuren in seinen Dichtungen daraufhin zu deuten scheinen. Unklar bleibt auch, ob er identifiziert werden darf mit jenem *Henricus de Morungen,* der 1217 und 1218 in zwei Urkunden des Markgrafen von Meißen urkundet, wenngleich die (auch zeitliche!) Wahrscheinlichkeit durchaus besteht.

Die Lieder Heinrichs von Morungen, verfaßt in der Kanzonenform und vielfach noch im daktylischen Sprachrhythmus, zeigen den Dichter nicht nur formal beeinflußt durch die provenzalischen Troubadours, durch die nordfranzösischen Trouvères sowie durch die oberrheinische Hausenschule. Auch das inhaltliche Grundschema verdankt sich dem klassischen Sang. Doch wichtiger als solche Feststellung ist die, daß Morungen diese vorgegebenen Formen, Schemata, Muster mit einer vor ihm noch nicht dagewesenen dichterischen Lebendigkeit erfüllt. Denn was besagt die Tatsache, daß alle Lieder dieses Dichters das Minneverhältnis zwischen einer abweisenden Herrin und einem sich als *dienstman* und *eigen man* präsentierenden Liebenden umkreisen; was die Tatsache, daß man bei Morungen allenthalben Anklänge an die literarische Tradition, sei es des engeren Minnesangs oder der heimischen Minnelyrik, sei es der Marienlyrik oder der antiken Literatur findet, angesichts des viel wichtigeren Umstandes, daß hier ein Dichter diesem allem neue Intensität, Leidenschaftlichkeit, Leuchtkraft zu geben vermag? Ein Dichter, der, wie es scheint, zum erstenmal in der deutschen Literatur den Gedanken formuliert, daß die eigentliche Intention seines Dichtens nicht der vorgegebene Inhalt, der Stoff, ist, sondern dessen produktive Verarbeitung im dichterischen Vorgang selbst: *wan ich durch sang bin ze der welte geborn* (denn um des Sanges willen bin ich auf die Welt gekommen). Dabei ist kaum etwas von den Reflexionen, Antithesen, Argumentationsschemata des klassischen Minnesangs übergangen; doch alles wird übersetzt in die anschauliche Sinnlichkeit von strahlenden Naturbildern, von Tönen und Farben, von originellen Gleichnissen, von ungestümer rhythmischer Verve, von beseelter Musikalität. Die Minne erscheint hier gesteigert zur magisch-dämonischen, ja tödlichen Kraft, die dem Dichter die Sinne raubt, ihn in Krankheit, Wahnsinn, Tod treibt. Sucht er sich dieser Wirkung zu entziehen, dann im zornigen Wissen um die Unaufhebbarkeit eines zauberischen Banns, den er mit ungeheuerlicher Wucht verflucht; preist er die eigene Bezauberung durch die innere und vor allem auch äußere Schönheit der Geliebten, dann tut er das im maßlosen Jubel. Wie Minne wirkt, welche dynamischen Kräfte von ihr ausgehen, wie die Bereiche von Realität und Traumwelt sich auf rätselhafte Weise vermischen – dieser Dichter vermag es mit einer bis dahin unerhörten sprachlichen Sensibilität in die vielfältige Welt seiner Bildphantasien zu fassen.

I, 1 1 ff. Frings hat für Morungens Lieder und besonders auch für dieses Lied Einflüsse der Marienhymnen festgestellt, hier besonders Anklänge an das Magnificat. Vgl. Frings, S. 27. Ein so auf *wunne – fröide – liebe* abgestimmtes Lied, das zumal die Leitwörter *wunne* und *wunneclich* immer wieder variiert, ist nicht nur im Minnesang, sondern auch bei Morungen selten.

1 *wunnecliches* = gen., abh. von *swaz*.

3 3 *sanfte tuonder swaere* = Oxymoron, d. h. die Zusammenfügung eigentlich sich ausschließender gegensätzlicher Begriffe. Vgl. auch 4, 5 *von fröide erschrac*.

II, 1 1 *elbe* BC.

2 Da *elben* = verführerische, dämonische Wesen (vgl. Str. 2) fasse ich *liebe* als Macht, die von ihnen ausgeht.

4 *vehen* ABC. – BC weichen in dieser Strophe z. T. stärker ab von A.

2 4 *Dz mir mit* A.

6 *nach* A.

3 4 Ich fasse die Strophe als einen Satz auf und setze nach v. 4 ein Komma.

4 2 *aldur* = *al durch*. – *sehent* A.

3 Tervooren schreibt: »natürlich die *huotaere*.« Warum dann aber *wunne* in 4?

6 *waren* A.

III, 1 2 f. *liet* C. – Seit Hildebrand, ZfdPh. 2, S. 257 wird allgemein *liep* gelesen. So auch Vogt (MF Vogt), der Belege dafür bringt, daß die Nachtigall nach der Paarungszeit verstummt.

4 Allgemeingültig formulierter Satz, im Mhd. oft im Präteritum.

2 2 K liest *sprichet si*, bezieht also den Vorwurf auf die *frouwe*. Entsprechend muß er dann auch die Verse 5, 6 und 8 ändern (*der; diu; ir*); ein starker Eingriff in einen sinnvollen Überlieferungswortlaut.

3 *der* = Gen. Pl., abh. von *waz*. – *lît* = *ligit*.

10 *in* = *ich en* (so auch 4, 3).

4 *ansehen* = Blick und Anblick. – *anders* = Gen., abh. von *niht*.

6 Eine im Minnesang im allgemeinen unübliche deutsche Benennung. Vgl. Lea, Beitr. 89, 1967 (Halle), S. 262 ff.

5 *wan* CC[a], am Anfang der Zeile, offenbar eine Verschreibung infolge des zweiten *wan*.

6 Im Unterschied zum Reimschema der Strophen 1–5 (ababccdeed) ist hier das Reimschema anders (ababccdddc), überdies ist v. 6 sechs- statt fünfhebig. Tervooren, Lieder, S. 155 weist darauf hin, daß sich auch sonst bei Morungen Variationen im Abgesang finden.

2 *sôn* = *so en*.

4 *sin* = *si en*.

8 *ob* fehlt CC[a], Zusatz von K.

IV, 1 Es wechseln in diesem Lied daktylische (v. 1, 2, 4, 5, 9, 10) und alternierende Verse.

6 *sorgen* = Gen., abh. von *âne tuot*.

10 f. *die* = *sorgen* = aus dem Verb zu entnehmendes Objekt.

2 5 *krônen* = Kopfschmuck, Krone, Kranz. So wie in Str. 1 beim Anblick der Frau die Sonne aufgeht, so geht sie hier bei ihrem Weggang unter.

3 1 *Wan* C.

3 Ich setze hier Doppelpunkt statt Komma, weil alles Folgende abhängig ist von *schrîben: wie liep . . . und daz der lese . . .* – *fründe* = mitteldt. Form für *friunde*.

V, 1 3 *lützel* = mhd. Ironie = nichts.

7 MT sperren hier *lât* (wie ebenso in 2, 7 *zorn* und 3, 7 *hân*), doch der Binnenreim wird auch so deutlich. –

2 3 *dêst* = *daz ist*.

4 *sin* fehlt in C. (= *si en*), Konj. von Lachmann.

VI Ich fasse diese Strophe als Einzelstrophe auf und verbinde sie nicht mit MF 137, 10, da sie sowohl im Reimschema wie in der Hebungszahl einiger Verse davon abweicht und überdies um 3 Verse länger ist. Diese als Geleit (= formale Wiederholung der letzten Verse der vorhergehenden Strophe, vgl. Tervooren, Lieder, S. 171) aufzufassen, ist wenig Anlaß, da dann wenigstens das Strophenschema der beiden aufeinander bezogenen Strophen gleich sein müßte.

3 *du spraeche* = Praet. Indikativ.

10 *lît* = *ligit*.

VII, 1 1 *heide*= das noch nicht bebaute Land zwischen den Äckern und dem Wald, meist bestanden mit Gras, Gesträuch.

5 und 7 S Schlagreime (so auch in Str. 2 und 3).

7 *leit* C. In *leide* geändert, weil reimend mit *heide* (v. 1.) – *spranc* = der höfische Tanz wird gemessen schreitend getanzt, nur der bäurische *reie* wird gesprungen (Tervooren, Lieder, 176).

2 Eine Strophe, die der Übersetzung unüberwindliche Schwierigkeiten entgegenzustellen scheint: Im Unterschied zu Tervooren, Lieder, S. 175 f. (vgl. dort auch die bisherigen Deutungen) halte ich Vogts Lösung für die beste: »meinen Tod fälschlich angenommen hatte.« Dann wären es in v. 1 ff. Tränen der Enttäuschung und des Grolls, nun keinen Verehrer mehr zu haben. Als er dann vor ihr kniet und sie ihn lebend sieht, ist sie sogleich wieder die untangierbare Dame, von der er jetzt sagt: lieber ist es mir, wenn sie wenigstens feindselige Gefühle gegen mich hat.

7 *gar* fehlt C, von K ergänzt.

3 2 *zir* = *ze ir.*

3 *ichs* = *ich es.*

4 ff. Das Neben- und Gegeneinander von *vuoge* und leidenschaftlicher Liebesglut und Blendung hat bisher noch keine befriedigende Deutung gefunden. Die Bildverschränkung von *bant* und *erblant* ist unübersetzbar.

VIII, 1 Das Lied nimmt die alte Form des Wechsels wieder auf (Männerstrophe, 2 Frauenstrophen), und die Überlieferung zu ändern, besteht kein Anlaß. – Die hier gegebene Übersetzung akzentuiert, daß er sich als Kaiser fühlt; wohingegen der Akzent sicherlich nicht darauf liegt, daß er keine Krone und kein Land hat. Im Gegenteil: obwohl er diese nicht hat, fühlt er sich als Kaiser.

7 *in* = *ich en.*

2 2 *dêst* = *daz ist.*

3 2 *sende* = *senende.*

6 *sichs* = *sich es.*

IX Nach Ruh ein Tageliedwechsel, d. h. die Verbindung von Tageliedthematik und Wechsel. Formal besteht jede Strophe aus einem stolligen Formkörper (Reimschema: ababccc), dem ein gleichbleibender Eingang *(owê)* voran- und ein Refrain nachgestellt sind. Viele Motive dieses Tageliedwechsels sind in der provenzalischen Lyrik vorgebildet. Das Tageliederlebnis erscheint hier in der Rückerinnerung zweier Liebender.

4 6 Nach dem Aufsatz von R. Harvey besteht kein Anlaß, eine sinnvolle Textstelle *(mîn arme)* mit K in *mich armen* zu ändern. Es geht hier ja nicht darum, eine mögliche Prüderie der Schreiber wieder rückgängig zu machen, sondern

die genuine mittelalterliche Vorstellung zu finden, und da sprechen die Belege dafür, daß besonders die nackten Arme als erotisierend galten. Was im übrigen nicht ausschließt, daß die Frau, wie das Lied voraussetzt, auch sonst völlig nackt ist.

X, 1 In der Hs. e werden alle Strophen Reinmar zugeschrieben. – Dieses vielinterpretierte Lied, das provenzalische Vorbilder sehr selbständig weiterbildet (vgl. dazu vor allem Frings-Lea), wird wegen des Gleichnisses in Str. 3 allgemein als Narzissuslied zitiert.

Die schwierigen Bild- und Gleichniszusammenhänge, die das Geschehen dieses Liedes wesentlich bestimmen und wegen ihrer Komplexheit immer wieder diskutiert worden sind, können hier nicht einmal angedeutet werden. Verwiesen sei auf die unten angeführte Literatur, bes. auf den subtilen Aufsatz von D. Peschel, Ich, Narziß und Echo, in: GRM, NF. 30, 1980, S. 25–40. – Ich sehe in dem Lied ein erstes Beispiel einer dann mit Hartmann und Walther weitergeführten Reflexionsbewegung, in der die im Minnesang übliche Idealisierung der Frau in Zweifel gezogen und aufgelöst wird. Die Motive, die darauf hinweisen, sind hier: das Zerbrechen des Spiegels, das *versêrte mündelin,* die Angst vor dem *verblîchen.* Zugleich wird erkannt, daß diese Idealisierung in den narzißtischen Bedürfnissen des Sänger-Ichs begründet liegt und nur durch die aporetische Struktur der spezifischen Minnebindung gesichert wird.

1 ff. Der Gleichnisstil hat gegenüber den Folgerungen für die Minnehandlung v. 6 ff. eine größere Deutlichkeit. Die zweite Strophe führt das nur allgemein Angedeutete weiter aus.

2 3 *slaffe* e.

4 *an die* e.

8 *rotez* fehlt e, ergänzt von K.

3 2 *munt* e, K verbessert in *mündelîn* aus metr. Gründen.

6 ff. Das eigentliche Narzissusgleichnis, wie es aus der Antike bekannt ist. Schwierig bleibt *sînen schaten,* das ja etwas anders zu meinen scheint als das klare Spiegelbild der Narzissusgeschichte. Der *schate* ließe sich als der im narzißtischen Minneverhalten des Betrachters begründete Schatten auf der Idealisierung der *frouwe* begreifen.

4 3 *ungewinnen* e.

5 *ichs = ich es.*

Daß das Lied mit der Abschwörung des *wânes* endet (so Tervooren, Lieder, S. 188), vermag ich nicht zu sehen; eher glaube ich, daß die Aporie nicht aufgelöst werden kann. Vgl. v. 7.

XI 2 *went* C.

4 *zwar* C.

7 *iemer* = *niemer* im abhängigen *daz*-Satz.

12 *dazs* = *daz si*.

In diesem Lied, das mit einem kühnen Oxymoron aus dem Bildarsenal des Minnekrieges beginnt, zieht der Sänger eine äußerste und wiederum sehr kühne Konsequenz: Wenn er auf Erden nicht erhört, ja sogar durch seine Liebe getötet wird, setzt er den Dienst an der *frouwe*, die hier wieder mit Beiwörtern des Marienpreises bedacht wird, im Jenseits fort.

Ausg.: Neben MT vgl. Heinrich von Morungen, Lieder. Text, Übersetzung, Kommentar von H. Tervooren. 1978 (Reclam Univ.-Bibl. 9797).

Lit.: Th. Frings und E. Lea, Das Lied vom Spiegel und von Narziß, in: Beitr. 87, 1965 (Halle), S. 40–200. – Eine ausf. Bibliographie bei Tervooren, Lieder, S. 213 ff. – R. Harvey, »Min arme«. A textual crux in Heinrich von Morungen's Tagelied, in: Beitr. 86, 1964 (Tübingen), S. 266–97.

## Hartmann von Aue (um 1180–1205), S. 104.

Hartmann, den wir vor allem als Dichter von Artusromanen und anderer Verserzählungen kennen, war nach eigener Aussage Ministeriale *ze Ouwe,* vermutlich im alemannischen Raum. Seine Lyrik scheint mit 17 Liedern in seinem Œuvre einen bescheidenen Platz einzunehmen. Dennoch sind die Lieder im Rahmen des Minnesangs wie auch im Rahmen des Hartmannschen Werkes wichtig und interessant, weil sie in ihrer Unterschiedlichkeit differente Positionen zum Beziehungsphänomen ›Minnesang‹ entwickeln. Hartmann geht aus vom klassischen Sang, von den traditionellen Wertungen und Modellen. Und in diesen offenbar frühen Gedichten des Werbens, des ungelohnten Dienens in der Haltung des ergeben Minnenden klagt er darüber, daß er keine Erhörung findet, sich aber auch nicht der *frouwe* entziehen kann. Das ist, so könnte man sagen, nichts Neues. Doch der Ausdruck, den dieser Gedanke in Lied Nr. II, 3 findet, läßt aufhorchen: *swer selchen strît/der kumber âne fröide gît,/verlâzen kunde, des ich niene kan,/der waere ein saelic man.* Hier wird, deutlicher als sonst, eine Sehnsucht formuliert, die dann in sog. Unmutslied Form gewinnt. Der Sänger sucht sich auf eine heiter-bissige Weise aus der einseitigen Bindung zu lösen und will seine Zeit lieber mit einfachen Frauen verbringen. Das ist aber nur die eine Seite des Unmuts, die andere, die Sehnsucht nach *saelikeit,* die noch verstärkt wird durch den offenbar als einschneidend erlebten Tod des Herrn führt dann zur völligen Abkehr von der Welt. Ist die Trauer um den Herrn zunächst noch eingebettet in die Traditionalismen des klassischen Sangs (Lied Nr. I), so bringt sie den Sänger schon bald auf einen anderen Weg: durch die Teilnahme am Kreuzzug läßt sich die irdische Liebe in die Gottesminne transformieren und die irdische

Glückserfahrung, die nie *sorgelôs* war, in die unauflösliche himmlische Seligkeit, die überdies noch mit dem geliebten Herrn geteilt werden kann. Daß noch das Lied, das die Hartmannsche Wende am deutlichsten markiert, eine heftige Polemik gegen die Minnesänger enthält, und das heißt: eine Auseinandersetzung mit der eigenen gedichteten Vergangenheit, läßt ermessen, wie gewichtig Hartmann das Frühere, Überwundene auch auf dieser Stufe noch nahm und wie prägend die Leitbilder waren, von denen er sich befreite.

I, 1 Das folgende Lied ist um die Mittelachse (3, 5 *mich hât beswaeret mînes hêrren tôt*) herum gruppiert. Die Argumentation ist prozeßhaft, das heißt: das jeweils Folgende führt nicht Widersprüchliches ein, sondern führt die Gedanken in einer neuen Brechung weiter. Die Strophenfolge ist unterschiedlich angesetzt worden. Vgl. dazu Brackert, in: Interpretationen mittelhochdeutscher Lyrik, hrsg. v. G. Jungbluth, 1969, S. 177–82.

2 5 *mîn* = Gen., abh. von *gert*.

6 *schadehaften* BC. *saeldehaften* Konjektur von K.

3 5 Der Tode des Herrn muß in Hartmanns Leben ein Wendepunkt gewesen sein. Immer wieder nimmt er darauf Bezug.

9 *reit* fehlt in C, aber nach Reim und Sinn sicherlich richtig ergänzt, vgl. die Kind-Thematik schon in v. 3.

5 9 *Min* C. Nach K aufzulösen als *michn* = *mich en*. Der letzte Vers faßt die Haltung des Sängers noch einmal prägnant zusammen. Die *frouwe* hat recht, daß sie ihn verstieß, denn er war *wandelbaere*. Doch das *leit*, das sie ihm zufügt, wiegt gegenüber dem Tode des Herrn gering, es ist *varndez leit* (3, 6), ist flüchtig wie das irdische Glück.

II, 1 Eines der wenigen Lieder Hartmanns, die in einer traditionellen Weise Minnesang sind, d. h. die tradierten Formeln und Rituale aufgreifen, ohne sie in Frage zu stellen. Die Entscheidung von MT, in der ersten Strophe der Hs. C, in den beiden folgenden der Hs. A zu folgen, ist nicht unbedenklich. Vielleicht wäre es bei einer solchen Überlieferungslage ebenso sinnvoll, die Textform einer Hs., auch wenn sie jüngere Änderungen enthält, durchgängig wiederzugeben. – 9 *gegeben* AB, *ergeben* C.

2 1 ff. Sang als Ersatz für direkte Kommunikation, Klage als Kompensation. Das wird kaum jemals im Minnesang so deutlich ausgesprochen.

7 nach *si* wiederholt A *swie verre ir ich; ich ir si* B.

8 *vn siht* B, *vn niht siht* C.

10 *mîn* Gen., abh. von *niht*.

3 6 *verseit* = *versagit*.

9 *des* Gen., abh. von *niene*.

III, 1 Die beiden letzten Strophen dieses Liedes sind in der Regel als unecht oder als spätere Zusätze abgetrennt worden. Wie ich meine, zu Unrecht. Vgl. dazu Brackert, Kristes bluomen, in: Liebe als Literatur. Hrsg. v. R. Krohn. München 1983.

In dem Aufruf zum Kreuzzug scheint das Thema *minne* keine gewichtige Rolle mehr zu spielen. Die Welt und ihre Torheit, zu der im Zeichen des neuen Aufbruchs und der Entscheidung für die Gottesminne auch die Minne gehört, scheinen überwunden. Einige verbale Rückgriffe in Str. 5 *(fröide, bluomen, sumerzît, ougenweide)* nehmen jedoch Minnesang-Terminologie in neuer Wendung auf.

5 *ouch* = adversativ.

2 12 Diesseits und Jenseits scheinen noch gleich gewichtig.

3 1 ff. In B und C folgen die v. 1–4 auf 5–8. Dann hat jedoch *der hacchen* keinen Anschluß. Daher wird seit der ersten Ausgabe von MF im allgemeinen umgestellt.

5 *der hacchen* = *der haken* = der Köder der Welt. Andere Deutungen: *Dirne; Hacken.*

4 7 *und* fehlt C.

5 3 *Kristes bluomen* = Kreuzeszeichen auf dem Waffenrock. Anders Kemper, ZfdPh. 90, Sonderheft, S. 123 ff., der die Metapher als Wundmale Christi interpretiert.

7 *lît* = *ligit.*

9 Der zehnte Engelchor.

10 Der Teufel.

6 3 *zeiner* = *ze einer.* – 4 dêst = *daz ist.*

IV Eine für sich stehende Strophe, deren Echtheit umstritten ist. Wenn sie von Hartmann ist, dann ist sie ein weiterer Ausdruck seines auch sonst erkennbaren Strebens nach rationalen Lösungen. Die Strophe thematisiert aber auch Ängste des auf den Kreuzzug ziehenden Mannes.

V, 1 Das sog. Unmutslied. Sicherlich kein Scherz, wie es gelegentlich aufgefaßt wurde, sondern ein Lied, das u. a. die Tatsache reflektiert, daß solche Beziehungen adliger Männer zu sozial niedriger stehenden Frauen »in aller Offenheit als Selbstverständlichkeit gutgeheißen wurden« (Liebertz-Grün, S. 118). Das Lied markiert nicht nur eine Stufe in Hartmanns eigenem Dichten, sondern auch in der Entwicklungsgeschichte des Minnesangs.

3 2 *zeiner* = *ze einer.*

8 *des* Gen., abh. von *niht* (= nichts).

VI, 1 4 *min* fehlt C.

5 *diu minne:* an dieser Stelle des Liedes bezieht man diese Personifikation noch auf die *minne* des Minnesangs. Str. 2 zeigt, daß Hartmann hier mit dem Doppelsinn von *minne* = *amor* und *caritas,* Frauenminne und Gottesminne spielt.

2 3 *ir* = Gen. Pl., abh. von *eteslichen* = manchen von ihnen.

6 *zunge* = Heimatsprache.

7 f. Zu den vieldiskutierten Versen s. H. Kuhn, Festschrift Ziegler, 1968, S. 9. Die Hs. überliefert: *und lebt min her Salatin,* was gedeutet worden ist: und lebte Herr Saladin, er und sein ganzes Heer ... Dann wäre Saladin tot, der Vers bezöge sich dann, da er 1193 gestorben ist, auf die Kreuzfahrt von 1197/98. Es kommt einem aber unwahrscheinlich vor, daß Hartmann Saladin als *min her* tituliert, und zum andern ergibt es keinen rechten Sinn, da man sich fragt: Wenn nicht Saladin und sein Heer ihn auf den Kreuzzug bringen – wer dann? So greife ich die Konjektur von Kraus auf und beziehe die Stelle auf den Barbarossa-Kreuzzug von 1189/90 und den Tod von Hartmanns Dienstherrn.

3 1 ff. Das Kreuzlied wendet sich hier mit Emphase gegen die Minnesänger und ihre *wân*-Minne, greift damit, in neuer Wendung, das Unmutslied wieder auf, das hier geradezu zitiert erscheint (V. 5 und 7). Doch der Bezugspunkt ist hier nicht Verärgerung über schlechte Behandlung durch die Minnedame, sondern eine viel grundsätzlichere Abkehr vom traditionellen Sang.

Ausg.: MT und Blattmann

Lit.: E. Blattmann, Die Lieder Hartmanns von Aue. Berlin 1968 (= Philolog. Studien u. Quellen 44). – K. Deuser u. K. Rybka, Kreuzzugs- und Minnelyrik. Interpretationen zu Friedrich von Hausen und Hartmann von Aue, in: WiWo 21, 1971, S. 402–11.

## Reinmar von Hagenau (um 1180 – um 1205), S. 118.

Reinmar ist urkundlich nicht bezeugt. Gotfrieds von Straßburg Ruhmespreis auf ihn (Trist. 4600 ff.) macht es wahrscheinlich, daß er aus Hagenau im Elsaß stammt. Dann hätte er die hohe Kunst des Minnesangs in seiner avancierten oberrheinischen Form an den damals sicher rückständigen Hof nach Wien gebracht. Das könnte um 1180 gewesen sein. Das einzige genauere Datum ergibt sich aus der Totenklage, die er der Witwe Leopolds V. (gest. 1194) in den Mund legt. Sie belegt zugleich, daß er am Hof der Babenberger, offenbar als beruflicher Hofdichter, eine Rolle gespielt hat.

Die zahlreichen unter seinem eigenen Namen überlieferten Lieder, von denen nach der Schätzung der Forschung wohl ungefähr dreißig echt sind, bestätigen, daß er Schule gemacht hat. Gotfried, der z. B. Morungen nicht einmal erwähnt, sieht in ihm den Vollender der Höfischen Liedkunst. Und in der Tat: Reinmar bringt formal wie inhaltlich den Minnesang zu seiner höchsten Entfaltung: er vollendet die Kanzone, indem er deren Dreigliedrigkeit subtil rhythmisiert und strukturiert; bei ihm wird der ungelohnte aufopferungsvolle Minnedienst zu einer ästhetischen Lebensform stilisiert, in der sich der ›Scholastiker der unglücklichen Minne‹ (Uhland) ichbezogen und prätentiös in lustvollem Leid der Gesellschaft präsentiert: keiner, so lautet seine Botschaft, vermag so schön zu leiden wie er; keiner sich so total mit diesem von der *frouwe* geforderten und für die *frouwe* geleisteten Leid identifizieren; keiner so ergeben das Leid annehmen und darstellen als Teil einer permanenten Selbsterziehung, die im totalen Dienst an der Rolle allerdings auch zu starkem Selbst- und Ichverlust führt: Reinmar sagt fast niemals ›ich‹, sondern spricht von sich in der dritten Person: *ein man*. Stellvertretend für die Gesellschaft stilisiert er sich, erfüllt er prototypisch das von ihr aufgestellte erzieherische Programm, das ihn selbst wieder allen als Vor-Bild vor Augen stellt.

Walther von der Vogelweide, der vermutlich bei ihm in die Lehre ging, ist dem – wie er es sah – nur Gekünstelten, Lebensfeindlich-Blutleeren, dabei extrem Anspruchsvollen geradezu höhnisch entgegengetreten, hat seine eigene Vision dem entgegengestellt und das Verhältnis zu Reinmar offenbar in die Katastrophe getrieben. Reinmar hat sich dem widersetzt und mit Hilfe mächtiger Hofkreise allem Anschein nach erreicht, daß der Jüngere Wien verlassen mußte. Dennoch gehörte nicht ihm die Zukunft: die ideale Höhe, die der strenge Sang mit Reinmar erreichte, ließ sich allenfalls noch wiederholen, erlaubte jedoch keine Steigerung mehr. Dichten als Dienst am reinen Ideal einer bis ins Letzte verfeinerten Kunstminne – hier hatte der Babenberger Hofpoet so hoch gereizt, daß ihn niemand mehr überbieten konnte. Freilich, er hatte sich auch verstiegen, wohin niemand ihm folgen wollte, und wunderte sich nun in weinerlicher Melancholie über die Reaktion der Gesellschaft: *ungefüeger schimpf bestêt mich alle tage...*

I, 1 Zum Streit zwischen Reinmar und Walther von der Vogelweide, in den dieses Lied gehört, vgl. den folgenden Abschnitt über Walther. – Hier und in den folgenden Strophen weichen die anderen Hss. z. T. beträchtlich von b ab. Vgl. die Lesarten bei MT. – Die Hss. A und E bringen eine andere Reihenfolge als die hier zugrunde liegende (bC): 5, 1, 4, 2, 3, A. – 1, 4, 2, 5, 3 E. –

9 *Dc ist iu* A, *Da ist diu* bC, *Dar ist* E. – Besonders gegen diesen Vers, der die eigene Dame auf Kosten der anderen Damen lobt, polemisiert Walther. Zu diesem ganzen Lied vgl. Wapnewski, Euph. 60, S. 17ff.

3 1 *mirs* = *mir es*.

3 *gît* = *gibit*.

5 *siz* = *si ez*.

8 *ichz* = *ich ez*. – An die etwas künstliche Pointe dieser Strophe knüpft Walther seinen Spott.

4 1 adversatives *und*.

5 8 *ich in minne herzen von ir schulden trage* b, *Dc ich die not zeherzen von ir schulden tragen* A.

II, 1 Die Hss. reihen die Strophen verschieden. Entsprechend gibt es unterschiedliche Reihungsvorschläge, vgl. MT zum Lied. – Das Lied legt durch seine komplizierte Überlieferungslage nahe, die Strophen als jeweilige größte Überlieferungseinheit zu betrachten, nicht das ganze Lied, allenfalls Strophenkombinationen einer Hs. Ich reihe daher, im Unterschied zu MT, die Strophen 1–3 nach A, die weiteren nach E.

2 *sin wip v.* AbCE. – *dêst* = *daz ist.*

6 *im* = Dat. des Reflexivpron.

7 *wan* A.

2 4 *mit in* A.

8 *des des* A.

9 *in* = Dat. Pl. = den Frauen.

5 5 *so schone* CE, MT schlagen vor *also schone.*

6 4 *liebe* bC, *liep* E.

7 *gît* = *gibit.*

III, 1 Die Stellung dieses sog. Preisliedes innerhalb der Reinmar-Walther-Fehde hat vor allem P. Wapnewski erläutert (Reinmars Rechtfertigung. Zu MF 196, 35 u. 165, 10, in: Festschrift Norman. London 1965, S. 71–83).

6 *unverdienet* steht parallel zu *âne schult.*

2 5 *getorste* A.

6 Zu konstruieren ist: *der ungenaden unde des si m. n. t. muos ich erb.* MT setzen *unde* bis *tuot* in Kommata.

3 1 Der Vers wird von Walther in seinem Nachruf auf Reinmar rühmend zitiert (vgl. Walth. 82, 35).
Alle Hss. lesen *name.*

2 *zerk.* = *ze erkennen.*

4 *duz* = *du ez.*

8 *gîst* = *gibist.*

4 1 In dieser Strophe bewahrt offenbar E die richtige Überlieferung gegen den Konsensus von ABC.

3 *in* statt *ir* in E.

6 *beste fri* + Gen. *min u. a. m.*

7 Dieser Vers bezieht sich sowohl auf das Vorhergehende als auch auf das Folgende. Ein Doppelpunkt (MT) unterbricht hier eine Richtung.

5 7 fehlt in E.

9 *ichz* = *ich ez.*

IV, 1 1 Die sog. Witwenklage. Reinmar legt das Lied der Witwe Leopolds V. (gest. 1194) in den Mund. Es ist also ein historisches Beispiel für Rollenlyrik.

8 *lît* = *ligit.*

11 Des Metrums wegen ist das in beiden Hss. überlieferte *einem* vor *manne* zu streichen.

2 1 *Ir.* a.

2 *iu* statt *in* a.

7 Nicht so sehr Widerspiegelung des eigenen Glücks als

vielmehr fürstlicher Spiegel von Idealität, der dadurch bei den Seinen Glück verbreitet.

10 *seite* = *sagete*. – 11 *viel* abC. *wiel* lesen schon Haupt und Vogt.

12 *von deme* abC.

3 3 *erbern* a.

5 *in* = *ich en*.

11 *tug.* = *tugenthafterer*. – Vgl. zu dem Lied Jeffrey Ashcroft, in: Poesie und Gebrauchsliteratur im dt. Ma. Hrsg. v. V. Honemann. Tübingen 1979, S. 219–38.

V, 1 Zu der sehr stark differierenden Überlieferung vgl. MT. – Vgl. zur Echtheitsfrage H. Birkhahn, Reinmar, Walther und die Minne. Zur ersten Dichterfehde am Wiener Hof, in: Beitr. 93, 1971 (Tübingen), S. 205 f.

3 Gegen diesen Vers vor allem wendet sich Walthers Angriff (vgl. unten zu Walth.). – 7 Ich halte die C-Lesart, die MT in den Text setzen *(dem ich niht . . .)*, für eine schlechte Verbesserung des Textes, auf den AbE fußen. Gerade der generalisierende Anspruch ist hier wichtig. – 7 *geligen* A.

4 5 ff. Diese Verse und die folgende Strophe wenden sich gegen Walther (vgl. Lied I).

5 1 *zeiner* = *ze einer*.

VI, 1 In Hs. m werden die beiden ersten und drei letzten Strophen Gottfried von Neifen zugeschrieben. – Reinmar greift hier die traditionelle Form des Botenliedes auf, die auch der Frau das Aussprechen von Gefühlen und Empfindungen erlaubt. Die Frau teilt sie dem Boten mit, und die Pointe des Liedes ist, daß sie zum Schluß durch die Aufhebung des Botenauftrages alles Gesagte wieder zurücknimmt.

2 4 MT ändern die Lesart der Leiths. in *begebe;* so schon Vogt mit Hinweis auf MF 161, 3.

7 nimmt die Schlußpointe des Liedes abgeschwächt voraus.

4 3 *ers* = *er es*.

4 *dier* = *die er*.

6 *wes* statt *we* in C.

5 Die Strophe ist eine Auseinandersetzung mit dem von der Frau vertretenen hohen Ideal der unsinnlichen Minne und der von den Männern geforderten sinnlichen Erfüllung.

7 *ders* = *der es*.

6 MT lesen *geredete*.

6 *dun* = *du en*.

7 *alles* = Gen., abh. von *niht*.

VII, 1 Das Kreuzlied ist Reinmar wiederholt abgesprochen worden, weil es in seiner religiösen Thematik in Reinmars Oeuvre isoliert steht. Vgl. M. Dittrich, Festschrift Wolff 1962, S. 241–64, die das Lied ausführlich interpretiert. Es ist in mehrerer Hinsicht ein Gedanken-Kreuzlied, und es bleibt die Frage, ob nicht die etwas blutleere Gedanken-Thematik darauf verweist, daß es das Kreuzlied eines Nicht-Kreuzfahrers ist.

2 *gedanken* C.

3 2 *des* = *daz ist.*

3 *in* = *ich en.*

VIII, 1 Vgl. zu diesem Lied, das einen wichtigen Platz in der Auseinandersetzung zwischen Reinmar und Walther einnimmt, Wapnewski, Festschrift Norman 1965, S. 71–83. Vgl. weiter unten zu Walther von der Vogelweide, wo die Grundlinien der Fehde kurz nachgezogen sind.

2 Reinmar unterstellt in seiner Frage etwas, was Walther ihm gar nicht vorgeworfen hatte; denn es ging ja nicht darum, ob die eigene Dame ihm lieber sei als andere: Reinmar hatte vielmehr seine Dame hoch über alle anderen gestellt. Reinmar wählt mit dem *ungevüegen schimpf* einen ziemlich scharfen Ausdruck, benennt jedoch den Gegner nicht, sondern zieht sich zurück hinter dem sehr allgemeinen *si* von v. 2.

Lit.: M. Stange, Reinmars Lyrik. 1977. – G. Schweikle, Der Stauferhof und die mittelhochdeutsche Lyrik, im besonderen zur Reinmar-Walther-Fehde und zu Hartmanns *herre*, in: Stauferzeit. Geschichte, Literatur, Kunst. Hrsg. von R. Krohn u. a. Stuttgart 1978, S. 245–59.

## Walther von der Vogelweide (um 1190 bis um 1230), S. 140.

Außer einer Urkunde von 1203, in der einem *Walthero cantori de Vogelweide* vom Passauer Bischof Wolfger von Erla Geld für einen Pelzrock geschenkt wird, besitzen wir keine sicheren Lebensdokumente über den Dichter. Alles weitere müssen wir aus seinen Selbstaussagen erschließen. Danach hat er zunächst am Wiener Hof gelebt, hat ihn aber, wohl durch einen Streit mit dem Hofdichter Reinmar von Hagenau bedingt, 1198 verlassen und hat sich als Berufsdichter an verschiedenen Höfen aufgehalten, bis er gegen Ende seines Lebens von Kaiser Friedrich II. ein Lehen erhielt. Daß dieser Dichter, wie man früher annahm, aus einer Ministerialenfamilie stammte, ist mehr als unwahrscheinlich, und Wapnewski dürfte zuzustimmen sein, wenn er ihn bezeichnet als »Berufsdichter ohne festen Wohnsitz«, und weiter: ... »ein armer Hund, der davon lebte, seine Kunst vorzutragen...« Dieser Dichter nun nimmt in der Geschichte des Minnesangs eine besondere Stellung ein. Schon bei Heinrich von Morungen, deutlicher dann bei Hartmann von Aue gibt es vereinzelt Lieder, in denen Kritik an der Erstarrung und Blutleere des Minnesangs laut wird. Bei Walther dagegen finden wir über die Lebenszeit hin eine kontinuierliche, vielfältige kritische Auseinandersetzung mit dem klassischen Sang, die von der anfänglichen Übereinstimmung über die entschiedene Ablehnung der Reinmarschen Position sowie über

die Forderung nach Gegenseitigkeit in der Liebesbeziehung dann schließlich auf einer neuen Stufe wieder zum Hohen Sang führt.
Die eigentliche Leistung Walthers aber liegt darin, das hohe Ideal höfischen Sanges mit seiner leblosen Ritualisierung der Mann-Frau-Beziehung aufgelöst und an seine Stelle die Forderung nach einer echten, erfüllten Ich-Du-Beziehung gestellt zu haben, wie sie in Gedichten wie *Unter der linden* oder *Nemt frouwe disen kranz* zum Ausdruck kommt; freilich, im Bereich der sogenannten Mädchenlieder, d. h. in Liedern, die die Liebesbeziehung des Ritters zu einer ständisch unter ihm stehenden Frau besingen. In diesem Band soll die Entwicklung Walthers als Minnelyriker durch einige signifikante Beispiele verdeutlicht werden. Da sind zu Anfang die Lieder aus der Zeit der Reinmar-Walther-Fehde, und es läßt sich an Hand der hier abgedruckten Lieder diese Abfolge erkennen: Walther dichtet das Lied *Herre got gesegene mich vor sorgen,* in dem er sich als einen vom Anblick der Geliebten sprachlos Gebannten vorführt; Reinmar entgegnet in seinem Lied *Ich wil allez gâhen* mit der ironischen Aufforderung an den Liebhaber, den Ort seiner stummen Qual, an dem er nichts zu suchen habe, zu verlassen, und erst einmal die Grundregeln höfischen Verhaltens zu erlernen; überschwenglich preist er seine Herrin als *sîn ôsterlîcher tac,* stellt sie mit dieser Metapher über alle anderen Damen und behauptet in dem wohl gleichzeitigen Lied *Ich wirbe um allez daz ein man,* seine Dame stehe auf der Stufe so einsamer Idealität, daß sie alle anderen mit ihrer weiblichen Vollkommenheit schachmatt setze. Walther schlägt hart zurück in dem Gedicht *Ein man verbiutet,* das durch die explizite Aufnahme des Reinmar-Tones *Ich wirbe um allez* auf offene Konfrontation drängt und den Gegner höhnisch zurechtweist wegen einer dreifachen Verfehlung: dem läppischen Kußraub, der anmaßenden Ostertag-Metapher, der hochfahrenden Schachmattansage. Reinmars Antwort in *Herzeclîcher fröide wart mir nie so nôt* ist schon als ein Rückzug vor der Härte des Angriffs zu verstehen, ein Rückzug in die Resignation und in den Schmollwinkel dessen, der sich ungerecht verfolgt sieht. Und es ist interessant zu sehen, wie er sich verteidigt: er, Reinmar, habe doch nur gesagt, seine Dame sei ihm lieber als andere; ihm aber werde vorgeworfen, seine Liebe sei gar nicht echt.
Wichtiger als die Lieder der Reinmar-Fehde dürften die der späteren Minne-Auseinandersetzung sein, in denen Walther, noch selbstbewußter als in der Auseinandersetzung mit dem älteren Minnesänger, das Reinmarsche *stirbet sie, sô bin ich tôt* umkehrt in die stolze Überzeugung des Dichters *stirbe ab ich, sô ist si tôt* und die Gegenseitigkeit der Zuneigung fordert: *Minne entouc niht eine.* Die Konsequenz dieser neuen Haltung sind die Mädchenlieder, die der unnahbaren Minneherrin das liebende Mädchen, dem ungelohnten Dienst das Glück der sinnlichen Erfüllung entgegensetzen. Daß dies nicht beschränkt ist auf die sog. *nidere minne,* die Walther in dem Lied *Aller werdekeit ein füegerinne* zusammen mit der hohen Minne zurückweist, bedarf angesichts der Zartheit und innigen Empfundenheit der in Gedichten wie *Nemt frouwe disen kranz* und *Under der linden* ausgesprochenen Gefühle keiner beson-

deren Akzentuierung. Aber dies ist nicht Walthers letztes Wort zum Thema Minne. Und es scheint so, als ob ihm, der in seiner Frühzeit gegen Reinmar so herrisch zu Felde zog, am Ende seines Lebens anderes wichtiger wurde: er hatte erkennen müssen, in welche Niederungen der höfische Sang in den Liedern seiner jüngeren Zeitgenossen abgeglitten war, und er suchte offensichtlich diesem Niedergang des *hovelichen singens* (Nr. X) zu begegnen, indem er vor den Extremen warnte und der niederen wie hohen Minne die *ebene minne* entgegensetzte.

I, 1 1 *gesegenen* = durch Segnen vor etwas bewahren.
4 *im* = *ich im*.
2 1 *Alle* C.
3 *ist so* fehlt CE.
7 *siz* CE, wie 3, 7 *ichs:* geändert nach dem entsprechenden Vers der 1. Strophe (Auftakt). – 8 *in* = *ich en*.
3 1 ff. Das Verstummen in der Gegenwart der Geliebten ist ein alter Topos, der auch im Minnesang sonst zu finden ist. *zir* = *ze ir*.
5 *rede* = Gen., abh. von *wunder*. – *von der rede kam* CE.

II Im einzigartigen Fall dieses Liedes weist schon die Überschrift auf die Beziehung zum entsprechenden Reinmar-Gedicht hin. Vgl. dazu Wapnewski, Euphorion 60, 1966, S. 1–29.
1 1 f. *ein spil one phliht* C.
2 *Des im nieman wol gevolgen* C.
3 f. *wenn s. ouge ein w. ersiht Si si sin osterlicher tac* C. – Ich folge in meiner Textherstellung von 1, 4 Wapnewski. – *der eine ders verspr*. C.
8 Ich fasse *frouwen* mit Wapnewski als Dativ auf, der sich auf die *frouwe* des Hofes, die Herzoginwitwe Helene bezieht.
2 1 ff. Walther läßt in dieser Strophe die *frouwe* selber sprechen, die sich gegen Reinmars Überloben zur Wehr setzt.
4 *mir selkem stelne* C.
5 *swer aber* C.
6 *ander* C.
9 *Und lege es anderswa* C.

III, 1 2 A liest *muoz*, die andern Hss. *wil*.
3 *guote liute* = die gute Gesellschaft.
2 4 ff. Diese Verse und die folgenden Strophen markieren einen entscheidenden Einschnitt im Minnesang: Ein Sänger bricht mit der bisher geltenden Voraussetzung, daß er in seinem Sang abhängig sei von der Dame. Walther behauptet selbstbewußt: es ist umgekehrt. Was seinen prägnanten Ausdruck findet in dem gegen Reinmar gewendeten Vers 4, 6.
3 6 *dius* = *diu es*. – Offenbar verderbte Überlieferung in A.
4 2 *er* statt *ir* in A.
3 *dêst* = *des ist*.

4 *So mac si wol verweinen* A.
6 *sterbet si mich* AC.
5 4 *dazs* = *daz si*.
IV, 1 2 *sitzen,* hier in der Bedeutung ›sich setzen‹, konjugiert mit ›sein‹.
7 *ichz* = *ich ez*.
2 2 *ich waene* statt *er giht* BC[1].
5 fehlt BC[1].
3 Diese nur in C überlieferte Strophe aus dem Lied auszuschließen, besteht kein Grund. Sicherlich bringen die ersten beiden Strophen einen geschlossenen, noch dazu in 2, 8 pointierten Zusammenhang. Doch scheint dies ein relativ moderner Gesichtspunkt zu sein, so daß man zögern wird, ihn zur Grundlage der textkritischen Beurteilung von Echtheit und Unechtheit zu machen.
2 *nu* fehlt C. – *dazs* = *daz si*.
7 *mirst* = *mir ist*.
V, 1 1 wörtl. = davon weiß ich nichts.
6 *ine* = *ich ne*.
2 5 *mît* = von *mîden*, meiden.
3 1 *ichs* = *ich si*.
3 *duz* = *du ez*.
8 Der Vers spielt mit den verschiedenen Bedeutungen von *guot*. *bezzer* = ständisch vornehmer, *guot* = ethisch gut.
4 2 *zihte* = *ze ihte* = irgendwie.
4 *diust* = *diu ist*.
5 ff. Walther umschreibt hier seinen neuen Begriff von wechselseitiger *minne*.
VI, 1 Zur Reihenfolge der Strophen und zur Interpretation des Liedes vgl. P. Wapnewski, Euphorion 51, 1957, S. 113–50 und G. Hahn, in: Interpretationen mittelhochdeutscher Lyrik, S. 205 ff. Ich reihe die Strophen hier mit Hahn nach der übereinstimmenden Lesung der Hss.
2 *zeiner* = *ze einer*.
4 *irs* = *ir si*.
6 *muoz uf iuwer* A.
7 *mirs* = *mir es*.
8 *ichs* = *ich es*.
2 8 Umschreibung für die sinnliche Erfüllung.
3 2 = ›wie ein edles Fräulein‹. Durch diesen Vergleich wird das Lied ausdrücklich aus dem höfischen Bereich herausgehoben und in den der Pastourelle gestellt, d. h. einer ländlich-dörflichen Landschaft, in der ein Ritter (oder oft auch ein Geistlicher) ein Mädchen des Dorfes trifft und sie auffordert, mit ihm die sommerlichern Freuden der Liebe zu genießen. Dazu und zu romanischen Vorbildern vgl. E. Köhler, GRM 45, 1964, S. 337–49. – W. Mohr, Festgabe für W. Pretzel. 1963, S. 135–38.

8 *irs* = *ir es,* Gen. abh. von *iht.*

5 3 Um die metrische Härte der handschriftlichen Lesung zu vermeiden, schreiben fast alle Ausgaben *dougen.*

7 Wilmanns zur Stelle: ›Die große Kopfbedeckung beschattete das Gesicht.‹

8 *ichs* = *ich si.*

VII, 1 4 *ir noch* B.

2 5 Der Vers wurde unterschiedlich gedeutet, als Vergleich: »wie eine vornehme Dame« oder als Ausruf: »Heilige Jungfrau!« oder als Zitat der Anrede: »Teuerste Dame!«

7 *kuster* = *kuste er.*

3 5 *Minnecliche* B.

9 *mirz* = *mir daz.*

4 2 *wessez* = *wesse ez.*

VIII, 1 »Man ist angesichts von Walthers Kritiken an Hoher wie Niederer Minne verleitet, den zum Schluß neu eingeführten Begriff der *herzeliebe* als Lösung zu begrüßen, die an der Hand der Göttin *Mâze* (= Personifikation des Maßhaltens, der Mäßigung, H. B.) daherkommt, aber das *verleitet* wie die Schlußwendung machen diese Deutung schwierig – *ebene werben* meint nicht die Gleichberechtigung der Liebenden, sondern ist offenbar die dem Gesetz der *mâze* entsprechende Form der Zuneigung, die sich fernhält von der Gefahr, den Extremen zu verfallen. Man darf aus diesem Gedicht nicht einen Begriff der *ebenen minne* konstruieren, der dann ganz anderes meint (nämlich die in den Mädchenliedern sich niederschlagende Gemeinsamkeit der Ich-Du-Beziehung.« Wapnewski, Walther von der Vogelweide, Gedichte, zur Stelle.

Vgl. zu diesem vieldiskutierten Lied G. Schweikle, DtVjs. 37, 1963, S. 498–528. – K. H. Borck, Festschrift Jost Trier. 1965, S. 313–34. – D. Rocher, Études Germ. 24, 1969, S. 181–93.

6 *so* fehlt A.

2 2 *muot* liest A gegen *lip* der übrigen Hss.

11 *doch* A, *wol* die anderen Hss.

IX, 2 1 Walther bezieht in die allgemeine melancholische Klage über die Vergeblichkeit allen Tuns expressis verbis auch den Sang, die Kunst ein.

5 *triuwe, milte, zuht, êre* = Genitive, abh. von *verpflegen.*

X Walther, am Ende seines Lebens, ein Verteidiger der *vuoge,* der sich unmutig und resignativ gegen die Neuerer und ihre *ungefüegen doene* wendet, der mithin Positionen zu verteidigen scheint, die er in seinem Angriff auf Reinmar früher selbst unterhöhlt hatte? Das Lied steht im Kontext der allgemeinen Weltklage, mit der Walther sein Dichten offenbar beschließt. Schwer zu entscheiden bleibt, wie weit sich das Lied direkt gegen Neidharts bäuerliche

Lieder wendet. Vgl. H. Heinen, Sage ok Sprak 1974, S. 273–86.

2 4 *seite* = *sagete*.

3 4 Walther spielt offenbar hier wie 4, 5ff. auf ein bekanntes Sprichwort an.

4 3 *dazs* = *daz si*.

5 1 *ungevuoge* B.

4 *da von* B.

8 *bekomen* C.

Ausg.: Karl Lachmann / Carl von Kraus / Hugo Kuhn, Die Gedichte Walthers von der Vogelweide. Berlin [13]1965.

Lit.: W. Wilmanns / V. Michel, Walther von der Vogelweide. Herausgegeben und erklärt. 2 Bde. Halle [4]1916. – P. Wapnewski, Walther von der Vogelweide, Gedichte. Frankfurt [7]1978. – K. H. Halbach, W. v. d. V. Stuttgart [3]1973 (= Sammlung Metzler 40, mit ausf. Bibl.). – G. Hahn, Zum sozialen Gehalt von Walthers Minnesang, in: Medium Aevum deutsch. Festschrift K. Ruh. 1979, S. 121–38.

## Wolfram von Eschenbach (um 1190 bis um 1220), S. 160.

Das Wenige, was wir vom Dichter des ›Parzival‹ und ›Willehalm‹ wissen, erlaubt uns nicht einmal, die herkömmliche Meinung, er sei Ministeriale im fränkischen Wolframs-Eschenbach gewesen, durch Gründe und Fakten zu bestätigen. Was immer er war, seine wenigen Gedichte, kaum mehr als eine Handvoll, zumeist Tagelieder, präsentieren ihn uns als einen Lyriker, der durch die Gewalt seiner Bilder und die Originalität seiner verbalen Erfindungen seine Zeitgenossen bei weitem überragt. Dabei scheint mir die Frage kaum wichtig, ob Wolfram als der Schöpfer des deutschen Tageliedes, d. h. als der erste Übermittler und Gestalter der provenzalischen Alba zu gelten hat oder ob er neben dem Markgrafen von Hohenburg und Otto von Botenlauben nur einer von mehreren war, die diese Form in Deutschland einführten.

Wichtiger ist die Feststellung, daß Wolframs Tagelied zum erstenmal den ganzen tiefen lyrischen Bedeutungsraum dieser Gattung ausmißt, die aus der Spannung zum Hohen Minnesang lebt; denn hier, in der epischen Situation der morgendlichen Trennung zweier Liebender nach der Liebesnacht, wird die sinnliche Erfüllung zum Thema, die dem traditionellen Hohen Sang notwendigerweise fehlen muß. In dieser Konstellation spielt der Wächter eine zentrale Rolle als der, der den Liebenden einläßt und darüber wacht, daß er am Morgen geweckt wird und sich aus der für ihn gefährlichen Situation herausbegibt. Wolfram hat diese Figuration mit großer Kunst entfaltet, wobei die Frau und der Wächter zumeist die dominanten Kontrahenten sind, der Liebende dagegen zurücktritt. Die Frau spricht die Gefühle, die sie bei der Trennung empfindet, mit spürbarem emotionalem Attachement, ja zuweilen mit aggressiver Ungerechtigkeit gegenüber dem Wächter aus.

Der Mann tritt verbal kaum handelnd hervor. Anders der Wächter. Ihm werden so ungemein kühne Bilder in den Mund gelegt wie das von den Klauen des riesigen Greifvogels Tag in Lied Nr. II. Bezeichnend, d.h. signifikant als Ausdruck eines Ungenügens an der Verhaltenheit des traditionellen Sangs, scheint mir auch zu sein, daß Wolfram die Liebenden im Schlußbild seiner Tagelieder noch einmal mit aller sinnlichen Kraft und Leidenschaftlichkeit die seelische und vor allem auch körperliche Nähe suchen läßt, aus der der Wächterruf sie herausdrängt.

Die Aufhebung der für das Tagelied konstitutiven Trennungssituation, wie sie im Lied Nr. III thematisch wird, ist zugleich auch die Aufhebung des Tagelieds. Das Lied ist unterschiedlich beurteilt worden. Man hat es, um zwei extreme Auffassungen zu nennen, als Parodie auf das Tagelied verstanden, weil es, ernstgemeint doch nur eine philiströse Botschaft enthalte: »Eros, angemacht als Hausmannskost« (Wapnewski). Man hat es in Verbindung gebracht mit der Eheauffassung Wolframs im Parzival: »Wolfram erkannte früh und isoliert die Eheabwertung der höfischen Gesellschaftsideologie als poetisierte Erfüllungs- und Wirklichkeitsscheu. Er scheint durchschaut zu haben, daß das phantasielose Gegenbild einer befürchteten sexual-sozialen Versorgtheit in der Ehe gerade das aufbegehrende romantische Libertinitätsideal seines philiströsen Charakters überführt.« (Bertau)

I, 1 7 eigtl. = wilde und zahme Lebewesen.

2 4 Der Gefährdung von außen, der Notwendigkeit des Abschieds wird die Geste der Liebe entgegengesetzt, die Nähe will und gibt.

6 *zim* = *ze im*.

7 nur das *Z* von *Zwei* in der Hs. gut lesbar.

3 3 *swie* in der Hs. schwer lesbar, vielleicht auch *sus*.

7 eigtl. = der Schildmacher und Wappenmaler. – Unentscheidbar bleibt, ob der Vers meint, daß jeder Maler an der Szene sein ästhetisches Gefallen fände oder daß jeder Maler überfordert wäre, wollte er die Umrisse dieser unentflechtbaren Einheit zeichnen.

II, 1 1 ff. Der Tag ein dämonisches Ungeheuer, das nach dem Liebenden greift. Das Herauszögern von *tac* und das Ausweichen auf die Ableitungen *tegelich, tagen* verstehe ich weniger als kunstvolle Manieriertheit denn als – in Sprache umgesetzte – Abwehr des Bedrohlichen.

8 *in bi naht* G.

4 3 *brach* G.

5 *erschr. hie* G.

5 7 wörtl. = vergaß nichts von seiner Kraft.

9 Hier wird im Komparativ die Nähe des Abschieds noch gesteigert.

III, 1 1 *helden* = *helnden*, von *heln* = verbergen, verhehlen.

7 *muossent* B, *muozent* C.

10 *niht sing* B, *n. s. gerne* C. Vorgeschlagen wurde: *niht langer* oder *n. mere sinc.*

2 Gerade diese Strophe ist sehr unterschiedlich beurteilt worden. Vgl. oben im einleitenden Abschnitt über Wolfram.

IV, 1 2 f. Möglich wäre auch, *sanc* und *tagewise* aufeinander zu beziehen (= in der Melodie des Tagesanbruchs).

5 *ir minne wern*= Subjekt, *sie*= Akk.-Objekt. *wern* kann bedeuten: dauern, ausharren (= ihr Ausharren in der Minne) oder gewähren (= ihr Liebe-Gewähren) oder verteidigen, schützen (= ihr Liebe-Schützen).

2 6 *ûf wân,* davon abh. Gen. *kunfte.*

7 *wc ie wege* C.

11 *ein summern* liest Kartschoke, Euph. 66, S. 89.

3 11 Ich fasse *urloup* als Subjekt auf. Möglich wäre auch, die substantivierten Infinitive *rucken, smucken, drucken* als Subjekt, *urloup* als Akk.-Objekt aufzufassen.

Ausg.: MT und Wapnewski.

Lit.: P. Wapnewski, Die Lyrik Wolframs von Eschenbach. München 1972 (mit ausf. Bibliographie). – Vgl. auch Reusner, ZfdA 109, 1980, S. 298 ff. – Borck, Festschrift Beck, S. 9 ff. – P. Johnson, in: D. Greene, P. J., Approaches to Wolfram von Eschenbach. Bern, Frankfurt 1978, S. 295 ff.

## Neidhart von Reuental (um 1210 bis 1240), S. 170.

Der Dichter nennt sich selbst *Nîthart* oder den *ritter von Riuwental,* wobei offenbleiben muß, ob dieses *Riuwental* eine tatsächliche Ortsbezeichnung ist oder vielleicht ein allegorischer Name (=Schmerzenstal, Trauertal oder dgl.). Ein Ministerialengeschlecht *von Riuwental* hat es im 13. Jahrhundert nicht gegeben, und so ist sicherlich die Vorsicht am Platze, die sich in E. Simons Formulierung ausdrückt: ›ein Berufsdichter, über dessen soziale Herkunft wir nichts wissen‹. Aus seinen Gedichten erfahren wir, daß er zunächst im Bayrischen, später am österreichischen Hofe lebte. Wir unterscheiden in Neidharts Werk nach der Art des Natureingangs Sommer- und Winterlieder. Die Sommerlieder sind einfacher gebaut, wenige Zeilen fügen sich jeweils zu einer unstolligen Strophe; die Winterlieder dagegen verwenden in kunstvoller Entfaltung die Kanzonenform. Inhaltlich lassen sich die Lieder wenigen, immer wiederkehrenden, fast stereotypen Grundformen zuweisen. Da ist immer wieder die Tochter, die zum Tanz will und von der warnenden Mutter auf eine oft handgreifliche Weise daran gehindert wird; oder umgekehrt: die Tochter warnt die tanzwütige alte Mutter; da ist der ländliche Tanz in arkadischer Landschaft, wo der Ritter Nithart von den Dorfmädchen umworben wird; da ist, in den Winterliedern, der grobe, aggressive, oft obszöne Tanz in der Stube, wo es zu üblen Raufereien und Reibereien zwischen dem Ritter und den Dörpern kommt und wo der feiner gebildete Dichter der Unterlegene ist, dem die Dorfschönen die derben, grobschlächtigen, raufsüchtigen, protzigen, übermütigen Dörfler vorziehen.

Bei Neidhart hat sich die höfische Welt offensichtlich in ihr Gegenteil verkehrt: die ländlichen Schönen tragen die stilisierten Schönheitsmerkmale der adligen Damen; die höfische Dame gibt dem Dörper den Vorzug; die Minne findet ihre oft derbe sinnliche Erfüllung, so daß vor den konkreten Folgen gewarnt werden muß; der Ritter ist materiell gegenüber den reichen Bauern im Hintertreffen; die Frau ist nicht mehr die aus der schützenden Distanz Verehrte, ihr wird durch Raub und grobsinnliche Berührung Gewalt angetan. Solches Durchbrechen der traditionellen höfischen Normen und Haltungen, wie es grundsätzlich in der Konfrontation von Dörperwelt und Adelswelt thematisiert wird, indiziert aufs deutlichste, daß sich im höfischen Selbstverständnis Grundlegendes geändert hat: wohl wird die Bauernwelt, vermutlich zur Unterhaltung und Belustigung höfischer Kreise, parodiert und travestiert. Doch zugleich wird auch der bedrohliche Aspekt sichtbar: der Ritter ist der Unterlegene, Arme, Notleidende, er kann lediglich durch Schelte und Hohn kompensieren, ihm wird der Anger zertreten, das Haus verbrannt. Bauern rauben seinem Mädchen den von ihm geschenkten Spiegel, ohne daß er sie daran hindern kann. Und diese persönliche Erfahrung bleibt keineswegs die Erfahrung eines einzelnen, sie gilt grundsätzlich: *Frômuot ist ûz Ôsterrîche gedrungen.* Und hier wird Neidharts Weggang von Bayern nach Österreich, an den rauheren und lauten Hof Friedrichs des Streitbaren, ein entscheidendes Moment bilden. Hier scheint der Dichter, sowohl mit den im Waffendienst verwendeten Bauern, als auch mit dem vital-streitbaren Territorialfürsten und seinem Hof Erfahrungen gemacht zu haben, die mittelbar die Veränderung seiner Lieder bedingten. Und diese Lieder müssen sehr zeitgemäße, zukunftsbestimmende Ausdrucksformen gewesen sein, denn nur so ist es zu erklären, daß eine Unzahl von Nachdichtungen und Vergröberungen sich bis ins 16. Jahrhundert produktiv an den Namen Neidharts knüpfen.

I, 1 1 ff. Gerade das hohe Springen der alten Frau erzeugt, besonders vor dem Hintergrund der gemessenen Gesten des Minnesangs, einen grellen Effekt.

6 der Kehrreim greift sicherlich Walthers *tandaradeie* auf, verdoppelt und erweitert ihn und führt ihn dadurch ad absurdum.

2 2 *erst* = *er ist.* – sehr gezielt verwendet Neidhart hier eines der Leitwörter des Minnesangs: *staete.* Wichtig ist die Umkehr der Rollen. Traditionellerweise ist die Mutter die weise, ratende Frau, die Tochter unüberlegt und spontan.

3 1 *sprachs* = *sprach si.*

II, 1 3 *des sint d. k. v.* nach d (c).

4 *senden* = *(senenden)* fehlt R. – *deist* = *daz ist.*

2 9 *getelinge* (zu *gate* = Genosse, Gatte, Verwandter) für Neidhart die abwertende Bezeichnung der Bauernburschen. *durch den alten haz* könnte eine Anspielung auf einen früheren Zusammenstoß mit den Bauern sein, die wir dann aber nicht näher präzisieren können.

3 1 *straze* R.

3 *gemüffe* = vielleicht zu *müffen* = den Mund spöttisch herunterziehen. Dann soviel wie: spöttisches Gemaule.

6 *treit* = *tragit*.

9 *beide* fehlt R.

4 8 *merz* = Handelsware. – Hinter Str. 4 folgt in Hs. d eine sog. Trutzstrophe, d. h. eine Rollenstrophe, in der ein *Ellengoz* sich zur Brandlegung bekennt. Motiv: Rache für eine Verunglimpfung. Die Strophe steht hier am Ende des Liedes, weil sie Str. 7 voraussetzt.

5 3 *erst* = *er ist*.

5 Hier wird *Megengoz* der *ragehüffe* genannt, in der Trutzstrophe (8,6) *Ellengôz*.

7 1 Es ist nicht genau zu präzisieren, weshalb der Brandstifter hier *ein ungetriuwer* genannt wird. – Zur folgenden Trutzstrophe s. zu Str. 4.

8 Vgl. oben zu Str. 4.

III Dem Natureingang (Str. 1) folgt das Aufgebot zum dörflichen Tanz (2–4), dann die Streitszene in der bäuerlichen Stube (5 und 6), schließlich eine Klage über die bedrängte häusliche Situation.

1 8 *diust* = *diu ist*.

2 5 *obz* = *obe ez*.

6 *gofenanz* = von frz. *convenance*, = Zusammenkunft zu Tanz und Spiel.

8 *sultz* = *sult ez*.

3 3 *enseit* = *en sagit*.

10 wendet sich wie das Folgende gegen eine Mode, die das *gebende*, das schleierartige Kopftuch der Mädchen tief in die Stirn zieht, während der Nacken entblößt wird.

4 2 f. zu konstruieren ist: *der mâze ... daz*. Die Befehlsformen 4 f. gehören zu *Got gebiete*.

6 Nach Wießners Kommentar will Neidharts Scherz besagen, daß die gerügte Frauenmode nur ein *tehtier* zum Schutz des Hauptes darstellte, aber kein *collier* zum Schutz des Nackens.

10 *sints* = *sint si*.

5 Unklar bleibt, welche Rolle das Ei eigentlich spielt. Im übrigen meine ich gegen Wießners Kommentar, daß die Ereignisse hier in rückläufiger Reihenfolge erzählt werden.

5 *imz* = *im ez*.

6 3 *wils* = *wil es* (Gen., abh. von *niht*)

7 1 ff. Der Gegensatz ist der zwischen der höfischen Haartracht, die für die allgemeine Integration in den höfischen Bereich steht, und dem bäurisch-ungepflegten Leben, das er als Hausverwalter *ze Riuwental* führt.

Ausg.: Die Lieder Neidharts. Hrg. E. Wießner. Tübingen $^{2}$1963. (Altdt. Textbibl. 44).

Lit.: E. Wießner, Kommentar zu Neidharts Liedern. Leipzig 1954. – J. Janota, Städter und Bauer in literarischen Quellen des Spätmittelalters, in: Die alte Stadt 6, 1979, S. 225–42. – E. Simon, Neidhart von Reuental. Geschichte der Forschung und Bibliographie. Cambridge, Mass. 1968.

## Otto von Botenlauben (ca. 1190–1244 oder 1245), S. 182.

Der Dichter entstammt dem Geschlecht der Henneberger Grafen, die sich bis zum Anfang des 13. Jhs. nach ihrer Burg bei Kissingen nannten, und urkundet im Kreise Heinrichs VI. Er nimmt am Kreuzzug von 1197 teil, kehrt aber erst 1220 zurück; er stirbt 1244 oder 1245, nachdem er sich gegen Ende des Lebens ins Kloster Frauenrode zurückgezogen hatte. Es ist unmöglich, in diese wenigen Lebensdaten die sehr unterschiedlichen Lieder des Dichters einzuordnen. Doch würde sich deren Unterschiedlichkeit am einfachsten daraus erklären lassen, daß sie in unterschiedlichen Phasen seines Lebens – etwa in der frühen Zeit vor dem Kreuzzug oder nach der Rückkehr oder gegen Ende seines Lebens entstanden sind. Die drei Tagelieder, von denen eines hier abgedruckt ist, sind alle bestimmt von der Figur des Wächters, der die Liebenden am Morgen weckt. Die *mâze*, die er generell fordert *(mâze ist ze allen dingen guot)*, liegt über dem Ganzen und nimmt dem Tagelied alles Leidenschaftliche. Alles ist sehr gedämpft, die Emotionen der Frau und des Mannes sehr zurückgenommen. Sie klagen nicht, sie fügen sich, wenn sich der Mann auch wünscht, gefahrlos bei der Liebsten zu bleiben. Der Wächter behält auf jeden Fall das letzte Wort.

I, 1 7–10 in A mit 3, 7–10 vertauscht. – 10 Der Wächter kündigt den Tag nur an, fordert noch nicht den Abschied.

11 fehlt C.

3 Die Hs. A. bringt eine völlig andere Version, s. KLD XIII.

8 *in* = *ich en*. – 11 fehlt C. – Ich weise den Weckruf hier wie in Str. 1 und 2 dem Wächter zu. KLD reiht str. 1, 3, 2.

Ausg.: KLD I, S. 314f.

Lit.: K. D. Jaerling, Die Lieder Ottos von Botenlauben. Hamburg 1970 (= Geistes- und sozialwiss. Diss. 5).

## Ulrich von Singenberg (erstes Drittel des 13. Jhds.), S. 184.

Dieser schweizerische Minnesänger stammt aus einem thurgauischen Ministerialengeschlecht, dessen Stammburg nicht weit von Sittersdorf an der Sitter gelegen war. Er urkundet 1219 als Truchseß von St. Gallen und wird 1228 zum letztenmal urkundlich erwähnt. Die Gedichte Ulrichs, der sich selbst als Schüler Walthers von der Vogelweide vorstellt, leben sehr stark aus der Tradition, sei es, daß sie die altbekannten Muster und Motive des Minnesangs aufgreifen und verarbeiten, sei es, daß sie, wie in dem hier abgedruckten Beispiel, die früheren Ideale minnesängerischen Dienstes dem Verfall der eigenen Zeit entgegenhalten. Das ist sicherlich nicht als Bekenntnis zum Traditionalismus bemerkenswert, sondern weil sich Ulrich damit modischen Trends seiner Zeit zur Ironisierung oder parodistischen Distanzierung entschieden widersetzt und die traditionellen Werte einer feudalen Selbstrepräsentation gegenüber Verächtern, Verunglimpfern oder Spöttern verteidigt.

1 2 *wünnen*, refl. = sich wonnig gestalten.
5 *singen* A statt *lachen*, wie der Reim fordert.
2 4 *mans* = *man es.*
7 *enz (eins* A) = jenes, bezogen auf V. 1 f.
3 3 *diez* = *die ez.*
8 *dast* = *daz ist.*
4 2 *diust* = *diu ist.*
7 *erst* = *er ist.* – *daz* = durch sie froh zu werden.
5 1 *sun* = *suln*, sollen.
4 *swa'z* = *swa daz.*
5 *schanze* = Fall der Würfel.

Ausg.: SM, S. 12–58.
Lit.: L. Wolff, Verf.-Lex. IV, 1951/52, Sp. 595–603.

## Der Markgraf von Hohenburg (etwa 1200 bis um 1224), S. 188.

Dieser Dichter wird allgemein mit dem Oberpfälzer Markgrafen Diepold von Vohburg identifiziert, der nach seiner Verheiratung den Namen von Hohenburg annahm. Er urkundet bis 1224 wiederholt im Umkreis Kaiser Friedrichs II. Die wenigen Lieder dieses Dichters, dessen Physiognomie überhaupt wenig kenntlich wird, sind z. T. auch unter anderen Namen überliefert. Das hier abgedruckte Tagelied mit seiner reich ausgebildeten Strophenform gehört sicherlich in die Spätzeit des Dichters; doch es bleibt die Frage, ob es den Typus des deutschen vorwolframischen Wächtertagelieds nach romanischem Vorbild (Mohr) repräsentiert oder ob erst Wolfram diesen Typus geschaffen hat (v. Kraus). Mir scheint der Streit müßig, weil die beiden kaum vergleichbar sind. Es geht in diesem an sich reizvollen Lied um die Frage, ob der noch schlafende Ritter geweckt werden soll. Die Frau setzt sich der Aufforderung des Wächters zur Wehr, doch dieser hat die stärkeren

Argumente und Mittel auf seiner Seite: *nu wecke in, wande in wecket doch mîn horn.* Dadurch, daß es hier um die Opposition »weiterschlafen – wecken« geht und nicht wie bei Wolfram um die im Abschied noch einmal erlebte Nähe der Liebenden, die das Tageliedgeschehen erst auf seinen poetischen Begriff bringt, werden dem Lied aber auch ganz spezifische Spannungsenergien entzogen.

I, 1 In der Hs. A wird das Lied Niune zugeschrieben.
4 statt *im* lesen A *uns*, o *eme*.
9 *wiltun*=*wilt du in.*
2 2 *wecken* C, *singen* A, *warnen* o.
7 *in*=*ich en.*
10 *sender*=*senender*, von *senen*=sich sehnen.
3 5 *den genaden* A, *de genade* o. – *est*=*ez ist.*

Ausg.: KLD I, S. 177f.
Lit.: F. Neumann, Der Markgraf von Hohenburg, in: ZfdA 86, 1955/56, S. 119–160. – KLD II, S. 223ff.

## Hiltbolt von Schwangau (erste Hälfte des 13. Jhds.), S. 190.

Die Burg Schwangau lag auf dem rechten Ufer des oberen Lech unweit von Füssen. Die Besitzer waren Ministerialen der schwäbischen Herzöge. Der Dichter wird allgemein identifiziert mit jenem Hiltbolt, der zwischen 1221 und 1256 urkundet. Aber die Zuweisung ist nicht unproblematisch; denn die größere Anzahl der Lieder steht in früheren Formtraditionen. Das hier abgedruckte Lied allerdings, ein Tanzlied, wie wir es so erst bei Ulrich von Winterstetten, allenfalls schon bei Gottfried von Neifen finden, bestätigt eher diesen späten Ansatz. Zwar gehört der Vorrat an Motiven und Bildern noch eindeutig in den klassischen Minnesang, doch die namentliche Nennung der Tänzerinnen im Refrain, die sprachspielerischen Wiederholungen sowie der beschwingte Rhythmus der letzten Strophe weisen Hiltbolt in die spätere, nachwalthersche, spätstaufische Literaturepoche.

I, 1 1 *der l. aber* C.
4 KLD ändert *mir* in *mîn.*
9 f. Die Namen des Kehrreims auch bei Neidhart.
2 1 *Ine*=*Ich ne.*
4 *frouwen*=Gen. Pl., abh. von *swaz.*
6 *mîn*=Gen., abh. von *gewaltic.*
3 8 KLD ändert das überlieferte *si* in *ich*, da der Ausdruck *zerbrechen* nicht für den passe, der die Fessel angelegt hat.

Ausg.: KLD I, S. 167.
Lit.: KLD II, S. 190ff., bes. 207ff. – H. Pörnbacher, in: Lebensbilder aus dem Bayrischen Schwaben. Bd. 7, München 1959, S. 12ff.

## Burkhart von Hohenfels (zwischen 1220 und 1240), S. 192.

Nach Carl v. Kraus stammt der Dichter aus einem Ministerialengeschlecht, das seinen Namen von einer Burg bei Sipplingen/Überlingen am Bodensee führt. Er wäre dann identisch mit dem Träger des Namens Burkhart, der zwischen 1212 und 1242 mehrfach in Urkunden Kaiser Friedrichs II. und König Heinrichs (VII.) urkundet. Es gibt zwar auch eine Burg Hohenfels in der Pfalz und in Bayern, doch hat die Herkunft des Dichters aus dem Bodenseeraum die größere Wahrscheinlichkeit; er wäre dann auch geographisch einem Raum zugewiesen, in den er seinem Dichten nach gehört: in den spätstaufischen Raum, in die Nähe der etwas jüngeren Dichterkollegen Neifen und Winterstetten.
Die beiden hier abgedruckten Lieder sind bezeichnend für die zwei Seiten seines Dichtens. Er steht durchaus in der Tradition des klassischen Minnesangs, dessen Formel- und Motivschatz er beherrscht (vgl. etwa die erste Strophe von Lied I), wenn es ihm auch immer wieder gelingt, die vorgeprägten Formen durch eigene individuelle Wendungen und Färbungen aufzubrechen. Dabei spricht sich, wie etwa in dem Bild vom Falken, ein kraftvolleres Selbstbewußtsein aus, als wir es vom traditionellen Minnesang gewohnt sind. Auf der andern Seite dichtet er ländliche Tanzweisen, in denen es durchaus sinnlich-handfest zugeht. Sie besitzen zwar noch nicht die Lockerheit und sprachliche Virtuosität, die Neifen auszeichnet, aber sie wissen durchaus schon, in der variierenden Reihung von Wörtern die Valeurs einer rhythmisch-tänzerischen Sprache einzusetzen.

I, 1 6 C liest: *doh dest.*
2 3 *lûhten* = *lûhteten*, Prät. von *liuhten* swv. = leuchten.
6 *mit ir* C. Ich lese mit KLD *im.* »Der Dichter (Ich) und sein Sinn sind in Fesseln geraten.«
3 2 *fröiden* = Gen., abh. von *gir.* – 4 *zir* = *ze ir.* – Das Lied ist auch deshalb interessant, weil es charakteristisch ist für eine im 13. Jh. zunehmende Allegorisierung (*muot* und *ich* in Str. 2; nur noch *min muot* in Str. 3).
II, 1 1 *sun* = *suln.*
4 *zwinggen* = alem. Form (vgl. Paul, Mhd. Gramm. [20]1966, S. 115).
3 4 Ich setze einen Punkt, nicht wie KLD Komma, am Ende des Verses. – *trefs* = *tref si.*
4 2 KLD ändert unnötig in *sich.*
5 2 *'z* = *daz.* – *lânt* = Imp. Plur.
4 Ich folge in der Änderung der Lesart von C *(den kl.)* KLD und Jaerling, weil die deutliche Obszönität der C-Lesart nicht zum gesamten Lied passen will. Nach Kraus gehört das Bild in den Bereich des Vogelfangs. Dennoch wird hier ein sexueller Nebensinn mitschwingen (vgl. »jmd. auf den Leim gehen«).

Ausg.: KLD I, S. 33 und 42f.

Lit.: KLD II, S. 31ff. – Heike Jaerling, Die Gedichte Burkharts von Hohenfels. Hamburg 1970 (= Geistes- und sozialwissensch. Diss. 4).

## Gottfried von Neifen (ca. 1230 – nach 1255), S. 196.

Der Dichter stammt aus dem schwäbischen Geschlecht der Freiherrn von Neifen, die in der Nähe von Urach ihre Burg hatten. Schon sein Vater, einer der ständigen Begleiter des Königs Friedrich II., war staufischer Parteigänger, und so ist es auch der Sohn, der bis zur Auflehnung Heinrichs (VII.) offenbar am Hofe des Staufenkönigs lebt. Nach der Unterwerfung des Sohnes durch Friedrich II. finden wir ihn 1236/37 kurz in der Umgebung des Kaisers, danach aber scheint er sich in den engeren Wirkungskreis seines schwäbischen Heimatlandes zurückgezogen zu haben.

Gottfried von Neifen ist ein virtuoser Meister der sprachlichen Form. Ob er in langen oder kurzen Zeilen dichtet, ob er beide mischt, ob er die Reime sich vielfältig verschlingen läßt und die feinsten Reimketten und Reimspiele erfindet, immer vermag er den sprachlichen Gebilden eine Schwerelosigkeit und tänzerische Musikalität zu geben, die in seiner Zeit ihresgleichen suchen und die für die Formkünstler der späteren Zeit richtungsweisend gewesen sind. Und es scheint so, als ginge es ihm nur um die formale Gestaltung; denn inhaltlich bringt er kaum etwas Neues. Seine Gedichte bewegen sich in den Motivbahnen des klassischen Minnesangs, greifen fast schablonenhaft die alten Muster auf. Es scheint so, als habe der Dichter sein hauptsächliches dichterisches Ziel darin gesehen, das konventionalisierte Material immer wieder neu formal zu organisieren, und das könnte in der Tat darauf hinweisen, daß wir hier in einer spezifischen Weise ›Hofkunst‹ vor uns haben. Freilich, dieser Hof wäre dann in besonderem Maße ausgerichtet gewesen auf Freudiges und Helles; denn Gottfrieds immer wiederkehrende Motive sind: das Lachen und der strahlende Blick, der betörende Mund und die lustvolle Anmut der Frau. So erscheinen in dem hier abgedruckten Beispiel die Leitwörter ›rot‹ und ›Freude‹ in vielfacher Variation. Das andere Beispiel macht uns mit einem anderen Neifen bekannt, der im Rekurs auf Neidhart ein paar Wiegenliedtöne anschlägt. Und er kann auch das, wenngleich der eigentliche Reiz des Lieds wiederum im Formalen liegt, im sprachlichen Raffinement des in seiner dunkel getönten Lautmalerei unübersetzbaren Refrains: *wigen wagen, gugen gagen*...

I, 1 7 In diesem Vers fällt zum ersten Mal das Leitwort dieses Liedes: *fröide*. – *dien* = Dat. Pl. des Dem. Pron. (alem. Nebenform für *den* = denen).

2 3 *seite* = *sagete*.

6 *mîm* = *mînem*.

3 7 *gît* = *gibit*.

4 9 Gott als Werkmeister, der allen Dingen das rechte Maß gibt.
5 Diese Strophe, die im Ganzen einen schlechteren Wortlaut überliefert, ist in ihrer Echtheit ohne Grund angezweifelt worden.
3 *für der v.* C.
4 *Und si nach miner* C.
6 Das hs. *Mir* am Eingang des Verses hat KLD ersetzt durch *seht.*
II, 1 3 *vil* fehlt C.
5 *ze den* C.
7 die Hs. schreibt *gugen*, KLD *gigen*.

Ausg.: KLD I, S. 86f. und 127.
Lit.: KLD II, S. 84ff. – H. Kuhn, Minnesangs Wende. Tübingen 1952, S. 44–77.

## Kristan von Hamle (um 1225), S. 202.

Ob dieser Dichter, dessen Sprache ins ostmitteldeutsche Gebiet weist, einem freiherrlichen Geschlecht entstammt, ist nicht zu ermitteln. In der Handschrift C, deren Anordnung ihm einen solchen Rang zuerkennt, finden sich auch sonst nachweislich falsche Zuweisungen. Das hier abgedruckte Gedicht ist ein Beispiel für das Fortleben des Minnesangs im thüringischen Bereich, in dem vor ihm Heinrich von Morungen sang. Freilich, es übertrifft durch seine aparte Motivik das Gros der hier anzusiedelnden Gedichte, wenn es auch in seiner formalen wie inhaltlichen Konventionalität das große Vorbild nicht im entferntesten erreicht.

3 1 *sule büezen* C.
3 *daz si mit bl. füessen* C.

Ausg.: KLD I, S. 231.
Lit.: KLD II, S. 267ff.

## Markgraf Heinrich von Meißen (1216–1288), S. 204.

Heinrich, unter dessen Regentschaft der Besitz des Hauses Wettin seine größte Ausdehnung erhält (v. Kraus), ist der Sohn Dietrichs von Meißen, des Gönners von Morungen und Walther, und offenbar schon früh mit dem spätstaufischen Literaturkreis in Berührung gekommen, auch selbst als Mäzen von Dichtern und sogar als Komponist geistlicher Musik hervorgetreten. Das hier abgedruckte Lied zeigt ihn als einen Dichter, der die Minnesangkonvention in schlichte Verse zu fassen sucht, ohne besondere Originalität. Doch gerade darin ist er wiederum prototypisch für eine Reihe von fürstlichen Dichtern des östlichen Deutschland, die noch im späteren 13. Jahrhundert sich kaum berühren lassen durch den Gegengesang, durch die antihöfischen Trends in der Minnelyrik, sondern festhalten an den überkommenen Werten der *zuht* und *staete*.

1 3 *senden* = *senenden*, zu *senen* »sich sehnen«.
2 3 *daz* = *daz ez*.

Ausg.: KLD I, S. 156.
Lit.: KLD II, S. 182ff.

## Ulrich von Lichtenstein (um 1220 bis 1275 oder 1276), S. 206.

Der Dichter stammt aus einem steirischen Ministerialengeschlecht. Er ist in über 80 Urkunden zwischen 1227 und 1274 bezeugt. 1241 war er Truchseß, später Marschall der Steiermark, nahm also ein hohes Amt in der Landespolitik ein. Sein umfangreiches lyrisches Œuvre von etwa sechzig Gedichten stellt insofern ein Novum dar, als Ulrich sie in sein erzählendes Werk ›Frauendienst‹ einbezogen hat. Es handelt sich zumeist um Tanz- oder Singweisen, in denen das Thema des Dienstes in vielfältigen Brechungen umkreist wird, wobei die Motive und Verhaltensnormen des klassischen Hohen Sanges variierend aufgegriffen werden: immer wieder geht es um die Hohe Minne, um die Freude, die die Herrin dem Minnenden vermittelt, oder aber um die *sorgen*, mit denen sie ihn beschwert. Immer wieder auch werden klassische Vorbilder zitiert oder verarbeitet, wie in dem hier abgedruckten Lobpreis des Tages offenbar Reinmar, der in seinem Tagelied das Tagelied dessen dichtet, dem das Tageliederlebnis nicht zuteil wird. Ulrich wendet diesen Gedanken weiter: die Nacht gibt ihm keine *fröide*, also preist er den Tag; aber seine Sehnsucht richtet sich doch auf die Nacht. Sein Wunsch ist deutlich genug ausgesprochen in der letzten Strophe (*daz ich ir solde nâhen ligen*).
Doch die eigentliche Begabung Ulrichs von Lichtenstein kommt in diesem konventionelleren Gedicht nicht voll zum Durchbruch. Um die zu erkennen, sollte man sich die heiteren, flüchtigen, tänzerisch rhythmisierten Tanzweisen ansehen, von denen hier eine abgedruckt ist: Farben und Empfindungen, sommerliche Landschaft und Glück der Begegnung mit der *frouwe*, werden anschaulich und greifbar geschildert. Die sinnliche Erfüllung ist Teil dieser Begegnung und der *kleinvelhitzerôte munt* faßt in einem erregenden Bild das Glück der sommerlichen Stunde zusammen. Beide abgedruckten Lieder sind, außer in der Hs. C, auch in der Münchener Hs. L (C g m 44) überliefert, die den ›Frauendienst‹ enthält.

I, 1 1 *Ich ne weiz waz ich* CL. – *wiech* = *wie ich*.
2 *gît* = *gibit*.
4 *lît* = *ligit*.
4 2 *diu schar* CL (*die* C), – *mar* konjiz. Sprenger, Germ. 39, S. 174.

5 7 *mirs* = *mir es*
II, 1 15 *in* CL. Lachmanns Änderung *irn* macht *liebe* zum Prädikat, *leit* zum Akkusativobjekt.
2 1 *gît* = *gibit.*
2 *lît* = *ligit.*
6 *imst* = *im ist.*
7 = *ze aller zit.*
4 8 *lit* schreibt KLD für hs. *siht.*

Ausg.: KLD I, S. 429 und 460 f.
Lit.: KLD II, S. 523 und 540. – U. Peters, Frauendienst. Untersuchungen zu Ulrich von Lichtenstein und zum Wirklichkeitsgehalt der Minnedichtung. Göppingen 1971. – W. Frey, *mir was hin ûf von herzen gâch.* Zum Funktionswandel der Minnelyrik in Ulrichs von Lichtenstein Frauendienst, in: Euphorion 75, 1981, S. 50–70.

## Der Tannhäuser (etwa 1230 bis etwa 1270), S. 214.

Die Frage, ob der Dichter, wie vielfach angenommen worden ist, aus einem Ministerialengeschlecht *von Tanhûsen* stammt, ist nach dem Stand unseres Wissens nicht zu entscheiden. Indessen läßt sich mit einiger Wahrscheinlichkeit darauf schließen, daß wir es beim Tannhäuser mit einem Berufssänger, einem Fahrenden zu tun haben, wozu auch paßt, daß er sich längere Zeit am Hof Herzog Friedrichs des Streitbaren aufgehalten hat, dessen Tod er in einem Gedicht beklagt, dann aber offenbar sein Wanderleben wieder aufnehmen mußte.
Das hier abgedruckte Gedicht, ein sog. Tanzleich, besteht im Gegensatz zu den jeweils gleichgebauten Strophen (etwa der Kanzone) aus formal verschiedenen Versgruppen: zwei, vier, fünf, sechs, sieben oder zehn unterschiedlich gefüllte und untereinander unterschiedlich gereimte Verse treten jeweils zu einer Einheit zusammen, das ganze Gebilde umfaßt in der Regel zwischen hundert und zweihundert Verse. Tanzleich heißt diese Form, weil der zweite Teil (hier ab 21 *Wol ûf)* jeweils ein Tanzteil ist, während der erste differente Themen aufgreift, in unserem Falle hier eine Pastourellensituation, die in einer sehr freizügigen, sinnlich direkten Weise geschildert wird: eine frühlingshafte Natur mit ihren vielen namentlich genannten Blumen; ein williges, zum Liebesspiel wie geschaffenes schönes Mädchen, das in seiner ganzen sinnlichen Anziehungskraft beschrieben wird; das Ganze verlagert in die heitere verführerische Landschaft eines Minne-Paradieses, das in einer gezierten höfischen, mit Fremdwörtern durchsetzten Sprache beschrieben wird und uns daran hindert (und vielleicht auch hindern soll), das hier Dargestellte für eine der Stilisierung des Minnesangs entgegengestellte Wirklichkeitsabbildung zu halten. Diese Welt ist genauso irreal, nur läßt sie in dem hier phantasierten Raum offenere, freiere Verhaltensweisen zwischen den Liebespartnern zu, und um deren Präsentation geht es dem Tannhäuser. Freilich, die höfischen Formen und Werte bleiben auch hier

noch im Hintergrund; aber es klingt doch nach dem Vorangegangenen eher parodistisch, wenn der Liebende von seiner Dame sagt: *hôhen muot habe ich von ir iemer* (20); oder wenn wenig später im Tanzteil die nicht tanzenden Mädchen in derber Realistik verdächtigt werden, schwanger zu sein, es zugleich aber von Kunigunde heißt, sie habe ihm *das herze verwunt vaste unz ûf der minne grunt.* Hier ist mehr auseinandergebrochen als die Saite des Fiedlers, von der es zum Schluß heißt: *Des videlaeres seite/der ist enzwei.* – Zur Form des Leichs s. oben unter Heinrich von Rugge.

| | | |
|---|---|---|
| 2 | 3 | *zeinem* = *ze einem.* |
| 5 | 1 | ff. Im Folgenden wird eine Szenerie beschrieben, die dem Topos vom locus amoenus, dem erträumten paradiesischen Ort entspricht. |
| 7 | 5 | *du Clara du susse von fanure* C. – Bartsch *faitiure.* |
| 8 | 7 | *in* = *ich en.* |
| 10 | 2 | *wol gesch.* C. |
| 11 | 10 | *gîst* = *gibist.* |
| 13 | 3 | *ich ir* C. |
| 18 | 3 | *erst* = *er ist.* |
| 19 | 2 | *iemer* erg. Bartsch |
| 20 | 1 | das zweite *daz* fehlt in C., erg. Bartsch. |
| | 4 | *in* = *ich en.* |
| 21 | 1 | das zweite *wol uf* fehlt in C., erg. von Bartsch. |
| 22 | 1 | *treit* = *traget.* – 2 *dir,* geschwächt aus *dâr* = *dâ.* |
| 23 | 6 | *zallen* = *ze allen.* |
| 27 | | *seite* kann im Mhd. Fem. wie Mask. sein. |

Ausg.: Bartsch LD, S. 193 ff. – Jhs. Siebert, Der Dichter Tannhäuser. Leben – Gedichte – Sage. Halle 1934.

Lit.: Kuhn, Minnesangs Wende, S. 110 ff. bes. S. 131 f.

## Ulrich von Winterstetten (um 1240 – um 1281), S. 222.

Der Dichter stammt aus dem Oberschwäbischen Ministerialengeschlecht von Tanne-Winterstetten. Von 1258 bis 1281 urkundet er als Augsburger Kanonikus, und dieser geistliche Stand hat zu der möglicherweise berechtigten Vermutung geführt, seine poetische Tätigkeit gehöre seiner früheren Lebenszeit an. Zweifellos gibt die Weltlichkeit vieler seiner Gedichte dazu Anlaß, doch bleibt die Frage, ob dies nicht ein etwas zu moderner Maßstab ist. Sicherlich darf man den Dichter, den Enkel eines der bedeutendsten Reichsministerialen, in eine engere Beziehung setzen zu dem spätstaufischen Literaturkreis um Hohenfels und Neifen, von denen er erkennbar vieles übernommen hat. Daß er gerade im Formalen, in der Künstlichkeit und Kunstfertigkeit der Strophenbildungen und Reimbindungen, über beide älteren Dichter hinausgeht, sollte man ihm nicht vorwerfen; denn hierin spiegelt sich nur die allgemeine Tendenz der Entwicklung des Zeitstils an Minnesangs Wende. Zumal sich mit Recht darauf hinweisen ließe, daß er seine Vorgänger an Originalität und Mannigfaltigkeit der Motive erreicht, wenn nicht übertrifft. Die beiden hier abgedruckten Lieder zeigen dies recht deutlich. In dem ersten nimmt er das alte Gesprächsgedicht, wie wir es von Albrecht von Johansdorf kennen, wieder auf. Nur daß hier die Frau dem Minnenden gegenüber in drastischer Weise ihre Ablehnung äußert und damit ihre Forderung nach *fuoge* – sie will ihn eher hängen, als sich berühren lassen – durch ihr unschickliches, unbeherrschtes *toben* selbst desavouiert. In dem zweiten warnt eine Alte ihre junge Tochter vor den betörenden Worten des Schenken, der sich ihr in reichlich ungalanter Weise genähert hätte. Dabei fallen Worte, die an Deutlichkeit nichts zu wünschen lassen und den Rahmen des Minneliedes sprengen. Das Minnelied fungiert wie bei Neidhart selbst als Movens der Verführung und Betörung. Die Mutter erkennt an dem Gesang der Tochter deren Entschiedenheit, sich mit dem Schenken auf dem Erntefeld oder sonstwo zu treffen. In der letzten Strophe ist denn auch der aggressive Refrain der ersten vier Strophen geändert. Anders als bei Neidhart bleibt die Sphäre der Sinnlichkeit hier der Jungen vorbehalten.

I, 1 4 *gevalt,* Part. Prät. von *vellen,* swv. = zum Fallen bringen. – 6 *rif und ouch den* C. KLD ändert, da starkes *rif* nicht belegt ist.
11 *son* = *so en.*
2 3 *zeinem* = *ze einem.*
8 *irz* = *ir ez.*
9 *git* = *gibit.*
3 3 *verseit* = *versaget.*
6 *ern* = *er ne.* wörtl. = wessen Arsch er trägt. In der Hs. steht *er,* nicht *ern,* wie KLD herstellt.
II, 1 Ein Lied, das nach KLD unter scherzhafter Verhüllung die weite Verbreitung der Lieder des Schenken hervorhebt und nicht so sehr der Verspottung der eigenen Person dient. Den Kehrreim bezieht KLD daher auch auf die Alte.
3 *danne der der* C.
4 *dast* = *da ist.*
14 wörtlich = Wagen mit alten Fellen.
2 5 *iht* hier = *niht.*
3 4 *erst* = *er ist.*
7 *sant den* C, von KLD geändert.
4 1 *dien* = Dat. Plur. des Dem. Pron. (Nebenform von *den*).
5 2 Offenbar ein Lied des Schenken, das den Vorwurf von 1, 11 entkräftet.

Ausg.: KLD I, S. 550f. und 514f.
Lit.: H. Kuhn, Minnesangs Wende, S. 91ff. – KLD II, S. 594 und 577f.

## Gedrut – Geltar (Mitte des 13. Jhds.), S. 230.

Die Namen Gedrut und Geltar beziehen sich nach Carl von Kraus auf ein und denselben Fahrenden, der Geltar hieß, während der Name Gedrut (für Gertrut?) vielleicht die Eintragung der Besitzerin der Liederhandschrift war oder auf einer Entstellung beruht. Für Geltar gilt, was auch für den folgenden Dichter Kol von Niunzen gesagt werden kann: sie vertreten in ihren derben, zupackend-handfesten, oft obszönen Strophen eine Gegenrichtung zum Hohen Minnesang, eine Art Gegensang, wie er vermutlich zum Repertoire der fahrenden Berufssänger gehört hat. Geltar – Gedrut macht sich in mehreren Strophen zum spottenden, aber entschiedenen Gegner des traditionellen höfischen Minnedienstes, der seine eigene Bedürftigkeit als Fahrender gegen die höfischen Galane ausspielt und damit die Diskrepanz zwischen gesellschaftlicher Realität und dem vom Minnesänger erwarteten Normverhalten scharf herausstreicht.

1 *inme=in deme.*
2 *deich=daz ich.*
9 *gît=gibet.*

Ausg.: KLD I, S. 78.
Lit.: KLD II, S. 51 f.

## Der Kol von Niunzen (zweites Viertel des 13. Jhds.), S. 232.

Es muß unklar bleiben, ob dieser urkundlich nicht bezeugte Dichter aus einem ritterlichen Ministerialengeschlecht oder aus bürgerlicher oder bäuerischer Familie stammt, wenn auch das letztere größere Wahrscheinlichkeit für sich zu haben scheint. Wie die Strophe von Geltar – Gedrut handelt es sich bei Kols von Niunzen hier abgedruckter Strophe um die obszöne Spielart des Gegengesangs; freilich, das Gedicht, das die erwarteten sexuellen Anzüglichkeiten, die der Sänger vielleicht durch Pausen oder Gestik hervorhob, immer wieder in Harmlosigkeiten umbiegt, ist an sich kaum wichtig. Interessant wird es allein vor dem Hintergrund des Hohen Sanges, dessen Formen es aufgreift und zu zersetzen versucht.

2 *von ir lieplichen* C.
3 f. *niemer so sere gestan min gemüete.* C

Ausg.: KLD I, S. 219.
Lit.: KLD II, S. 266.

## Konrad von Würzburg (geb. um 1220/30 – 1287), S. 234.

Im weitläufigen Werk dieses bürgerlichen Dichters, der die größte Zeit seines Lebens offenbar im Dienste des alemannisch-elsässischen Stadtpatriziats verbrachte, nahmen die rund fünfundzwanzig Minnelieder einen vergleichsweise unbedeutenden Raum ein. Dennoch ist zu sehen, daß Konrad auf sie die ganze Virtuosität seines sprachlichen Könnens gewendet hat. In der Sache eher konventionell, weisen sie ihn im Formalen als preziösen Künstler aus, der die Künstlichkeit der Gebilde noch über das bei Neifen und Winterstetten Erreichte hinaus zu steigern weiß. Das hier abgedruckte Gedicht ist allerdings ein extremes Beispiel, insofern als es Konrad hier gelingt, jedes verwendete Wort an der entsprechenden Stelle in eine Reimbindung zu bringen, was allerdings dem ganzen Gebilde einen hohen Grad von Abstraktheit verleiht und die syntaktischen Fügungen über das im Minnesang Übliche hinaus schwierig und gelehrt erscheinen lassen. Die Übersetzung kann diese reiche Ornamentik nicht nachbilden.

3 *verswinden* C.
5 *ert* C.
6 *sinen sinnen* C.

Ausg.: Kleinere Dichtungen Konrads von Würzburg III. Hrsg. v. E. Schröder. ²Berlin 1959.
Lit.: Th. Cramer, Minnesang in der Stadt, in: Philologie und Geschichtswissenschaft. Hrsg. v. H. Rupp. 1977, S. 91–108.

## König Konrad der Junge (geb. 1252, gest. 1268), S. 236.

Der Schreiber der Manessischen Handschrift hat durch den Zusatz *der Junge* offenbar deutlich machen wollen, daß er Konradin, den Sohn Kaiser Konrads IV., für den Verfasser dieses Gedichtes hielt und nicht den Vater. Konradin hat Deutschland mit 15 Jahren verlassen und wurde ein Jahr später in Neapel hingerichtet. Bumkes Einwand, er müsse ein frühreifer Dichter gewesen sein, wenn er die Lieder selbst verfaßt haben soll, klingt zweifellos plausibel. Nur wissen wir leider sehr wenig darüber, in welchem Alter man damals mit der dichterischen Produktion begann. Das Gedicht ist so einfach und schlicht gehalten, daß es durchaus eine frühe Anfängerarbeit sein könnte, und darauf dürfte auch der einzige originellere Gedanke des Gedichts verweisen, das Bekenntnis der jugendlichen Unkenntnis und Unreife in den Dingen der Minne, mit dem das Lied endet.

2 3 *lît* = *ligit*.
4 *des* C., KLD ändert in *der*.
6 f. zu dem Prädikat gehört zum einen das Adverb *tugent-*

lichen, zum andern der *daz* = Satz (v. 7). – In der Hs. steht am Versschluß: *sere engelten*.

Ausg.: KLD I, S. 230f.
Lit.: KLD II, S. 279f.

## Namenlos (vielleicht noch erste Hälfte des 13. Jhds.), S. 238.

Bartsch hat hingewiesen auf ein gleichgebautes lateinisches zweistrophiges Lied der Carmina Burana, das vielleicht vom gleichen Verfasser stammt. Unter den vielen namenlosen Liedern (vgl. KLD I, S. 256–299) nimmt dieses Gedicht, wie ich meine, einen besonderen Platz ein: wegen der Intensität seines Klagetons, wegen des innig empfundenen Abgesangs mit seinen beschwörenden Wiederholungen, und nicht zuletzt wegen des Vergleichs mit Tantalus, dessen Qualen hier sinnbildlich stehen für die Minnequalen dessen, den dürstet und hungert nach Erhörung durch die *vil edele frouwe* und dem sich doch alles, was sich so verheißungsvoll den Augen darbietet, immer wieder entzieht.

1 2 *ich wer un* C.

Ausg.: KLD I, S. 276.
Lit.: KLD II, S. 337f.

## Steinmar (zweite Hälfte des 13. Jhds.), S. 240.

Früher wurde Steinmar allgemein mit einem schweizerischen Ministerialen Berthold Steinmar von Klingnau gleichgesetzt, was heute mit guten Gründen bestritten wird. Trotz des Titels *her Steinmar* in der Handschrift ist auch die ritterliche Herkunft dieses Dichters, der neben einer Reihe von konventionelleren Minneliedern vor allem den Gegengesang gegen den Hohen Minnesang gepflegt hat, zweifelhaft. Seine Stärke liegt in den Liedern, in denen er, wie in seiner Parodie auf das Tagelied oder in dem Herbstlied, mit dem er ein neues Genre ausbildet, die entleerten Formen der alten Tradition kraftvoll mit neuem Leben erfüllt. Die Ideale der höfischen Welt fallen einem natürlichen, unmittelbaren Verhältnis zur Wirklichkeit zum Opfer, aber auch die Zwänge und Lebensnotwendigkeiten werden jetzt materieller und weniger kulturell begründet: Knecht und Magd, die morgens gemeinsam erwachen, müssen an die Arbeit, sie sollen die Herde austreiben; die erste Strophe des Herbstlieds, das in seinen späteren Strophen die Freß- und Sauflieder der späteren Zeit antizipiert, geht noch sehr äußerlich von dem Motiv der Abweisung durch die *frouwe* aus. Die Gegenwendung – der Preis des Herbstes mit seinen derb-sinnlichen Freuden, das Aufgeben der Haltung des Minnemärtyrers – folgt mit keinerlei zwingenden Notwendigkeit daraus. In der Materialität der hier geschilderten Lebensverhältnisse hat die traditionelle Minnesang-Thematik mit ihrer idealistischen Grundhaltung von Entsagung und ungelohntem Dienst keinen Platz mehr.

I, 1 2 *bî einer d.* gehört zu *lac* und zu *slief.*

2 3 *torste*, von *turren* = wagen, sich getrauen.

3 6 *fröiden*, Gen. Pl., abh. von *vil.*

II, 1 8 *minnerlîn* = Liebhaber, im diminutiven, verächtlichen Sinne.

2 5 *Gebewîn*, Männername, etwa = Weingeber.

7 *zeime = ze eineme.*

3 5 *dermel* = von darm, = Darmwurst.

4 1 *gîst = gibist.*

7 Beim Baden schlugen sich die Badenden mit Laubbüscheln oder Reisigruten.

8 *apoteke*, ursprgl. = jedes Kramgewölbe, in dem Gewürz, Konfekt, Wachs und vieles andere feilgehalten wurde. Seit dem 13. Jhdt. auch schon = Arzneimittelhandlung.

5 *wînes* = Gen. part. = an Wein soviel, daß ...

7 *ichs = ich si.*

8 *zingesinde = ze ingesinde.*

9 Die Übersetzung nach M. Curschmann, Ingeborg Glier (Hrsg.) Deutsche Dichtung des Mittelalters. Bd. II, Hochmittelalter. München 1981, S. 755. Die Erwähnung der Rippe (vielleicht das Eingangsthema der *minne* parodierend) erinnert an eine Stelle aus einem bramabarsierenden Wirtshausgespräch im ›Seifried Helbling‹: *frou sêle, tretet ûf ein rippe, welt ir niht ertrinken* (1, 354).

Ausg.: SM, S. 170–188.
Lit.: K. Stackmann, Verf. Lex. 4, Sp. 267–71.

## Johannes Hadlaub (um 1300), S. 246.

Der Dichter, von dem wir wissen, daß er um 1302 ein Haus kauft, verheiratet war und vor 1340 gestorben ist, war Bürger der Stadt Zürich und markiert mit seinen Minnegedichten vielleicht am deutlichsten einen immer stärker wahrnehmbaren Paradigmenwechsel: war der Minnesang ursprünglich als Teil des Minnedienstes Ausdruck adliger Selbstrepräsentation, so wird er im Laufe des 13. Jahrhunderts mehr und mehr von Literaten adaptiert, die stadtbürgerlichen Kreisen entstammen, und wird aus seinem ursprünglichen gesellschaftlich funktionalen Zusammenhang herausgenommen, durch die Umpflanzung ins städtische Milieu literarisiert. Hadlaub, der selbst nicht der bürgerlichen Aristokratie entstammt, fungiert offenbar als deren angestellter Minnesänger und beschreibt in seinen Liedern in vielfältiger Variation die Situationen und Rollen des traditionellen Minnedienstes, um dieser Oberschicht eine eigene, freilich mittelbare und gleichsam ›geborgte‹ Legitimation zu geben. Dabei entstehen Gedichte, in denen sich der Dichter, stärker noch als im Minnesang selbst, in vorgegebenen Rollen vorführt, die er quasi agiert und damit zeigt; Gedichte aber auch, die manche kleinen neuen intimen Momente aus der städtebürgerlichen Erfahrungswelt erfindungsreich und reizvoll aufnehmen: Minnesang als Gesellschaftsspiel, das nicht nur dem Zeitvertreib und der Unterhaltung dient, sondern durchaus auch im Rahmen der Konstituierung großbürgerlichen Selbstverständnisses eine wichtige Funktion gewinnt. So ist es kein Zufall, daß in den Kreisen jenes Stadtpatriziats, für das Hadlaub schreibt, die bedeutendste Sammlung des Minnesangs entsteht, die Manessische Handschrift.

I, 1 2 *vogel*, Gen. Pl.
9 Die letzte Zeile jeder Strophe jeweils mit Binnenreim.
5 *went uns* = *wendet uns* + Gen. = hindert uns an.
3 3 *wies* = *wie si* = als ob sie.
7 *ichs* = *ich es*, Gen. abh. von *niht*.
9 *sender* = *senender*.
II, 1 2 *liebs* = Gen., abh. von *ermant*.
7 *siz* = *si ez*.
2 5 *Don* = *Do en*.
7 sîn = Gen. Sg.
3 1 *Dôz* = *dô daz*.
2 *namz* = *nam ez*.
3 *siz* = *si ez*.
5 *umbeviengz* = *umbevieng ez*.
6 *Kustz* = *Kust ez*.
4 4 *minne* = Gen., abh. von *bant*.
5 *manz* = *man ez*.

Ausg.: SM, S. 323 und 290f.
Lit.: H. Lang, Johannes Hadlaub. Berlin 1959.

## Hugo von Montfort (1357–1423), S. 250.

Er entstammt dem mächtigen Vorarlberger Adelsgeschlecht der Grafen von Montfort und spielte eine wichtige Rolle in der österreichischen Landespolitik, war Landvogt und Landeshauptmann der Steiermark. In seinen Liedern, die den Typus des traditionellen Minnesangs aufgreifen, weiterführen und in einer oft realistischen, oft moralisierenden Weise umformen, spricht sich vieles Eigne, Private, Autobiographische aus; z. B. besingt Hugo, der dreimal verheiratet war, seine Ehefrauen. In seinen geistlichen Tageliedern gibt er der am stärksten ›irdischen‹ und ›sinnlichen‹ Gattung des Minnesangs eine neue, religiöse Wendung: der Wächterruf des traditionellen Tagelieds wird umgedeutet zum Memento mori, die Nacht zur sündigen Zeit im Diesseits, das Leben zur Vorbereitung auf den ewigen himmlischen Morgen.

2 2 *die sach* in der Hs., Bartsch und Wackernell lesen *dîn*.
8 so die Hs., Wa schlägt vor: *dabi so hab sinr m.*
11 in der Hs. fehlen *sun* und *ir*.
3 5 diesen Vers hielten schon Ba und Wa für verdorben und sinnlos, fanden allerdings auch keinen plausiblen Besserungsvorschlag.

Ausg.: Hugo von Montfort. Hrsg. von J. E. Wackernell. Innsbruck 1881 (= Ältere tirolische Dichter 3). – Hrsg. v. K. Bartsch. Stuttgart 1879 (= St. Litt. Verein 143).

Lit.: A. Kayer-Petersen, Hugo v. Montfort. Beitr. zum Gattungsproblem im Mittelalter. München (Diss.) 1961.

## Oswald von Wolkenstein

(lebte von ca. 1377 bis 1445), S. 254.

Der Südtiroler Ritter und Lehnsmann des Bischofs von Brixen (genannt nach der Familienburg im Grödnertal), dessen bewegte Lebensgeschichte durch die Stationen seiner vielen, fernhin führenden Reisen, durch langjährige bittere Gefangenschaften, durch vielfältige und leidenschaftlich betriebene Fehden, durch die wiederholte Teilnahme an Kriegszügen und schließlich durch ein bewegtes Liebesleben ihren farbigen Umriß erhält, sprengt mit seiner gewaltigen Individualität den Rahmen des traditionellen Sanges und weist in vielem schon voraus auf zukünftige, stärker subjektbezogene und subjektbestimmte Formen der Lyrik. Das abgedruckte Beispiel zeigt, wie er die Tradition des Tagelieds aufgreift; doch die Leichtigkeit und Ungehemmtheit seiner Protagonisten, die sprachliche Lockerheit und derbe Realistik, mit der er erzählt und den Empfindungen seiner Liebesleute eine oft komisch-humorvolle Wendung zu geben weiß, geben dem Ganzen eine Unbeschwertheit, die gerade diese Gattung (sieht man von Steinmar einmal ab) herkömmlicherweise nicht aufwies.

1 10 *leit* = mhd. *lît* = *ligit* (die mhd. Form ist bereits diphthongiert).
2 5 *rett* = *redete.*
13 *werden* + Inf., spätmittelhd. zur Bezeichnung des Eintritts einer Handlung.
3 3 *kunnt* = *kundete,* prät. von *kunden* swv. = *kunt* machen.

Ausg.: Die Lieder Oswalds von Wolkenstein. Hrsg. von K. K. Klein unter Mitwirkung von W. Weiß und M. Wolf. Tübingen 1962 (Altdt. Textbibl. 55).

Lit.: A. Schwob, Oswald von Wolkenstein. 1977. – U. Müller (Hrsg.), Oswald von Wolkenstein. 1980.

# Zur Textgestaltung der Ausgabe und zur handschriftlichen Überlieferung

Die in der Auswahl enthaltenen Texte sind so durchnumeriert, daß die römische Ziffer jeweils den Anfang eines Liedes bzw. einer Einzelstrophe markiert. Die zu einem Lied gehörigen Strophen sind links am Rande mit arabischen Ziffern durchgezählt. Auf diese Zählung beziehen sich auch die Anmerkungen und Erläuterungen.
Rechts neben den Strophen steht die Bezifferung nach der heute gebräuchlichen Ausgabe, also im Falle der frühen Lieder bis einschließlich Reinmar nach »Minnesangs Frühling«, im Falle Walthers von der Vogelweide nach der Ausgabe von Lachmann-Kraus-Kuhn, im Falle Neidharts nach der Ausgabe von Wiessner. Für die späteren Lieder ist von dieser Regelung abgesehen worden, da ihre Zählung nicht in vergleichbarer Weise kanonisch geworden ist.
Neben dieser Strophenzählung rechts neben dem Text stehen arabische Ziffern mit Siglen, die die Überlieferungslage der jeweiligen Strophe verdeutlichen; die Angabe 14 A, 25 B wäre demnach zu lesen = diese Strophe ist in den Handschriften A und B überliefert; in der Handschrift A als Strophe Nr. 14 in der durchgehenden Zählung der Strophen des jeweiligen Dichters, in der Handschrift B entsprechend als Str. 25. Anhand dieser Zählung läßt sich ablesen, in welcher Reihenfolge die Strophen in den einzelnen Handschriften überliefert sind.
Die Handschriften, auf die sich die Siglen beziehen, sind die Folgenden:

A, die sogenannte Kleine Heidelberger Liederhandschrift, wahrscheinlich die älteste der drei großen Handschriften, geschrieben auf Pergament noch im 13. Jahrhundert, vermutlich im Elsaß. Sie enthält die Lieder von 34 Dichtern auf 45 Blättern.

B, die Weingartner Liederhandschrift. Mit 25 Miniaturen. Anfang des 14. Jahrhunderts geschrieben. Sie enthält die Lieder von 25 genannten und überdies Strophen von ungenannten Dichtern.

C, die große Heidelberger oder auch Manessische Liederhandschrift. Mit 138 ganzseitigen Miniaturen. Sie enthält Lieder von 140 genannten Dichtern. Geschrieben wohl Anfang des 14. Jahrhunderts in Zürich, vielleicht auf Veranlassung des staufisch-habsburgischen Kaiserhauses. Vielleicht waren aber auch der Züricher Patrizier Rüdiger Manesse (gest. 1304) und sein Sohn Johannes (gest. 1297) die Auftraggeber. Nach dem Zeugnis des Dichters Hadlaub haben sie Liederbücher gesammelt, die den Grundstock dieser Prachthandschrift gebildet haben könnten.

Zu den weiteren Handschriften-Siglen finden sich Angaben in den Einleitungen der kritischen Ausgaben: MF (b, C$^a$, E, e, F, G, i, M, N, T)

Walther von der Vogelweide (O, x, y) bzw. Neidhart von Reuental (R, c, d), s. auch KLD I, S. XIV–XXII.

Die mittelhochdeutschen Texte sollen und können den Anspruch nicht erfüllen, den die kritischen Ausgaben erheben. Es galt hier, bequem lesbare und dennoch begründbare Versionen zu bieten. Im allgemeinen steht die Handschrift, auf deren Lesung sich die jeweilige Strophenfassung stützt, auf der rechten Seite an erster Stelle. Dabei folge ich dem Verfahren und in der Regel auch der Textform von MT, gehe also auch von der jeweiligen Strophe als größter textkritischer Überlieferungseinheit aus, wobei auf der Basis der jeweiligen handschriftlichen Strophenform eine historisch vertretbare Textgestalt im normalisierten Mittelhochdeutsch angesetzt wird, also nicht – wie es lange Zeit als einziges Ziel der textkritischen Bemühung galt – unbedingt die älteste oder gar ursprüngliche, sondern vor allem eine historisch einmal aktualisierte oder wahrscheinliche.

Diese Textgestalt ist, soweit sie problematische oder vieldiskutierte Stellen betrifft, in den »Anmerkungen und Erläuterungen« begründet. Dabei ist darauf verzichtet worden, die gesamte textkritische Diskussion mit allen Lösungsvorschlägen jeweils vorzuführen. Auch die Lesarten sind nur soweit verzeichnet, als sie für die jeweilige Textgestalt nötig waren. Das betrifft auch die Varianten einzelner Verse oder ganzer Strophen, wie sie durch die späte Überlieferung – der Minnesang ist, wie schon die oben beschriebenen Handschriften zeigen, erst nach einer langen mündlichen Überlieferungsphase aufs Pergament bzw. Papier gelangt – oder durch Änderungen der Dichter selbst oder durch nachahmende Repertoireerweiterungen anderer Sänger hervorgerufen sein können. (Näheres dazu jetzt besonders bei Schw., S. 11–35).

Nicht angegeben werden die Änderungen der Interpunktion, die allerdings – in den Handschriften finden sich ja keine der Syntax dienenden Satzzeichen – dem Satzsinn zuweilen eine völlig andere Richtung geben können. Metrische Akzentzeichen werden gesetzt, wo sie dem Leser eindeutige Hilfen geben, jedoch nicht übernommen, wo auch andere metrische Deutungen möglich erscheinen. Im übrigen verweise ich für alle weiterführenden wissenschaftlichen Bemühungen um die Texte mit Nachdruck auf die genannten kritischen Ausgaben, von denen meine Durchsicht und Bearbeitung jeweils ausging und auf die diese Auswahl hinführen möchte.

# Zur Auswahl und Reihenfolge

Die Auswahl war in zweierlei Hinsicht zu treffen: Zum einen waren aus dem großen Korpus des verfügbaren Materials aus der Mitte des 12. bis zum Anfang des 15. Jahrhunderts die Dichter auszuwählen, die in der Ausgabe vertreten sein sollten. Zum anderen war innerhalb der Lieder dieser einzelnen Dichter selbst wieder das Wichtige oder Notwendige vom Unwichtigen zu trennen.

Ich habe mich, was die Auswahl betrifft, von folgenden Gesichtspunkten leiten lassen: 1. sollte der Band den Minnesang, also nicht nur Minnesangs Frühling, in seiner Gesamtheit repräsentieren; 2. sollte er durchaus auch Wertakzente setzen, was z. B. darin zum Ausdruck kommt, daß das Schwergewicht eindeutig bei den Dichtern aus Minnesangs Frühling liegt oder daß die einzelnen Dichter qualitativ unterschiedlich vertreten sind; 3. sollten nach Möglichkeit alle Aspekte des Minnesangs, inhaltliche wie formale, zur Geltung kommen; 4. mußte in vielen Fällen das im Sinne des mittelalterlichen Phänomens Minnesang Wichtigere oder Charakteristische dem heute vielleicht Interessanten oder Beliebteren vorgezogen werden. 5. war es aus Raumgründen nicht möglich, aus dem späten 13., 14. oder 15. Jahrhundert mehr als signifikante Kostproben aufzunehmen. Daß bei alledem vielleicht Wichtiges übersehen oder Unwichtiges abgedruckt wurde, war vielleicht unvermeidbar, geht aber ganz allein auf mein eigenes Konto.

Bei der Reihung der verzeichneten Dichter und Lieder habe ich mich an die kritischen Ausgaben gehalten, wobei ich in zwei Punkten vom Gebräuchlichen abgewichen bin: Ich ordne zu Anfang den Burggrafen von Rietenburg hinter Meinloh von Sevelingen ein; und ich stelle Reinmar von Hagenau hinter Hartmann von Aue unmittelbar vor den Kontrahenten Walther von der Vogelweide (dazu vgl. die Anmerkungen und Erläuterungen).

# Minnesang als Sang

Minnesang ist, worauf auch die Bezeichnungen *liet, wîse* (*in Kürenbergers wîse* = in der Melodie des Kürenbergers) und *dôn* (= Einheit von Wort und Melodie) verweisen, gesungen worden. Eine Ausgabe, die nur die geschriebenen Texte wiedergibt, bedeutet also grundsätzlich eine Verfälschung des historischen Phänomens, da sie weder den notwendigen Zusammenhang von Text und Ton berücksichtigt noch die Tatsache, daß diese Lieder für den Vortrag bestimmt waren und auch wirklich im gesellschaftlich-höfischen Rahmen gesungen wurden.
Allerdings gibt es aus der Zeit vor Neidhart von Reuental kaum überlieferte Melodien. In der Frühzeit war es offenbar üblich, gleich oder ähnlich gebaute Strophen zu einer Melodie zu dichten und vorzutragen. So kennt der Kürenberger einen einzigen Strophentypus (den er in zwei Strophen um eine Halbzeile erweitert). Aber seit Heinrich von Veldeke und Friedrich von Hausen werden die Strophen so entwickelt, daß sie immer auch eine eigene Melodie verlangen.
Nun gehen viele der überlieferten deutschen Lieder auf provenzalische oder französische Vorbilder zurück, indem sie denselben Strophenbau verwenden und, so ist wohl zu schließen, dieselbe Melodie. Da nun die provenzalischen und französischen Melodien in viel größerem Umfang erhalten geblieben sind, hat die Minnesang-Forschung sie für das bessere Verständnis der deutschen Lieder herangezogen, freilich muß die Einschränkung gemacht werden, daß wir dadurch in die Art dieser Kontrafakturen, etwa in die Klanggestalt und deren Realisation im Vortrag nur umrißhafte und im einzelnen keinerlei genaue Einsicht gewinnen.*

## Bauformen und Gattungen der Lieder

Ein alternierender (Alternation = regelmäßige Abfolge von Hebung und Senkung) viertaktiger mittelhochdeutscher Vers mit Auftakt hat die Grundform: x|x́x|x́x|x́x|x́∧ *(ouch íst ez níht ein kleíner háft ∧)*. Der Auftakt ist in der Regel einsilbig, seltener zweisilbig, kann aber auch fehlen. Die Binnentakte sind in der Regel alternierend, können aber sowohl in der Hebung (x́uu) wie in der Senkung (úux) doppelsilbig sein (sind sie in der Senkung doppelsilbig, nennen wir den Rhythmus daktylisch). Zuweilen wird ein ganzer Takt durch eine Silbe gebildet, wobei der folgende Takt

* Vgl. hierzu ausführlich und mit Beispielen Schw., S. 85 ff., sowie R. J. Taylor, Die Melodien der weltlichen Lieder des Mittelalters. 2 Bde. Stuttgart 1964 (Sammlung Metzler 34 und 35).

mit Nebenhebung beginnt (=beschwerte Hebung ⁻́|x̀). Führen wir alle drei Möglichkeiten in unser Grundschema ein, so modifiziert sich dies folgendermaßen:

(x) (x)|x́uu|x́x|x́x|x́ ^
(x) (x)|úux|x́x|x́x|x́ ^
(x) (x)|⁻́|x̀x|x́x|x́ ^

Der Versschluß (=Kadenz) ist a) männlich, d. h. endet mit dem betonten Taktteil und nachfolgender pausierter Senkung (^); (Typen: einsilbig = *dáz*; oder bei Wörtern mit kurzer offener Tonsilbe zweisilbig = *ságen*); oder aber b) weiblich, d. h. endet mit dem unbetonten Taktteil (zweisilbig = *mínne, hérre*) oder c) klingend, d. h. endet mit Nebenhebung, wobei der vorhergehende Takt mit zur Kadenz rechnet und entweder eine beschwerte Hebung erhält (Typus: zweisilbig-klingend = *fróuwè*) oder aber normale Alternation (Typus: dreisilbig-klingend = *hémedè, édelè*). Die Kadenzformen im Schema:

| | |
|---|---|
| x\|x́x\|x́x\|x́x\|x́ ^ | (einsilbig männlich) |
| x\|x́x\|x́x\|x́x\|úu ^ | (zweisilbig männlich) |
| x\|x́x\|x́x\|x́x\|x́x | (weiblich) |
| x\|x́x\|x́x\|⁻́\|x̀ ^ | (zweisilbig klingend) |
| x\|x́x\|x́x\|x́x\|x̀ ^ | (dreisilbig klingend) |

Der mittelhochdeutsche Lyrikvers kann ganz unterschiedliche Taktzahlen haben. In der Frühzeit überwiegen die Langzeilenverse, meist mit Zäsur (vgl. etwa *den von Kürenberg*). Die Kürenbergstrophe ist eine vierzeilige Reimpaarstrophe, wobei in der Frühzeit neben (bereits) reinen Reimen auch (noch) vielfach unreine Reimbindungen auftreten (z. B. *zinne/singen. – bette/wecken. – hemede/edele. – jâr/hân. – fliegen/riemen*). Durch eine reimlose Zeile (=Waise, im Schema = w) kann das Grundschema variiert werden.

Neben dieser einteiligen Langzeilenstrophe steht als zweiter Grundtypus die durchgereimte Strophe, in der sich ein Reimband oder mehrere Reimbänder durch die Strophe ziehen (Beispiel etwa: Friedrich von Hausen, Nr. V, mit dem Reimschema: ab ab ab abb).

Der eigentliche Haupttypus ist die sogenannte Kanzone, eine zwei- bzw. dreigliedrige Strophe, deren Aufgesang aus zwei gleichgebauten Stollen besteht, denen ein Abgesang folgt (in der einfachen Grundform etwa bei Albrecht von Johansdorf, Nr. IV, mit dem Reimschema: ab|ab||cwc; in reicherer Form bei Heinrich von Morungen, Nr. IV, mit dem Reimschema: aab|ccb||wfffb).

In der mittelhochdeutschen Lyrik kann das Lied durchaus als Einzelstrophe erscheinen (mhd. = *daz liet*), meist sind jedoch mehrere Strophen zu einem Lied vereinigt (mhd. = *diu liet*). Diese Strophen können unterschiedlichen Sprechern oder Rollenträgern zugewiesen werden. Es können z. B. Mann und Frau abwechseln. Wenn dies so geschieht, daß die beiden zwar über dasselbe, aber nicht miteinander oder zueinander sprechen, nennt man diese Kombinationsform einen ›Wechsel‹.

Die einzige mehrstrophige Großform, die über die Einzelstrophe hinaus

durchkomponiert ist, ist der sogenannte Leich (vgl. etwa Heinrich von Rugge oder Tannhäuser). In ihm werden gleichgebaute oder leicht variierte Strophen oder Strophengruppen sequenzhaft wiederholt.
Der Minnesang hat keine große Anzahl verschiedener Liedgattungen hervorgebracht. Die Lieder lassen sich vielmehr wenigen Grundtypen zuordnen, wobei man von der Intention, z. B. Werbelied, Klagelied, oder vom Rollenträger (Frauenklage, Männerklage, Botenlied) oder von der Thematik (Kreuzlied mit dem Thema des Verhältnisses von Kreuzzug und Minnebindung; Tagelied mit dem Thema des Abschieds zweier Liebender am Morgen nach einer heimlichen Liebesnacht) oder von der Form (Monolog; Wechsel; Dialog) ausgehen könnte.

# Zur Aussprache der mittelhochdeutschen Formen

Der mittelhochdeutsche Text setzt Längenzeichen. Daher gilt grundsätzlich: steht kein Längenzeichen über einem Vokal, so ist er kurz. Dem Leser des Neuhochdeutschen ist es allerdings befremdlich, die Tonsilben von Wörtern wie *leben, tragen, nemen, spiln* kurz zu lesen. Die Vokalqualitäten entsprechen im allgemeinen den neuhochdeutschen. Allerdings müssen einige Sonderheiten beachtet werden:
Eine Reihe von Diphthongen sind mit Sicherheit noch als Zwielaute mit fallendem Ton zu lesen: *íe* (z. B. lí-ebe, *trí-egen*), *üe* (z. B. *fǘ-egen*), *uo* (z. B. *vú-oge*). Nicht sicher ist, ob und inwieweit die Aussprache von *ei, öi, ou* schon der des heutigen neuhochdeutschen *ei, eu, au,* entsprach oder noch zum Doppellaut tendierte (ich lese, um nicht durch eine Verfremdung des Gewohnten Kenntnis vorzutäuschen, diese Doppellaute in der neuhochdeutschen Lautung). *iu* steht für langes ü (*diu* = dǖ).
Für die Konsonanten gilt: h vertritt niemals das Dehnungszeichen, sondern ist im Silbenanlaut Hauchlaut, auslautend und in der Verbindung *ht* und *hs* Reibelaut (=nhd. ch). Der stimmlose Reiblaut f wird im mhd. durch f oder v bezeichnet; in der Regel schreibe ich f vor Konsonant (=*fröide*), v vor Vokal *(vuoge)*. Die Aussprache des mittelhochdeutschen s bewegt sich zwischen heutigem s und sch, die des z entspricht intervokalisch und am Wortschluß dem scharfen s (*ûzen* = ußen), am Wortanfang und nach Konsonant dem neuhochdeutschen z (zil; *kürzen*).

# Zur Übersetzung

Die Übersetzungen sollen keine Nachdichtungen sein. Sie haben lediglich eine dienende Funktion und sollen zum Urtext hinführen, indem sie seinen Sinn in einer neuhochdeutschen Sprachform wiederzugeben suchen. Dabei wird in der Regel so verfahren, daß dem mittelhochdeutschen Vers auf der gegenüberliegenden Seite die nhd. Entsprechung gegenübergestellt wird. Von diesem Prinzip wird jedoch in einigen Fällen, in denen seine strikte Befolgung zu Brüchen in der neuhochdeutschen Syntax geführt hätte, abgewichen.

Mit Entschiedenheit wird statt einer poetischen Versübersetzung eine Prosaübersetzung gewählt, zum einen weil die mittelhochdeutsche Form für uns unerreichbar bleibt, zum anderen weil der Übersetzung überall der mittelhochdeutsche Text in der poetischen Gestalt beigegeben ist und ihr daher nur eine Hilfsfunktion zum besseren Verständnis der Lieder zukommt und weil schließlich überhaupt der Vorstellung vorgebeugt werden soll, Texte einer vergangenen Epoche, die in einer einmaligen historischen Situation ihre Sprachform erhielten, in diesem Fall also höfisch-feudale Texte, seien in die Sprache eines spätbürgerlichen Zeitalters adäquat übertragbar.

Ein schwieriges Problem stellt sich z. B. durch die Übertragung der zahllosen höfischen Begriffe wie *fröide, tugent, staete, êre, hôher muot, minne,* für die wir in unserer Sprache keine Sinnentsprechung mehr besitzen und die uns durch die Ähnlichkeit, die sie mit gleich oder ähnlich lautenden Wörtern unserer Sprache haben, suggerieren, sie seien ohne weiteres für uns verständlich. Gerade die vorgespiegelte Nähe des Entfernten macht ein wesentliches Problem der mittelhochdeutschen Sprachform aus. Andere Probleme stellen sich durch die auf einer völlig anderen Entwicklungsstufe befindliche Syntax; oder durch die geringe Bedeutungsfestigkeit der modalen Hilfsverben; oder durch die Farblosigkeit vieler mittelhochdeutscher Allerweltswörter.

Die Aufzählung der Probleme ließe sich erweitern. Schweikle hat am Schluß seiner Einführung versucht, das hier Gemeinte in ein Bild zu fassen. »Der mhd. Text hat nur die Funktion eines überleitenden Steges: nur am anderen Ufer findet sich die poetische Substanz. Die Übersetzung eines poetischen Textes zeigt, nach einem chinesischen Sprichwort, immer nur die Rückseite des Brokates« (S. 112).

# Zeittafel wichtiger Ereignisse

| | |
|---|---|
| 1096–99 | Erster Kreuzzug |
| 1147–49 | Zweiter Kreuzzug |
| 1152–90 | Friedrich I. von Hohenstaufen (Barbarossa) deutscher König (ab 1155 Kaiser) |
| ab 1154 | Italienzüge Friedrichs I. |
| 1180–1223 | Philipp II. August französischer König |
| 1184 | Hoffest zu Mainz |
| 1187 | Sultan Saladin erobert Jerusalem |
| 1189–99 | Richard Löwenherz englischer König |
| 1189–92 | Dritter Kreuzzug (Friedrich Barbarossa, Philipp II. von Frankreich, Richard Löwenherz. 1190 stirbt Barbarossa auf dem Kreuzzug.) |
| 1190–1197 | Heinrich VI. deutscher König (1191 zum Kaiser gekrönt) |
| 1198 | Doppelwahl: Philipp von Schwaben (–1208), Otto IV. von Braunschweig (–1215). Thronstreit zwischen Staufern und Welfen |
| 1212–1250 | Friedrich II. deutscher König (1215 gekrönt, ab 1220 Kaiser) |
| 1228–1229 | Kreuzzug Friedrichs II. Auseinandersetzung zwischen Kaisertum und Papsttum um die Vormachtstellung |
| 1250–54 | Konrad IV., der Sohn Friedrichs II., deutscher König. |
| 1256–1273 | Interregnum in Deutschland. Verfall des Reiches. Befestigung der Landeshoheit in den fürstlichen Territorien. Aufblühen der Städte |
| 1273–1291 | Rudolf I. von Habsburg deutscher König |

# Literaturverzeichnis


## Primärliteratur

Karl Bartsch, Deutsche Liederdichter des zwölften bis vierzehnten Jahrhunderts. Leipzig 1864 (LD).

Carl von Kraus, Deutsche Liederdichter des 13. Jahrhunderts. Bd. 1: Text. Tübingen 1952, Bd. 2: Kommentar, besorgt von H. Kuhn. Tübingen 1958 (KLD).

Des Minnesangs Frühling. Hrsg. von K. Lachmann und M. Haupt. Leipzig 1857 (MF). – Neu bearb. von F. Vogt. Leipzig 1911 (MF Vogt). – Neu bearb. von C. von Kraus. Leipzig 1944 (K). – Bearb. von H. Moser und H. Tervooren. 36. Auflage. Stuttgart 1977 (MT).

Die Schweizer Minnesänger. Hrsg. von K. Bartsch. Frauenfeld 1886. Nachdruck Darmstadt 1964 (SM).

Günther Schweikle, Die mittelhochdeutsche Minnelyrik I. Die frühe Minnelyrik. Texte und Übertragungen, Einführung und Kommentar. Darmstadt 1977 (Schw.).

Karl Lachmann/Carl von Kraus – Hugo Kuhn, Die Gedichte Walthers von der Vogelweide. Berlin [13]1965.

Die Lieder Neidhardts. Hrsg. von E. Wiessner. Tübingen [2]1963. (Altdeutsche Textbibliothek 44).

## Sekundärliteratur

Käte Axhausen, Die Theorien über den Ursprung der provenzalischen Lyrik. Genf 1974.

Henrik Becker: Zum Frauendienst, in: Wiss. Zs. d. F. Schiller-Univ. Jena. Gesellsch.- und sprachwiss. Reihe 9, 1959/60, S. 449–67.

Karl Bertau, Deutsche Literatur im europäischen Mittelalter, Bd. 1. München 1972.

Helmut de Boor, Die höfische Literatur, in: H. d. B. und R. Newald, Geschichte der deutschen Literatur von den Anfängen bis zur Gegenwart. Bd. 2. München 1953. – H. d. B., Die deutsche Literatur im späten Mittelalter, Erster Teil. München 1962.

Karl Bosl, Die Grundlagen der modernen Gesellschaft im Mittelalter, Teil II. Stuttgart 1972 (Monografien zur Geschichte des Mittelalters, Bd. 4/IIZ).

Joachim Bumke, Ministerialität und Ritterdichtung. Umrisse der Forschung. München 1976.

Joachim Bumke, Mäzene im Mittelalter. Die Gönner und Auftraggeber der höfischen Literatur in Deutschland. 1150–1300. München 1979.

Peter Dronke, Die Lyrik des Mittelalters. Eine Einführung. München 1973.

George Duby, Les origines de la chevalerie, in: Ordinamenti militari in Occidente nell' alto medioevo, Spoleto 1968, S. 739–61 (Settimana di studio ... sull alto medioevo 15, 2).

Norbert Elias, Über den Prozeß der Zivilisation. 2 Bde. Bern/München 1969.

Ignace Feuerlicht, Vom Ursprung der Minne, in: Der provenzalische Minnesang. Hrsg. von R. Baehr. Darmstadt 1967, S. 263–302 (Wege der Forschung Bd. VI).

Theodor Frings, Die Anfänge der europäischen Liebesdichtung im 11. und 12. Jahrhundert, in: Beitr. (Halle) 91, 1969/70, S. 473–96.

Theodor Frings, Minnesinger und Troubadours, in: Beitr. (Halle) 91, 1969/70, S. 423–72.

Theodor Frings, Frauenstrophe und Frauenlied in der frühen deutschen Lyrik, in: Beitr. (Halle) 91, 1969/70, S. 497–519.

Rolf Grimminger, Poetik des frühen Minnesangs. München 1969.

Peter Hölzle, Kreuzzug und Kreuzzugsdichtung. Das Problem ihrer Definition, in: Festschrift für K. H. Halbach 1972, S. 55–72.

Interpretationen mittelhochdeutscher Lyrik. Hrsg. von Günther Jungbluth. Bad Homburg, Berlin, Zürich 1969.

Alfred Karnein, Die deutsche Lyrik. Der unbeliebte Zeitraum, in: Neues Handbuch der Literaturwissenschaft Bd. 8. Europ. Spätmittelalter. Hrsg. von W. Erzgräber. Wiesbaden 1978, S. 303–29.

Alois Kircher, Dichter und Konvention. Zum gesellschaftlichen Realitätsproblem der deutschen Lyrik um 1200 bei Walther von der Vogelweide und seinen Zeitgenossen. Düsseldorf 1973.

Erich Kleinschmidt, Minnesang als höfisches Zeremonialhandeln, in: Archiv für Kulturgeschichte 58, 1976, S. 35–76.

Erich Köhler, Vergleichende soziologische Betrachtungen zum romanischen und zum deutschen Minnesang, in: Berliner Germanistentag 1970, S. 63–76.

Carl von Kraus, Des Minnesangs Frühling. Untersuchungen. Leipzig 1939.

Hugo Kuhn, Minnesang als Aufführungsform, in: Festschrift K. Ziegler. Tübingen 1968, S. 1–12.

Ursula Liebertz-Grün, Zur Soziologie des ›amour courtois‹. Heidelberg 1977 (Beihefte zum Euphorion).

Der deutsche Minnesang. Aufsätze zu seiner Erforschung. Hrsg. von Hans Fromm. 5., unveränd. Aufl. Darmstadt 1972.

Ulrich Mölk, Trobadorlyrik. Eine Einführung. München/Zürich 1982.

Herbert Moller, The social causation of the Courtly Love complex, in: Comp. Studies in Society and History 1, 1958/59, S. 137–63.

Friedrich Neumann, Minnesang, in: Reallexikon der deutschen Literaturgeschichte Bd. 2, 2. Aufl. Berlin 1965, S. 303–14.

Ursula Peters, Niederes Rittertum oder hoher Adel? Zu Erich Köhlers historisch-kritischer Deutung der altprovenzalischen und mittelhochdeutschen Minnelyrik, in: Euphorion 67, 1973, S. 244–60.

Ursula Peters, Cour d'amour – Minnehof. Ein Beitrag zum Verhältnis der französischen und deutschen Minnedichtung zu den Unterhaltungsformen ihres Publikums, in: ZfdA 101, 1972, S. 117–33.

Walter Raitz, Über die gesellschaftliche Funktion von Kreuzzugslyrik und Minnesang zur Zeit der Kreuzzüge Friedrichs I. und Heinrichs VI., in: Mittelalterliche Texte im Unterricht 2, 1976, S. 170–215.

Silvia Ranawake, Höfische Strophenkunst. Vergleichende Untersuchungen zur Formentypologie von Minnesang und Trouverelied an der Wende zum Spätmittelalter. München 1976.

Laila Salem, Die Frau in den Liedern des ›Hohen Minnesangs‹. Frankfurt 1980.

Irma Sander-Schauber, Zur Entwicklung des Minnebegriffs vor Walther von der Vogelweide. München 1978.

Helmut Tervooren, Bibliographie zum Minnesang und zu den Dichtern aus ›Des Minnesangs Frühling‹. Berlin 1969.

Frederic C. Tubach, Struktur im Widerspruch. Studien zum Minnesang. Tübingen 1977.

Christel Wallbaum, Studien zur Funktion des Minnesangs in der Gesellschaft des 12. und 13. Jahrhunderts. Diss. Berlin 1972.

Peter Wapnewski, Waz ist minne. Studien zur mittelhochdeutschen Lyrik. München 1975.

Horst Wenzel, Frauendienst und Gottesdienst. Studien zur Minne-Ideologie. Berlin 1974.

# Register der Gedichtanfänge

# Namen- und Sachregister

QUEEN MARY & WESTFIELD
COLLEGE LIBRARY
(MILE END)